愚顿集

YU DUN JI

◎郭平凡

山西出版传媒集团

三晋出版社

写在前面的话

  在从事编辑工作将近四十年中,我基本上是为他人作嫁衣裳,自己很少写什么文章。这是因为:第一,我实在不知道该写些什么。其次,我看到坊间的一些粗制滥造的读物,令人难以卒读,而自己又写不出好的作品,那就干脆不写。再次,既然写文章,就要对读者、对社会负责。然而,有时候写一点东西,自己还不知道触犯了什么戒律,却惹下大祸。特别是在"史无前例"的十年中,各地方的党报都不敢刊登自己的新闻、言论,只能转载由"四人帮"控制、把持的中央两报一刊的文论。一些知名人士的作品、言论,往往遭到批判、围攻,直至扼杀,而写作者本人也惨遭横祸,大名鼎鼎的著名诗人、作家、文艺理论家胡风,以"三十万言书"而身陷囹圄;著名历史学教授、北京市副市长吴晗,因撰写新编历史剧《海瑞罢官》而被投入牢狱;更有所谓"利用小说进行反党，也是一大发明"的警告。在这种新的文字狱笼罩下，人们只能噤若寒蝉，还敢写什么文章？唐代大诗人白居易在《与元九书》中说自己"始得名于文章，终得罪于文章"。的确，白居易因上表言事，得罪权贵，被贬为江州司马。曾任《人民日报》总编辑的邓拓曾说："文章满纸书生累"，果然，他以满纸文章，累及自身。在走投无路的情况下，为寻求解脱，也只好一死了之。被誉为"人民艺术家"的老舍，正因为著作丰富而遭蛮横虐待，忍受不了凌辱而投湖自尽。凡此种种，都是由于文章引来的横祸。

我本是无名小卒，岂敢与大师、权威们相提并论？但因言论惹祸则一。

回忆1957年夏季，政治气候变幻诡谲。本来是中国共产党公开号召，要求人们帮助共产党整风。我就在本单位的非党干部座谈会上，以鸣放的形式，本着知无不言、言无不尽的态度，就本单位的问题，提出自己的意见，口头阐述后还被要求写成文字。这样，就成了反党、反社会主义的把柄，自己还不知道究竟触犯了什么戒律，遭到围攻，最后被发配充军两次，时间长达七、八年。不言而喻，心灵受到严重创伤，身体受到奴役（劳改），特别是在"史无前例"的十年中，所到之处倍遭歧视，再还能写什么文章？

粉碎"四人帮"后，对过去所受不公正的待遇虽然得到彻底纠正、平反，但岁月不饶人，我也垂垂老矣。受到不公正待遇达二十年。这二十年是人生岁月中的黄金时代，风华正茂，精力充沛，正是个人发挥绵薄之力的时期，却被剥夺了工作的权利。人生能有几个二十年？美好时光就这样却白白流逝了。思想起来，实在有些锥心泣血。

拨乱反正以后，我重操旧业，继续从事编辑工作。虽然很少写文章，但由于审阅书稿，总要记载其中的一些问题，那就得动笔写写。离休后，实际上是离而未休。从离休之日起，我就受聘为省新闻出版局图书审读员，检查省内各出版社所出图书的编校质量。这样，日积月累，也写了一些笔记式的文章，再加上参加一些学术会议时所作的论文及读史书时所作笔记、对忽然想到的一些事件的评论、个人的一些回忆等等，辑成一束，奉献给读者。书名《愚顿集》。"愚"，愚顽、愚蠢、愚昧之谓也；"顿"与"钝"通，即迟钝、痴呆、痴傻。我常对人说，我是"傻瓜加笨蛋"，我的书室即取名"愚顿斋"，就是这个意思，这是恰如其分的自我评价和自我定位。历经坎坷，却不能吃一堑长一智；屡遭不测，而未能大彻大悟。这就是书名的由来，但各篇文章内容与书名无关。

※ ※ ※ ※ ※ ※ ※ ※

上世纪九十年代，出版界掀起一股出版旧的启蒙读物和新编启蒙读物的热潮。应希望出版社之约，我编了一本《新编名贤集》，搜集了先贤、圣哲的一些至理名言，从品德修养、健身养生、待人接物、持家治事，到勤奋学习、报效国家等方面的箴言、格言辑在一起，并加以注释、解说和述评。

当时，该书印数不多。现在，将这本小册子作为附录，一并付梓，并对个别箴言、格言及注释、解说、述评作了一些必要的修改，聊作读者于茶馀饭后之消遣可也。

由于作者才疏学浅，视野不宽，或有谬误之处，衷心希望读者不吝赐教。

二〇一一年冬月写于愚顿斋

目　录

写在前面的话 ……………………………………… 001

编辑论坛

出版事业改革的中心是提高出版物的质量 …… 003

论编辑人员的修养 ………………………………… 011

责任编辑与编辑责任

　　——谈书稿的加工、发稿及其他 ………… 022

把好文史类书稿的史料关和文字关 …………… 041

重视校对工作　提高图书质量 ………………… 052

点校错误,不如没有点校

　　——从《修真辨难》的点校错误谈起 ……… 060

被注释糟蹋了的一部书稿

　　——评《历代绘画题诗存》原稿 ………… 064

谈《精神文明纵横谈》原稿中的问题 ………… 069

书报评介

文章满纸书生累

　　——读《邓拓传》………………………… 081

一本粗制滥造的知识性读物

　　——评《山西名产》 ················· 084

编辑应当成为"杂家"

　　——读《杂家和编辑》有感 ·········· 089

一件有益的工作

　　——略谈沈伯俊重新评校《三国演义》····· 094

历史事实不容篡改，敌我界限岂能混淆？

　　——读《中国名校丛书·北京师大附中》····· 098

课本是教材，不能有丝毫错误

　　——评职业高中《语文》课本 ·········· 104

索然无味的"文学趣题"

　　——评《文学趣题百例》及其他 ········ 108

谎言与事实

　　——由《太原日报》一篇书评想到的 ········ 121

借读史论政之名，行自我标榜之实

　　——读《读史论政·史记、汉书纵横谈》········ 131

读史札记

夏、商两朝是怎么样建立的？ ·············· 145

众叛亲离

　　——商纣王的悲惨下场 ·············· 148

周代世系概况 …………………………… 152

一笑倾国

——周幽王招来杀身之祸 ………… 155

秦世系概略 ………………………………… 159

秦二世皇帝的可耻下场 ………………… 163

司马迁错记日食 ………………………… 167

韩信何曾反叛过刘邦? ………………… 171

小小年纪　死于鸩酒

——王莽毒杀汉平帝 …………… 174

谈"避讳" ………………………………… 177

谈"谥号" ………………………………… 179

随想杂议

"非"永远表示否定 ……………………… 183

"千夫"不是敌人 ………………………… 187

历史上有无"桐叶封弟"这回事? ……… 191

我国历史上存在过"井田制度"吗? …… 194

试论曹操的用人之道 …………………… 197

"汉寿亭侯"辨析 ………………………… 208

略论关云长的"忠义"对后世的影响 …… 214

《三国演义》中的酒文化 ……………… 222

武则天的"无字碑"之谜 …………………… 228

质疑"杯酒释兵权"的真实性 …………………… 231

光绪皇帝命归西天之谜 …………………… 234

李莲英为何身首异处? …………………… 238

"颐"与"颐"风马牛不相及 …………………… 242

往事回忆

半个世纪的历程 …………………… 245

"启迪有方"与"启迪有冯"

    ——回忆我的中学生活中一段佳话 ……… 250

四维戏剧学校始末 …………………… 255

回忆《晋祠志》出版的漫长历程 …………… 263

怀念柏年五哥 …………………… 268

回忆良师益友高毅民同志 …………………… 274

忆王介山校友的《白沙河畔》出版经过 ……… 279

太原市"国师街"名称的由来 ………………… 283

附　录

新编名贤集 …………………… 287

后　记 …………………… 476

Y

YUDUNJI

愚顿集

编辑论坛

出版事业改革的中心
是提高出版物的质量

　　1978 年举行的中共十一届三中全会以后，纠正了长期以来以"阶级斗争为纲"的"左"的路线，将战略转移到进行大规模经济建设，发展生产力的轨道上来，取得了建国以来社会主义建设的巨大成就，开辟了党的历史发展的新阶段；党的第十二次代表大会坚持并发展了十一届三中全会的路线，提出了全面开创社会主义现代化建设新局面的纲领；党的第十三次代表大会确认了我国现在处于社会主义初级阶段. 在社会主义初级阶段，党的建设有中国特色的社会主义的基本路线就是：中国共产党领导和团结全国各族人民，以经济建设为中心，坚持四项基本原则，坚持改革开放，自力更生，艰苦创业，为把我国建设成富强、民主、文明的社会主义现代化国家而奋斗。也就是说，在社会主义初级阶段，党的基本路线就是以经济建设为中心，坚持四项基本原则,坚持敢革、开放,一个中心,两个基本点,是这条基本路线的核心。具体到出版事业方面来说,当然也必须围绕一个中心、两个基本点,进行认真的总结,从而开拓出版事业的新局面,以满足广大人民群众日益增长的文化生活的需要。

为了适应党的基本路线所提出的要求,出版事业如何进行改革,就成为广大出版工作者必须思考的问题。出版事业是一个总体,它包含着编辑,印刷,发行三大部分。出版事业的改革,在这三个环节上虽然各有不同,侧重点也各异,但有一个共同的目标,就是提高出版物的质量。

笔者从事编辑工作多年,仅就编辑方面提出一些粗浅的意见,愿与广大出版工作者,特别是与从事编辑工作的同志们商讨。

既然提高出版物的质量,是出版工作改革的中心任务,就不能不注意一下近年来出版的书籍的质量问题。

不能否认,党的十一届三中全会以后,全国各出版社在摆脱了"四人帮"套在人们头上的枷锁以后,解放思想,使出版事业欣欣向荣,出版了一大批很有价值的好书。就我们山西一省而言,由原来"只此一家,别无分号"的山西人民出版社的一统"天下"(指全省而言),迅速发展为四、五个专业出版社,初步缓解了出书难的问题,出版了一批为读者和同行们所瞩目的好书,得到了社会的好评。但是,由于出版事业的迅猛发展,编辑人员的大量涌现,不免鱼龙混杂,泥沙俱下。由于编辑人员的素质良莠不齐,就使书稿从选题到编辑、审稿、校对、装帧等各方面的质量受到严重影响。

书籍是一种精神食粮,又是一种特殊商品,担负着精神文明建设和物质文明建设的双重任务。一部书稿在作者(或翻译者)和责任编辑的思想中,并不一定想到要"为人师",但当它面世以后到了读者手中,往往就成为"人之师"。读者拿到一部读物以后,就是想从中获取知识,充实自己,得到鼓舞,并成为自己的良师益友和工作中的精神支柱。一部低劣的,甚至是错误百出的书,到了读者手中,只能起相反的作用,更会使涉世未深、文化知识水平不高的读者误入歧途。由此看来,书稿的质量问题的确是摆在广大出版工作者,特别是从事编辑工作的同行们面前的一个严重的问题,必须认真、严肃地进行思考。

遗憾的是,我们有些编辑人员,也往往在口头上空喊"提高质量","注意质量",而在实际处理书稿时,则又漫不经心,致使有些书籍内容平庸,错误迭出。例如,我省出版的一本关于《红楼梦》的书,只有二十万字左右,错误竟达五、六百处,令人无法卒读,然而却大受褒奖。又如,一本有关"对联"的书,也不到二十万字,出版以后,读者指出的错误,如果编印成书,可以出一本不算太薄的小册子,而且本书自 1981 年问世以来，短短三年内，连续印刷达七、八次之多，累计印数超过一百万册，经济效益的确相当可观，而社会效益又如何呢？对于读者，实在贻害匪浅，其他如有关"文风"和文坛"趣谈"等方面的书，不仅格调不高，错误也不少，本不应该出版，由于种种原因，在初审、复审和终审之后，大开绿灯，不仅谈不上肯定的社会效益，连经济效益也未达到预期的目标，然而这几本书有些却被定为社内的优秀图书。

有些书稿本来具有一定的（或者较高的）学术价值，由于编辑人员的水平不高或责任心不强，以致成书以后，降低了社会效益和经济效益，损害了可读性，如我省出版的已故语言学家王力教授的《中国语言学史》，其中错误多达五十多处，如按单字计算，则达七十余处，不得已，印了一个"勘误表"，就是这个"勘误表"也是在书籍出版发行数月之后，经原作者指出而印制的。书已售出到了读者手中，"勘误"又有什么用处？只不过是给编辑人员搭一个推卸责任的台阶而已。"勘误表"中所列举的正误对照，只是作者指出的部分，而作者未曾指出的错误，尚有二十余处，如果两项加在一起，错误达一百处左右，编者一概置之不理。由于"勘误表"中没有列入作者不曾指出的错误，致使香港中国图书刊行社于 1984 年 5 月根据本书重印时，只是将"勘误表"中指出的错误加以改正，其馀错误一字未动，因而香港版的《中国语言学史》，也就以讹传讹，广为传播了（香港版《中国语言学史》在出版说明中公开声明，该书根据山西人民出版社版本重印），而这本书也是本社的一部获奖书。

由此可见，出版事业的改革，必须以提高出版物的质量为中心。如果背离了这一中心，一切改革都是舍本逐末。

我们要求提高出版物的质量，就编辑部门来说，当然指的是书稿内容的质量，主要应该从以下几个方面来衡量：

首先，一部书稿必须符合一个中心，两个基本点的精神，也就是说，一部书稿必须对经济建设，对发展生产力，对社会主义精神文明建设，对改革开放，起推动作用，而不是起阻碍作用，更不能容许产生破坏作用。

其次，一部书稿在内容上必须是能够鼓舞人民积极向上的进取精神，鼓舞广大人民群众献身于社会主义精神文明建设和物质文明建设，促进人民群众的科学文化、思想道德素质的提高。一切反科学的和散布消极、悲观情绪的论点，是不可取的，更不容许有宣扬封建、迷信的毒素。

第三，坚持"百花齐放"、"百家争鸣"的原则，允许有不同的观点。一部书稿的内容无论在社会科学或自然科学领域里，不能容许唯心主义的观点，不能容许随意委曲甚至篡改历史。

第四，一部书稿在文字表达方面，起码的要求，是语言流畅，文理通顺；在文字上虽然不能要求臻于优美，但必须使语言规范化；佶屈聱牙或晦涩的文字，是不可取的，更不能容许生造一些除自己以外谁也不懂的语言和文字。一部书稿立意再好，如果词不达意，逻辑混乱，错误百出，使人读起来如同嚼蜡，无法卒读，怎么也不能称为高质量的读物。

用以上几条标准来衡量近年来我省出版物的质量，差距还是很大的。造成我省图书质量不高的原因是多方面的，既有因事业的迅猛发展，编辑人员队伍的急遽扩大，而文化修养和素质不能适应形势发展需要的一面，也有不正之风影响的一面，而更重要的是，出版社内部各级领导的软弱无力及不抓书稿的编辑工作，致使书稿的三审制度，流于形式。出版社曾再三申明，对图书的优劣，要重奖重罚。然而，各种名目的奖励不厌其烦，处罚事例却不曾有过一次。前述几种所谓获奖书稿，不惜重金予以奖励，对于这些所谓"优秀图书"中的严重的、令人不能容忍的错误，则讳莫如深，不要说重罚，甚至连一句批评的话都不曾说过。

领导的自食其言，在客观上助长了错误的滋长，虽然不能说有意包庇错误，但至少是纵容了错误的不断发生，因而普遍出现了"无错不成书"的现象。

为了适应社会主义初级阶段基本路线的要求，从建设有中国特色的社会主义和开放改革的需要出发，提高出版物的质量，就成为改革出版事业的首要的和中心的任务了。

出版事业的改革，千头万绪，归根结底，在于提高图书的质量，而图书质量的提高，首要的、关键的一环，则在于提高编辑人员的素质，在审稿过程中，要层层严格把关，责任到人，赏罚严明，说到做到，不放空炮。

关于质量问题，党和国家领导人多次指出它的重要性，万里同志曾经指出："责任制，首先是质量责任制"（转引自 1984 年 7 月 20 日《人民日报》第五版）。前述几本书存在严重错误，就是由于有关的编辑人员没有很好地负起自己的责任，出现错误不仅没有受到"罚"，甚至被评为"优秀图书"而获得重奖。这样，是非不分，只会使不正之风继续滋长、蔓延，从而会使出版物的质量每况愈下。这样，绝不是爱护干部，而是纵容甚至包庇错误，无助于图书质量的提高，更无助于出版事业改革的顺利进行。

早在 1975 年 8 月，邓小平同志曾经明确地指出："质量第一是个重大政策。……提高产品质量是最大的节约"（《邓小平文选》第二卷第 30 页）。这样，就把产品的质量问题提到了政策的高度上来，不能不引起人们的高度重视。特别是在进行两个文明建设的今天，落实"质量第一"的政策，就成为出版事业改革的首要任务。

说到底，编辑人员不仅要对所编书稿负责，而且要对出版社、著译者和广大读者负责。对出版社来说，既然对编辑人员委以重任，编辑人员就应该兢兢业业，努力做好自己的工作，提高出版物的质量，为出版社树立良好的声誉；对著译者来说，既然一部书稿的出版，是为了给广大读者提供良好的精神食粮，以利于促进两个文明建设，编辑人员就要严格把关，任何粗制滥造，草率从事，都是不能容许的。一部书稿能否出版，唯一的标准是它的质量，除此之外，没有第二个标准。任何违背这一标准的做法，都是错误的，都是属于不正之风。坚持这一标准，不仅是为了给出版社树立良好的声誉，同时是为了维护著译者的声誉。对广大读者来说，编辑人员的责任就更重大了，因为编辑人员奉献给读者的是精神食粮，绝不容许传播错误的知识，更不容许散布荒谬的甚至反动的论点。这是大家都明白的，无需作更多的阐述。

　　总之，提高图书质量，是出版事业改革的中心环节，而关键又在于从各方面提高编辑人员的素质。我们绝不能掉以轻心、头痛医头，脚痛医脚。如果不注意书稿的质量，出版事业高喊改革，只是缘木求鱼，到头来，只能是在老路上徘徊，跟不上社会主义初级阶段基本路线对改革出版事业所提出的要求。

作于 1988 年 8 月 20 日

论编辑人员的修养

　　书籍、报刊,是传播知识的主要工具,也是人类文明史得以延续、传递、发展的主要手段。依靠文字的记载,人类的文化遗产、文明进步,得以留传于后世。这当然应归功于历代的文学家、科学家以及各方面的思想家和学者。

　　随着印刷术的发明,书籍得以广泛流传,扩大了人类思想交流、知识传播的领域。特别是近世印刷技术的不断发展、进步,书籍报刊的大量印刷,出版事业成为一个独立的行业,编辑工作也就成为一种专门的职业了。

　　既然编辑工作成为一种专门的职业,那么,从事编辑工作的人员就必须逐步提高自己的业务水平和职业上的修养,才能适应广大读者日益高涨的求知欲望,向广大读者提供最好的精神食粮。然而,编辑人员的业务水平的提高,与职业上的修养,又是息息相关的。

编辑人员的职业修养是多方面的,既包括业务上的精益求精,也包括道德思想(即通常所说的职业道德)的不断提高。换句话说,修养的含义,不仅指道德品质,同时也包括知识、才能与技巧。中国国家女子排球队连续摘取世界排坛的桂冠,就表明姑娘们在排球这项体育运动中有很高的修养,不仅有高超的球艺,而且有坚定、沉着的毅力,不骄、不躁的情操和为祖国争光的集体英雄主义精神。因此,在世界大赛中,达到很高的水平。达到这种高水平,正是她们勤学苦练和从事排球运动的实践的结果。各行各业的专家,都对自己所从事的工作有很高深的造诣。这种高深的造诣,就是职业修养。同样,编辑人员的修养,应该表现在编辑工作的全过程中,体现在所编图书、报刊的质量上。

扩大知识领域　提高图书质量

一个编辑人员每天所收到的稿件来自四面八方,而所涉及的内容又是包罗万象。一般说来,大体上粗略地可以分为社会科学和自然科学两大类,但又有些介于这两大类之间的学科,即人们通常称之为"边缘学科"。任何一个编辑人员,即使是"学富五车"、"才储八斗",也不可能尽知天下事。但是,广大读者对于图书、报刊上出现的差错,是不会原谅的。这样,读者同编者之间,就存在着极大的矛盾。

因此，就必须要求编辑人员不断扩大自己的知识领域，向广大读者提供尽可能好的精神食粮。

要求一个编辑人员，对各行各业、各方面的知识，都能精通、专深，是不可能的，也是不现实的。但是，作为一个编辑人员则必须具有广泛的知识，尽管是肤浅的，但至少不能弄出笑话。例如，1983 年 3 月 1 日，由中共中央文献研究室发表的由周恩来修改审定的毛泽东、周恩来于 1949 年 1 月 19 日给宋庆龄的电报（见 3 月 2 日全国各报），在署名后边，有"子皓"二字。绝大多数报纸处理得很正确，然而却有少数几家报纸，如《山西日报》、《经济日报》处理得不伦不类。"子皓"就是代表"1 月 19 日"，并无其他意思，这叫做"韵目代日"。因为电报收费是按字数计算的，所以发电报时总要以最简练的文字表达清楚发报者的意思，于是采用"韵目代日"以减少字数。具体说来，就是用"地支"中的"子、丑、寅、卯……等十二个字，按顺序分别代表一年中的十二个月，用"东、冬、江、支……陷、世"分别代表一个月中的某一天。这些本来是属于一般的常识，由于上述两报的编辑人员不知道"韵目代日"，结果弄出笑话，使内行看了发笑，不懂者莫名其妙。如果连这一点常识也没有，恐怕对《毛泽东选集》中的若干篇文章（如《井冈山的斗争》、《为皖南事变发表的命令和谈话》、《打退第二次反共高潮后的时局》、《关于打退第二次反共高潮的总结》）中提到的

"马日事变"及国民党当局所发的"皓"、"齐"两电和中共中央答复国民党当局的"佳电",也弄不清是怎么回事。又如,一个编辑人员如果不懂得一点外文,当翻阅上世纪三十年代的文艺理论或文学作品时,就不可能知道"普罗文学"(proletarian literature)就是无产阶级文学,"烟丝披历纯"(灵感)就是英文"inspiration"的音译。又如山西人民出版社前不久出版的《山西名产》一书,由于作者的态度极不严肃,加上编者的不够认真负责,致使这本本来就是粗制滥造的书,错误百出,出现了不少笑话。

为了提高出版物的质量(主要指内容),对于编辑人员来说,不断扩大知识领域,是至为重要的。一个编辑人员虽不能博极群书,但必须广泛地浏览各种书籍、报刊,以增长知识,吸取营养。这是编辑人员最重要的修养之一。

养成一丝不苟的严谨作风

一个编辑人员,就个人来说,是整个编辑队伍中的普通一员,但就其所从事的工作来说,又是整个出版事业的有机组成部分,其产品(出版物)又是代表着整个出版事业(具体地说,就是代表一个出版部门)的水平。不论作者、编者水平如何,当读者评论一本书是好是坏时,首先指的是某某出版社出版的。尽管一本书是某一作者或编者的产品,但一经投入书肆,到了读者手中,就具有了社会属性,小则代表一个出版社的水平,大则影响整个出版事业的声誉。如前面提到的《山西名产》一书,全书二十多万字,分八大类,共介绍一百零二种"名产"。由于作者、编者的作风极不严肃,所介绍的大部分产品,同"名产"根本沾不上边,而且不惜浪费笔墨,说了许多与"名产"毫不相干的话,如《"洋取灯"·洋火·火柴》一篇,长达一千六百字,真正叙述所谓"名产"的"平遥火柴",只用了一百四十字左右,不到全文的十分之一。其馀文字,与"平遥火柴"毫无关系,有些说法甚至荒诞不稽。

至于错别字及语句不通,文理不顺的地方,更是随手可以摘出。有些本来是属于常识以内的东西,由于治学态度不严谨、工作作风不严肃而造成的错误,更是充斥书内,比如"化学元素"误为"化学原素"(第 24 页),"元素"与"原素"绝不能相同;"运城池盐"中"含有……刨……等多种化学原素"(第 18 页),除了"元素"误为"原素"外,遍查现已命名的一百零三种化学元素,无论如何找不到"刨"这种元素。

其他如前后重复,叙述累赘,似是而非的地方,实在太多。不难看出,这是一本粗制滥造的书,表明作者的态度极不严肃,完全是为了沽名钓誉、捞取稿费。而责任编辑也很不认真,竟给这样的书稿开放绿灯,使之得以出版。

因此，编辑人员的工作作风是否严肃，至关重要，切不可等闲视之。

甘当无名英雄

一个出版物的问世，首先是由于作者的辛勤劳动，因而它是作者的心血结晶。但是，如果没有编者的悉心审阅和必要的修改，以及排版、印刷工人付出劳动，书稿还只是存于作者手中的一堆资料，当然更不可能成为社会的精神财富。因此，要把作者的作品变为广大读者的精神食粮，离开编辑人员是不可想像的（这里只谈书稿在编辑部停留的阶段，不涉及印刷厂的各个环节）。

作者写成的书稿出版后，一方面，它是社会的精神财富，另一方面，它被投入市场，就变成商品而到了读者手中。根据价值规律和按劳取酬的原则，作者会得到出版部门付予相应的报酬（即通常所说的稿酬）。因此，一部书稿的出版问世，作者有名有利，名利双收。广大的读者，却很少知道（或者根本不知道）编辑人员曾付出多少心血。编辑人员的工作，完全是为他人作嫁衣裳，是默默无闻的无名英雄。

一个称职的编辑人员，应该为自己能帮助作者给读者提供美好的精神食粮而自豪。要做到这一点，编辑人员必须加强自身的修养,培养高尚的道德情操(即平常所说的职业道德),树立全心全意为人民(具体来说,就是为读者)服务的思想。

毋庸讳言,由于有些编辑人员自身存在着严重的名利思想,再加上"十年动乱"期间,林彪、"四人帮"煽起的不正之风,使一些从事编辑工作的人员,背离了职业道德,把编辑工作当做一种"权",加以利用。利用这种"权",使编辑人员同作者之间,产生了极不正常的关系:利用职"权"卡作者者有之,搞交易者有之,甚至塞私货、敲竹杠者有之,剽窃作者的作品而占为己有者有之。这些现象,在广大编辑人员中虽然是少数,但也绝不是个别的。无怪乎一些正直的作者,对某些编辑人员产生了不信任感,因而存有戒心,就不足为奇了。

编辑人员对书稿的取舍,只有一个标准——质量。如果背离了这个标准,搞任何"关系学"一类的不正之风,想向读者提供尽可能好的精神食粮,树立出版部门的良好声誉,那只是一句空话。因此,甘当无名英雄,树立全心全意为人民服务的思想,是编辑人员在修养上的又一个重要方面。

勇于同不良倾向作斗争

编辑人员除了自己杜绝不正之风,甘当无名英雄外,

还得勇于同各种不正之风作斗争。

由于各种不正之风影响到各行各业,出版事业也不是建立在真空中,必然要受到它的干扰。有些善于钻营的作者,往往到处拉关系,托人情,通关节,甚至依靠某些有权有势的大人物,向出版部门、编辑人员,施加压力,发布指令性的意见,为其粗制滥造的书稿出版问世创造条件。这种"拉大旗,做虎皮"的做法,非常恶劣,但又往往能够得逞。这里的关键,在于编辑人员是否能顶得住来自各方面的不正之风的压力。

既然编辑人员要把尽可能好的精神食粮奉献给读者,那就必须对书稿坚持质量第一的标准,坚决顶住来自任何方面的不正之风的压力,坚持"富贵不能淫,贫贱不能移,威武不能屈"的操守。"心底无私天地宽",屈服于各种不正之风的压力,都是由于各种私心杂念在作祟,无非是怕"丢官",怕给"穿小鞋",怕影响提薪、提级……当一个编辑人员在各种各样的压力面前,这也怕,那也怕,就是不怕把次品、劣品甚至毒品,塞给读者,这无论如何不能算是一个称职的编辑人员。

彻底的唯物主义者,是无所畏惧的。为了提高出版物的质量,坚持出版事业的社会主义方向,一个编辑人员除了自身杜绝不正之风外,还得向各种危害出版事业的不良倾向和不正之风,进行抵制、斗争。只有这样,才能保证向读者提供尽可能好的精神食粮。

树立全面负责的思想

　　所有工作人员必须树立全心全意为人民服务的观点，而编辑人员的服务对象，就是广大读者。因此，编辑人员首先必须树立为读者服务的观点、对读者绝对负责的思想。每一句话、每一个字、甚至每一个标点，都要想到读者。既然图书、报刊是传播知识的工具，读者就要从读物中寻求知识，吸取营养。图书、报刊的作用和影响，是众所周知的。尽管编辑人员在主观上并不想"为人师"，但是，各种读物经过编辑人员之手，出版问世后，到了读者手中，却往往成为"人之师"。因此，编辑人员向读者提供精神食粮的责任，异常重大，万万不能掉以轻心。

　　其次，编辑人员必须树立对出版事业的负责精神。编辑人员受着党和人民的重托，从事自己的活动，必须对出版事业、出版部门绝对负责。如果由于编辑人员的不负责任，把粗制滥造的作品塞给读者，首先就要败坏出版部门的声誉，给出版事业带来恶劣的影响。同时，也辜负了党和人民的重托。反之如果编辑人员恪尽职守，兢兢业业，树立起对出版事业的负责精神，把尽可能好的精神食粮奉献给读者，出版部门受到的赞誉会与日俱增，出版事业也会得

到蓬勃发展。

最后,编辑人员还必须树立对作者负责的思想。一个正直的作者,写作的动机和出发点,必然是为读者提供最好的精神食粮,态度必然是严谨的,作风必须是严肃的。作者的作品是提供给读者的,如果作品无人问津,作品就失去了存在的价值,也就违背了作者的初衷。由于编辑人员的精心处理,认真负责,一部好的作品必然会受到读者的欢迎,作者也会受到赞誉;即使是一部好的作品,如果编辑人员不负责任,敷衍了事,也可能错误百出,受到读者的责难。粗制滥造的作品,就更不必说了。

因此,编辑人员必须善于发现好的作品,并悉心处理,使之出版;对粗制滥造的劣货,必须坚决拒绝。无论出版与否,都是对作者负责的表现。

编辑人员对读者负责的思想和对出版部门、对作者的负责思想是一致的,密切不可分割的。

只有树立起对这三方面负责的思想,才能成为一个称职的编辑人员,否则,就是不称职的。

当然,不称职,除了思想作风以外,还有一个能力问题,它同失职行为还是有所区别的。

不称职如果是属于能力问题,是由于水平低,对所接触的问题不知不懂,辨别不清错与对,对滥竽充数的劣品,缺乏鉴别能力,这就存在一个补救的问题,需要努力学习,增长知识,扩展知识领域,使自己尽快适应社会和人民对编辑人员的要求,才能不负读者的期望。

失职,是一种不负责任的行为,是犯罪,除了用职业道德教育外,还必须用纪律来约束。严重的,还要绳之以法。

总之,在社会主义精神文明的建设中,编辑人员负有十分重大的责任。广大编辑任人员战斗在出版事业的战线上,必须加强自己的修养,不断提高自己的业务水平,在新的、伟大的历史时期,为开创出版事业的新局面而奋斗!

作于 1989 年 10 月

编辑论坛

责任编辑 与 编辑责任
——谈书稿的加工、发稿及其他

责任编辑，顾名思义，就是对一部书稿在编辑部滞留期间的整个流程（包括审稿、发排、校对、阅读清样，直至签字付印）内，负有全权处理责任的编辑人员。因此，一本书的质量高低，在很大程度上，取决于责任编辑的知识水平的高低和责任心的强弱。

随着我国出版事业的蓬勃发展，编辑队伍的迅速壮大，各地出版社陆续出版了很多有价值的、思想性和科学性很强的、具有可读性和适用性的优秀图书。但是，毋庸讳言，由于大量书籍的出版，难免泥沙俱下，鱼龙混杂。这种现象，已受到各方面读者不同程度的批评与责难。说到底，这些批评与责难，牵涉到出版物的质量问题。因此，我们就从责任编辑的"责任"谈起，推论到出版物的质量问题以及如何恪尽编辑责任。

出版工作是社会主义四个现代化建设的重要组成部分,也是建设社会主义精神文明和物质文明的不可缺少的支柱之一。因此,在扩大开放,深化改革的大潮中,出版工作越来越显示出它的重要作用,广大读者渴求得到新的、更加丰富多彩的精神食粮的愿望,也越来越迫切。为了满足广大读者对文化生活日益增长的需求,出版工作必须开创新的局面,以适应正在发展中的新形势,而责任编辑就必须担负起更重大的责任。

一、责任编辑的责任

1.审稿

审阅稿件是责任编辑的首要任务。开创出版工作的新局面,必须坚持四项基本原则,坚持为社会主义建设服务的方向,坚持为人民服务的宗旨;一切背离四项基本原则、偏离社会主义方向、脱离为人民服务的宗旨的言行,都是错误的,是不能允许的。出版工作者,特别是责任编辑,对所编书稿负有绝对的、不可推卸的责任:从组稿、审稿到发排以及几次校样的审读,都必须完全负责。总之,书稿在编辑部滞留期间,作为责任编辑,必须承担全部责任。当然不是说,要求责任编辑大包大揽,把理应由校对人员担负的任务,也一齐推到责任编辑身上;而是在分工明确的基础上,要求责任编辑对所编书稿承担总的责任。如果稍有疏

忽,必将造成恶果:轻者,会出现错别字;严重者会造成政治事故。不论情况如何,如果书籍出版后发现差错,作为责任编辑,是不能以任何借口推卸其责任的,因为书稿是经责任编辑审阅、发排的。

2.编辑加工

编辑对书稿加工的过程,实际上就是对书稿进行修改的过程。书稿一经被列入出版计划,责任编辑在审稿的同时,就负有加工的任务。责任编辑对书稿的加工和审稿是密不可分的,审稿着眼于书稿的内容,要考虑书稿的倾向性和实质性问题;而加工则是对文字的修饰、润色,使之在表述上更加完善、准确,文字更加优美。这种加工还包括纠正似是而非的词句,改正错别字,校正人物姓名、时间、地点等及一切不准确的文字。

总之,审稿是加工的前提,加工是审稿的延续。没有认真的审稿,就不可能有细致的加工,这两项工作在多数情况下,是同步进行的。因此,这两项工作是密切相关的。编辑加工是提高图书质量的重要保证,是责任编辑的主要任务。

3.对书稿的出版要全面负责

责任编辑对书稿要全面负责,是指除审稿、加工以外,对书籍出版过程中的各个细节,都要全面负责,全权处理,这里包括封面设计,装帧、环衬、封里、目录、版权页及封底、书脊等方面,与内容是否相符,有无差错。

图书质量是一个整体。一部书稿总体框架再好,如果在各章节中都存在不同程度的纰漏,那就无论如何不能称为优质图书或优秀图书,更不要说存在着严重问题的书稿了。

质量是一切产品的生命,图书,这种精神食粮的质量,更具有特别的重要意义。作为责任编辑,应该清醒地意识到自己的责任重大,万万不可等闲观之,率尔从事。

关于质量问题,是一项需要常抓不懈的大事,早在1975年8月,还是在"史无前例"的年月里,邓小平同志就曾指出:"质量第一是个重大政策。……提高产品质量是最大的节约……质量好了,才能打开出口渠道或者扩大出口"(《邓小平文选》第二卷第30页)。这样,就把产品质量问题提到政策的高度上,同时也指明质量的优劣是产品能否畅销的关键。对于作为精神食粮载体的书籍来说,也不例外。因此,这一提法不能不引起人们的极大重视,特别是在扩大开放、深化改革的新形势下,严厉打击假冒伪劣产品,在声势浩大的"扫黄打非"声中,落实"质量第一"的政策,就成为首要的任务。在出版行业中,责任编辑严把质量关,就成为头等重要的任务。

二、责任编辑对书稿加工的范围

编辑部接到的书稿来自四面八方,而内容又是包罗万象,任何一个编辑人员也不可能成为所有学科样样精通的行家里手。但是,作为一个责任编辑,在自己的业务范围内,应该具有比较广泛的知识,但不一定要求在哪一方面达到"精"、"专",但要具有深厚的知识储备,才能承担起这种看起来似乎轻松,实际上难度很大的加工任务。加工范围,大体上包括内容和文字两个方面。

1.有关政治思想、方针、政策等方面的内容

我们一开头就讲过:我们的国家是实行社会主义制度的,我们的各行各业(当然包括出版事业)都必须坚持四项基本原则,坚持为社会主义建设服务的方向,坚持为人民服务的宗旨。在这个前提下,在学术问题上则实行百花齐放、百家争鸣的方针。

我国是一个统一的多民族国家,地域辽阔,人口众多,宗教信仰不同,风俗习惯各异。但是,我国宪法及有关法律规定:尊重各少数民族的风俗习惯,各族人民有信仰宗教的自由。因此,编辑在审阅书稿及加工时,凡触及民族问题和宗教问题时,一定要慎之又慎,必须不折不扣地根据党和国家的民族政策与宗教政策行事。

我们提倡百花齐放、百家争鸣,是指纯学术问题,但绝

对不允许散布伪科学,挑拨民族感情,煽动宗教狂热。

在国际关系方面,我们既要坚持爱国主义,又要遵守和平共处五项原则,以增进同各国人民的友谊。我们坚持独立自主的和平外交政策,反对形形色色的霸权主义。因此,编辑在处理涉及国际关系的书稿时,一定要注意,不得有损国格,有损国际关系准则。

至于涉及国内各项政策的书稿,也不能掉以轻心。比如:计划生育是我国的一项基本国策,责任编辑在处理有关计划生育的书稿时,必须严格按照有关计划生育的政策、法令去处理。其他如经济问题、农业问题、卫生问题、教育问题……莫不如是,必须遵守国家的政策、法令,绝对不允许随心所欲,各行其是。

2.对文字方面的加工

在所有书稿中,编辑用在文字加工方面的比重最大。这方面包括文字表述中的逻辑错误,语句欠通,语词搭配不当等。在人物姓名、时间、地点方面,或者缺漏,或者讹误。在引用他人文章时,或断章取义,为我所用;或望文生义,妄加诠释;或引喻失义,歪曲真理。在使用标点符号时漫不经心,有时一逗到底,使文理不通;或未解原意,乱加标点、符号,与原意相悖。

凡此种种,作为责任编辑,都必须一一处理,或补正,或删除,或修改,务使各种错误被消灭在签字付印之前。当读者手捧新书时,能够赏心悦目,欣赏优美文字,获取科学知识,汲取精神营养,而无任何艰涩之感,其心情快何如也!责任编辑也会为此感到欣慰、自豪。

三、责任编辑必须全面提高自身素质

既然一个责任编辑对其所编书稿的质量,承担着如此重大的责任,而落实质量第一的政策,就成为深化改革的出发点和落脚点。因此,作为责任编辑,就必须全面提高自身素质,以适应飞跃发展的科学技术和知识进步的要求。

作为一名责任编辑,要提高自身素质,必须做到以下几点:

1.坚持四勤(脑勤、手勤、眼勤、口勤)

脑勤,就是在审阅书稿时,要勤于动脑,一定要考虑书稿中的每一句话是否有道理,为什么? 所提及的人物、时间、地点等是否准确。作为责任编辑,都要认真考虑。大家都知道,新闻工作者在每一篇新闻报道中,都要具备五个要素,也就是人们常说的五个"W",即"When(何时)、Where(何地)、Who(何人)、What(何事)、Why(何故)"。其实这五个要素无论在哪一篇文章或哪一本书中,都是不能缺少的。

手勤,就是勤于动手,遇有不懂或不十分了解的事物,就要动手翻一翻资料或工具书,以求得正确答案。在日常工作中,要注意积累资料,以备不时之需。作为编辑人员,要不断练笔,并使之成为习惯,每天抽时间写一点文章,三五百字,千字左右均可,视工作的忙闲而定。

眼勤,就是要博览群书,利用审读书稿之馀的间隙时间,读一些书报、杂志,视时间的短长而定。一方面,利用零星时间,浏览一些报刊;另一方面,系统地读一些有关书籍。要知道,读书学习既是知识的补充,也是观念的更新;只有不断学习,才能不断提高,不断进步。学而后知不足,只有不断学习,才能看到自己的差距,才能激励自己勤奋学习。学习永远不晚,一定要活到老,学到老,死而后已。

嘴勤,就是勤于动嘴,不耻下问,只要是自己不懂得的问题,就要向别人请教,向一切专家、内行、知识里手请教。孔子说:"三人行,必有我师",韩愈说:"无贵无贱,无长无少,道之所存,师之所存也"。因此,作为责任编辑,为了所编书稿不出错误,凡是自己不懂的东西,就要勇于向别人请教。

2.尊重权威,但不迷信权威

我们常常会遇到一些专家、权威学者送来的书稿要求出版。有些责任编辑认为:既然是权威学者、专家的著作,就不会有什么问题,于是草草将书稿阅读一遍,有的甚至连一遍也不看,就签字发排,连几次清样也不愿过目;另有一些责任编辑则是慑于专家、权威的名声,而对其书稿不

敢改动一字。

　　要知道,任何一个人,即使是名震遐迩的权威也有疏忽之处,也有失误之时;更不用说,任何一个专家、权威也不可能成为万事通,不会成为一个万能的知识里手,再加上专家、权威也有他自己的局限性。因此,责任编辑在面对专家、权威的书稿时,要一视同仁,严格把关。当然,对于专家、权威的学术观点和意见,还是要尊重的,不应毫无根据地轻易改动他们的理论、学术观点和学说。专家、权威的书稿发生错误,也是经常的,并没有什么奇怪之处。

　　3.要善于鉴别真伪

　　有些书稿、文章的内容常常被标榜为"亲历"、"亲见"、"亲闻"的所谓"三亲",信誓旦旦,一切都是准确无误的,其实也不尽然。同一事件,分别由几个"亲历"者或"亲见"者讲述出来,其情况可能有所不同,甚至分歧很大。因为每个人看问题的角度不同,观点也不一致,再加上每个人的记忆力有强有弱,有主观上判断的差异,于是造成了混乱。责任编辑必须从这些众说纷纭的情况中,鉴别其真伪,得出合理的、正确的结论。

　　4.拓宽知识领域,加强文字修养

　　编辑部接到的稿件,来自四面八方;而所涉及的学科,又是千差万别,内容涉及各门学科,书稿作者的知识领域及写作水平又有很大悬殊。所有书稿都要通过编辑人员的认真处理,才能决定取舍。从这一点来说,编辑人员就必有具有广泛的知识, 但不一定要求在哪一方面达到"深"、"专",但要博洽。当然,如果能在广博的基础上,在某一领域达到"深"、"专",是应该受到称颂的。

从事编辑工作的人员,不仅知识面要宽,而且还应该加强文字方面的修养。因为文字是表达思想、意识的工具,缺乏文字的表达能力,再好的主意、方法、意见,也无法传播,不能被人采纳。所以,对于一个责任编辑的要求是:必须能够写出文理通顺的文章,把好文字关,是起码的标准。现在,我们常说:"无错不成书",一方面是由于责任编辑的粗疏所致,没有耐心去审稿,而另一方面也确实是由于对"字"、"句"的含义不甚了解所致。

由此可见, 一个责任编辑如果不在文字上下点工夫,是很难使自己的素质得到提高的,当然也就很难把好文字关了。

四、书稿上常见的错误举例

1.逻辑推论错误

推论的错误,导致结果的错误。如甲、乙、丙、丁四支足球队进行循环赛,其结果是:甲队——三胜一负,乙队——三战三胜,丙队——一胜二负,要求推断出丁队的战绩和各队的具体结果。答案是:丁队四战四负。甲队胜丙队一场,胜丁队二场,负于乙队一场;乙队胜甲队、丙队、丁队各一场;丙队胜丁队一场,负于甲队、乙队各一场;丁队负于乙队一场,负于丙队一场,负于甲队二场。

上述这个推论(见《文学趣题百例》第 85 例,山西人民出版社 1982 年 8 月第 2 次印刷)是错误的。因为只有四个队进行足球循环赛,每队只进行三场比赛,就决定了名次,哪有甲队三胜一负,丁队负于乙队一场、负于丙队一场、负于甲队二场的情况呢?

2.语句不通

语句不通的情况,最常见的、最典型的例子,莫过于把否定句当做肯定句。如:"为什么不在你们熟悉的家乡,非要来这陌生的地方?"(《文史资料》第一辑)

这实在是一句文理不通的语句,却往往被人们当做正确的句式。犹如北京人口头上常说:"你干什么非得要去?"或者说:"不让他去,他非得要去",等等。实际上这些例句是把否定当作了肯定。哲学上有"否定之否定律",是唯物辩证法的基本规律之一。从肯定到否定,再到否定,即否定之否定,才能回到肯定。上述例句不论是反问句还是陈述句,其本意都是肯定,但实际上成为否定。在数学中,$-a$ 是负数,只有 $-(-a)$ 才是正数。这就非常明白了:$-a$ 是一个否定,$-(-a)$ 是两个否定(否定之否定)。上述例句正确表述,应该是:"为什么不在你们熟悉的家乡,非要来这陌生的地方不可呢?"或者"干什么你非得要去不行呢?"或者说"不让他去,他非要去不可"。上述这种错误句式,甚至在《人民日报》等权威性报刊上也经常出现。

3.词语搭配不当,是书稿及报刊上经常出现的错误

如"坚定不移"、"坚信不疑"两个成语,本来很明确,"定"与"移"、"信"与"疑"都是两个完全相反的字,既然"坚定",就"不移"(不动摇);既然"坚信"就"不疑"(不怀疑)。但是,有的书稿、报刊却错为"坚定不疑"、"坚信不移"。这就完全失去了原意。

4.人物姓名错误

在书稿中、报刊上出现的人物姓名错误,也是司空见惯的。有的张冠李戴,如一本古汉语字典,在引用例句时,多处将贾谊的《论积贮疏》和晁错的《论贵粟疏》误为贾谊《论贵粟疏》、晁错《论积贮疏》;有时,一个人错成两个人,如《中国语言学史》在同一页上将北齐人阳休之误为"阳体之",结果一个人变成了两个人(见该书第64页);又有时,将两个人误为一个人,如在鸦片战争时,侵华美军头目查理·懿律,与其堂弟、侵华美军副手乔治·义律,本是两个人,有的书稿、报刊往往把二人误为一人,全写成"义律"。中国当代语言学大师黎锦熙,字劭西,而《中国语言学史》则误为"黎锦熙,字邵西"(见该书第180页)。

5.时间上的错误

绝大部分是由于中国历代王朝纪年和干支纪年,在推算为公历纪年时造成的,如鸦片战争发生于清道光二十年,庚子年,公历为 1840 年;六十年以后,又是一个庚子年,那是清光绪二十六年,公历为 1900 年;日本帝国主义制造的"九一八"事变,发生在民国二十年,公历为 1931 年;"七七"事变,则发生在民国二十六年,公历为 1937 年。这些重大事件发生的年代,本来应该牢记在心,但却往往被人们弄错。又如《山西文史资料》第 49 辑载有《回忆晋豫区的党报》一文,作者谈到 1940 年时的这一地区情况时说:"这时正是抗议皖南事变,支援新四军,反对国民党当局发动的'第二次反共'高潮"。这里就把时间弄错了。"皖南事变"发生于 1941 年 1 月 7 日,地点在安徽省泾县茂林地区。弄错时间的情况,屡见不鲜。就不一一列举。

6.地名错误

由于我国地域辽阔,且行政区划时有变动,特别是对边远地区的地名比较生疏,因而在地名上发生差错,也就不足为奇了。就县以上的地名来说,有些音同字不同的县名,如河北省有"易县"(属保定市),辽宁省有"义县"(属锦州市);江西省有萍乡市,广西壮族自治区有凭祥市。从外国地名来说,"圣地亚哥"就有好几个,分别在古巴、多米尼加、智利等国;又如"法兰克福"就有两个,同在德国,一个在东部,一个在西部。又如美国有"朴次茅斯",英国也有"朴次茅斯"等等。这些相同的地名,出现在书稿中,就需要责任编辑仔细审阅,弄清楚究竟是哪一个。又如"贼尽向静宁、泰安、清水、秦州间,众且二十万"(见《明史·曹文诏传》)。这是指明朝末年,农民起义军进入甘肃境内,与明朝官军作战的情况。这里的"泰安"显系"秦安"之误。因为静宁、清水、秦州(即今天水)都与秦安相邻;而泰安则在山东省,两地相距数千里。因此一看便知"泰安"为"秦安"之误。

7.引文中的错误

许多作者为了加强自己的论点的说服力,往往引用别人的言论,这种情况,无可非议。由于各种原因,引用他人的文章时往往发生错误。

a.引文缺漏:王力在《中国语言学史》中,引《康熙字典·序》:"汉晋唐宋元明以来,诗人文士所述,莫不旁罗博证"一句时,漏一"晋"字;引《文心雕龙·章句》:"乎哉矣也,亦送末之常科"一句时,将"矣"误为"者"(分别见该书第168页和第174页)。

b.断章取义,歪曲原意:《山西名产》在引白居易《红线毯》一诗,旨在证明当时太原生产的地毯质量精美,工艺技术精湛,是由来已久的。然而,白居易在这首诗里,恰恰是在说明太原地毯的质地粗糙和低劣。白诗先叙述宣州毯的精美,对比之下,"太原毯涩毳缕硬,蜀都褥薄锦花冷,不如

此毯温且柔"（按："此毯"指的是宣州毯）。这里明白无误地说，太原毯又涩又毳（同脆）而且很硬，不如宣州毯温且柔。而该书的作者在引用白诗之后，就说当时"山西太原织做地毯的技术已达到相当精湛的水平"（见该书第120页）。这是明明白白歪曲事实，欺骗读者。

8.望文生义，妄加诠释

有些书稿作者在引文时，不看全文意思，对某些关键字、词，妄加解释，造成笑话。如《新编历朝纪事本末》叙述北魏太宗明元帝拓跋嗣同崔浩的一段对话，崔浩的意见深得皇帝的欢心，半夜谈至深度，明元帝赐给崔浩御缥醪酒十觚（gū，酒器），水精戎盐一两（一种很好的酒和一种味道鲜美的食品），说："朕味卿言，若此盐酒，故与卿同其旨也"。这句话用现代汉语表达，就是"我品味你的话，如同这美味的盐酒一样，因此我送给你这些酒，愿意同你一起品尝这些美味"。"旨"：美味。而《新编历朝纪事本末》的作者，看到是皇帝送的东西就把"旨"解释成"圣旨"，这是讲不通的，因而，造成大笑话。这是望文生义的典型例子。

引文错误的例证还很多，无须一一列举。要想引用准确，关键在于通观全文，融会贯通。

9.标点错误，与原意相悖

一般来说，标点不当造成严重错误的情况比较少；多数错误发生在引用古籍时，在上下句断句时造成错误，而与原意不符。如一本古汉语字典,在例句中引《北史·魏太尉公拓跋钦传》:"凡人绝粒七日,乃死"。而这本古汉语字典的编者则标点为"凡人绝粒,七日乃死"。这就完全错解了原意。

10.符号标错,造成笑话

在一般的人的印象中,认为书刊中的符号,无关鸿旨,一个括号、引号、书名号,对于文章不起多大作用。但是,如果用错或缺漏,往往使读者感到困惑。括号带有注解性质,如果没有括号,会使读者不知所云。引号为引述他人文章的符号,如果没有引号,则分辨不清是作者的话,还是引用别人的话;如果引号有前无后,或有后无前,则无法确定引文起止。书名号则是专用于书名(包括文章的篇名、图书的题目等等),不能乱用,否则会造成笑话。如《晋祠志·流寓·刘先生大櫆传》:"姚姬传实从其游"。姚姬传就是姚鼐。姚鼐,字姬传(chuán),清代散文家,为桐城派的领袖人物。而《晋祠志》的点校者竟然在"姚姬传"三字前后加上了书名号,于是文学家姚姬传,一变而为书名《姚姬传(zhuàn)》了。就从上下文看,一本书怎能陪伴刘大櫆到晋祠旅游呢?这真是天大的笑话。

11.错别字是书稿、报刊中的不速之客

错别字在书稿、报刊中的错误率最高。产生错误或者是由字形相似,作者与责任编辑疏忽大意;或者由于不了解字意。

　　a.字形相似造成的错误,如:已、己、巳;戊、戍、戌、戒、成、戒;圮、坯等等。

　　b.由于对字意不甚了解而写错的字,如:有些地名往往被人们写错,主要由于对地名的由来不了解,比如"卢沟桥",人们往往错写为"芦沟桥"。这是因为人们不了解"卢"字的含意为黑色,卢沟桥架设在永定河上。永定河水浑,因而叫卢沟;况且在卢沟桥头立有一通石碑,"卢沟晓月"四个大字赫然耀目,是旧北京的八景之一。这又是由于人们疏忽大意,而把"卢沟桥"错写成"芦沟桥"的原因。又如中国文史出版社主办的《纵横》杂志 1987 年第 2 期登载的《张大千的收藏》一文,说张大千在赵孟頫的一幅画上题词:"八年前,予居故都时,曾见董元双幅画,自南北沦陷,予间关归蜀,数年来未与人道此,咨嗟叹赏,不能自己"(见该期第 43 页)。这里,"自己"显然是"自已"之误。"自己",无法解释,语句不通。"已",停止的意思,"不能自已",就是自己不能控制自己的某种感情,使之停止。如果明白"已"字的含意,就不会用错了。其他如"洲"、"州","副"、"付"不分,混用的现象也很严重,需要责任编辑认真处理。

四、发稿

　　一部书稿经责任编辑初审后,再经部主任或组长复审、总编辑终审后,认为完全达到发排标准,即可签字发排。

发排书稿要达到齐、清、定三个标准。齐:即书稿的正文、封面、环衬、扉页、目录、插图、封底及版权页等凡属书的附件都已齐全,一件不缺。清:书稿文字一定要清楚,不得有涂抹不清、无法辨认的文字。定:是本书稿已成定稿,不允许在清样上大改大删。如原稿字迹不清或过于潦草,致使文字无法辨认,应退给原作者重新抄写清楚,或由责任编辑商得作者同意,由编辑部雇人誊抄,誊抄费将由发给作者的稿费中扣除。

经过三审以后的书稿,在发排前,责任编辑一定要逐项查对,以免有所失误。在发稿时,一定要写出审稿和加工意见,并写出征订单。

五、图书的重印与再版

一部书稿出版后,由于其学术价值、科学性、可读性、趣味性、适用性等方面,都达到一定的高度,因而受到读者的欢迎,成为畅销图书,往往需要重印、第三次、第四次……印刷。这种多次重印,与初版第一次印刷完全一致。尽管如此,但每次重印时,责任编辑都要仔细检查,如发现个别错字,可进行技术处理。

书稿出版后,随着时间的推移,初版书的某些章节可能已不适应新的形势,有的需要补充,有的需要改写某些

章节、段落，或删去某些不适当的部分。这样，就必须重新排版才能印刷，即所谓"修订再版"，或"增订再版"。此时，责任编辑不仅要审阅其所增、删的部分，而且要检查原书保留部分与增、删部分衔接处是否妥当。

综上所述，要当好一名责任编辑的确不是容易的，一是要有高水平，一是要有责任心。二者缺一不可，关键是要从各方面充实自己。

作于 1992 年

把好文史类书稿的
史料关和文字关

　　文史资料工作是敬爱的周恩来总理生前亲自提议开创的。早在 1959 年 4 月 29 日,周恩来总理在全国政协召开的六十岁以上政协委员茶会上说:"戊戌以来是中国变动最大的时期,这个历史时期的历史资料要从各方面把它记载下来"。从那时开始,各省、市、自治区也相继成立了文史资料研究委员会,开始征集文史资料,出版文史资料的文辑。我省也于 1961 年 10 月辛亥革命五十周年之际开始正式出版文史资料选辑,截至 1965 年,共出了十二辑。"十年动乱"期间,文史资料的征集、出版工作,被迫中断。粉碎"四人帮"以后,文史资料的征集、出版工作才又恢复。从 1979 年开始出版第十三辑,到现在累计总共出到了第五十一辑,成绩是很大的。

　　但这五十一辑的文史资料中,也有不少错误。这些错误,大体上可以分为两类"一类是史料上的错误,另一类是文字上的错误。

先说史料上的错误。

昨天的新闻,今天就成为历史。今天的新闻,明天就成为历史。所以历史同新闻有密切不可分割的联系。大家都知道:凡新闻、消息为了完整的表述事实,通常应具备五个要素,即人们常说的五个"W",就是何时(When)、何地(Where)、何人(Who)、何事(What)、何故(Why)。因为这五个要素的英文单词开头都是"W"。所以,人们通常把新闻五要素,称为五个"W"。新闻是这样,撰写会议记录、编写文史资料,也是这样,不能没有这几个要素,不仅要具备这五个要素,而且要真实、可靠,不能随意杜撰,也不能臆造或随心所欲地编造。1965 年 3 月,在第四届全国政协常委会第一次会议上,周恩来总理强调说:"文史资料的工作方向要对,要存真,要实事求是",并且谈到了文史资料对研究历史和教育青年的重要意义。我们必须牢记并切实遵循周总理的指示,认真做好史料的征集、整理、研究和出版工作。

文史资料中历史事实不能杜撰,也不能随意歪曲,历史人物更不能随意塑造。历史不是文学艺术,不是演义,不能虚构。因此,在文史资料的征集中,特别要强调"三亲"——"亲历"、"亲见"、"亲闻"。然而,"三亲"的材料也不一定就绝对真实。现在就以"三亲"的材料来谈谈个人的一些认识。

先说"亲历"。"亲历",一定要把自己摆进去,自己在所在单位当时任什么职务等等。按理说,亲身参加过、经历过的事情,自己写出来,总该是真实的吧!其实,也不尽然。这里就有一个看问题的角度问题。任何一个人,包括历史上的伟大人物在内,除了历史的、阶级的局限性以外,还有他自己的局限性。周总理在 1965 年 3 月的全国政协四届常务委员会第一次会议上讲话时,举了一个例子(见《文史资料工作学习材料》第 7 页至第 8 页):苏北启东县不仅棉花高产,粮食也高产。那里土地不多,仅一百多万亩,其中有一半种的是棉花。有一位从苏北视察归来的同志说,那里人民生活好,但没有大牲畜,因为地处东海之滨,是水网区,水位很高,不能用牲口深耕,只能靠人力耕,所以深不了。这地方人口稠密,耕地少,劳动人民却能使它双丰收,粮食亩产一千斤,皮棉亩产一百多斤,当然值得称道。这么一个好地方,用什么机耕设备帮助他们呢?考虑以后,觉得使用手扶拖拉机比较合适。然而,启东县分管农业的副县长秦素萍(女)说,情况不然。她说,解放后进行了改革,搞了大块台田,深挖了沟渠,降低了地下水位,已经有大牲口,深耕还是增产的一条措施,所以,那个地方可以保证高产。这就表明:同一情况就有两种截然不同的说法。应该

说,秦素萍的说法是第一手的材料。

虽然,是亲身经历,亲自参加,但撰写资料时,还有个记忆问题。每个人的记忆力有强有弱,还有相隔时间长短不同的问题。所以,即使是自己亲身经历或参与的事情,回忆起来也不一定十分准确。

另外,还有一个看问题的角度问题和观点问题。例如,某人参加过某一事件,在后来回忆时,出于个人的感情或利害关系,往往不能正确反映真相,而只是讲一些对自己有利的、光彩的一面,回避或隐瞒对自己不利的或不光彩的一面。更不要说,有些资料完全是后来编写的(我不说它是编造的)。我举一个例子,有的同志看过《溥仪离开紫禁城以后》这本书。对于书中叙述的具体情况,我不加评论,因为我并未参与其事,但就其中的一些事实从资料的角度来看,就很成问题。比如该书第 75 页至第 86 页登载爱新觉罗·毓嶦写的《最后一周的伪满皇帝》,我看就不真实。为什么? 我来具体谈谈个人的意见:文章的作者毓嶦是恭亲王溥伟的儿子,溥伟和溥仪是弟兄辈,毓嶦当然就是子侄辈了。首先从题目上说,就不妥当,最后一周的伪满皇帝,是什么时候的最后一周? 干什么事情的最后一周? 前边没有任何限制词。这个题目应该把前后词序颠倒一下,改为《伪满皇帝的最后一周》,或改为《溥仪当伪满皇帝的最后一周》,就准确了。这是毓嶦用日记的形式写的他这一周的亲身经历,实际上是十天,即从一九四五年八月八日到八月十七日,中间无十三日,那是同十二日连在一起了。首先,这是追忆或回忆,就不应该用日记的形式,"日记"当然就是当日的记载或当日记的事。可是,这个日记完全是用四十年后的语言记述四十年前的事,读起来觉得格格不入。另外,四十年后记载四十年前的事,还能把每天的阴晴记得那样清楚?如果说,这些日记是当时记写的,那是不真实的。第一,在当时那样人心惶惶,兵荒马乱的情况下,哪有心情去写日记?第二,当时刚刚出逃,毓嶦作为溥仪的子侄辈,溥仪与他,又是君臣关系,如系当时记载,怎么会直接称呼溥仪呢? 如果是四十年后追忆,把十天内的天阴天晴都记得很清楚,这是不可能的。另外,毓嶦在本书中写的另一篇文章《伪满时代的溥仪》所记,则与其另一篇所记天气阴晴就有出入。

又如《山西文史资料》第 49 辑(1987 年第 1 辑)载徐一贯写的《回忆晋豫区的党报》一文,谈到 1940 年时的这一地区的情况时说:"这时正是抗议皖南事变,支援新四军,反对国民党当局发动的"第二次反共高潮"。

皖南事变发生于 1941 年 1 月初。当然,这一事变,国民党反动派是有预谋的,1940 年 10 月,蒋介石指使何应钦、白崇禧以军委会正副总参谋长的名义,强令在长江南北和黄河以南坚持抗战的新四军、八路军在一个月内开赴

黄河以北。中共中央为了维护抗日民族统一战线,答应将驻安徽南部的新四军部队调到黄河以北。1941年1月7日,新四军北移部队9千人在安徽南部的泾县茂林地区,突然遭到国民党军队的袭击。这就是我们平常所说的"皖南事变"。尽管国民党为了破坏抗战、破坏抗日民族统一战线,发动这次事变是早有预谋的。但真正事变还是发生在1941年,而不是1940年。

在同一篇文章中,作者说:"1942年1月22日,区党委机关转移到沁水的秦壁村……1月26日,即阴历腊月二十九,旧历除夕之夜……"。

这个时间就不对,1942年1月26日,是1941(辛巳)年阴历腊月初十。如果阴历不错就是除夕的话,那应该是阳历1942年2月14日。如果说,阴阳历的日期都对,那应该是1941年1月26日,正好是1940(庚辰)年阴历腊月二十九,除夕之夜。

这里,我们可以知道,文中所述事实,都为作者所亲历,但日期是后来查对的,而查对时又查错了。

又如《纵横》1987年第二期,刘济民写的《雪域风雨——西藏和平解放经过》一文说:"十月五日午夜,正值农历月初,没有月亮,只有几颗稀疏的星星在夜幕上闪亮"。

这里,十月五日,是指1950年10月5日,这一天是阴历八月二十四日,是下弦,如果不是阴天,还是有月亮的,不是像作者说的,"正值农历月初,没有月亮"。

以上几例,都是属于"亲历"的事件,尚且有这样许多不够妥当的地方。可见"亲历"也不是百分之百的准确。

另外,还可以举出一些与事实有出入的例子。如《山西文史资料》第 48 辑(1986 年第 6 辑)载石生所写《李公朴在山西》一文说:"从职业上看,有工人、农民、军人、中小学教师、自由职业者等。从政治思想上说,有共产党员、国民党员、三青团员、有无党无派及各种宗教信仰者,但都在民大纲领的号召之下统一起来,教职员生一下猛增到五千馀人"。这是讲 1937 年 11 月 8 日太原失守后,山西军政当局撤退到临汾后建立民族革命大学的情况。这时,三青团尚未建立, 当然谈不上有三青团员了。三青团成立于 1938 年。1938 年 4 月,在国民党临时全国代表大会上决定成立三青团,同年 7 月,组成中央团部,然后在各省成立支团部。至于分团部、区队、分队等各基层组织的建立,就更晚了。由此可知,说民大成立时,学员从政治思想上说,有……三青团员",是不符合事实的。

又如:本辑所载徐士瑚所作《李提摩太与山西》一文中说:"毓贤一向仇洋爱团,光绪二十八年春,他调任山东巡抚后,护大刀会甚力……匪击杀官军数十人,自称义和拳,毓贤为更名曰团,匪浸炽。法使诘总署,乃征还。立即谒端

王载漪、庄王载勋、大学士刚毅,盛言拳民忠勇,得神助。毓贤俄拜山西巡抚之命"。作者说是根据《清史稿》撰写的。

这里有明显的错误,但可以肯定的是:毓贤于1896年(光绪二十二年)任山东按察使,1899年(光绪二十五年)升任山东巡抚,对义和团剿抚兼施,杀义和团首领朱红灯与心诚和尚。但帝国主义仍嫌他镇压义和团不力,迫使清政府将他调离山东,次年(1900年,光绪二十六年),调任山西巡抚。八国联军攻占北京,两宫西逃,毓贤被指为排外仇教的"祸首",革职充军,1901(光绪二十七年)年在赴新疆途中被处死于兰州。

由此可知,文中说:"光绪二十八年春,他调任山东巡抚后",是错误的。该文接着又说,"他在光绪二十五年(1899年)离开山东不久,义和团便在肥城杀害了英传教士勃鲁克"、由此也可以说明前一说的错误。

再说"亲见"。"亲历"的事情尚且如此,"亲见"就更要慎重一点。"亲闻"比"亲见"又差上一等。"亲闻"只不过是亲自听别人说的,别人对你说时,是否他就是"亲历者"或"亲见者"?所以,对"亲闻"就必须加以分析,但也只能作为参考,绝不能作为第一手资料。

这样说来,"亲闻"、"亲见"、都不可靠,连"亲历"也不可靠,哪还有什么可靠的?我们不是历史虚无主义者,不能否定历史;但我们也不是唯史料论者。面对史料,我们应该采取什么态度呢？我觉得：应该是重视史料，但不轻信史料。面对史料，我们应该进行分析、研究，在充分分析、研究的基础上，决定取舍。有些一时不能决定的，宁可存疑，让两说、三说并存，不要轻易肯定或否定。我们一定要采取客观态度，不要为尊者讳，为亲者讳，为贤者讳。总之，还是开头说的，按照周恩来总理的指示，"要存真，要实事求是"。对于这一方针，应该贯穿在写稿、组稿、审稿、选编和校对工作的每个环节中。对于从事文史资料编辑工作者来说，严重失实的文章，当然不能选用；对于由于疏忽而将某些史实弄错了的，一定要进行核对，即使有些怀疑的地方，也应该认真查对。所谓"把关"，就是要在这些方面把住，不让它出错。

关于史实上的错误，归纳起来大体上就是时间、地点、人物等方面的不准确或张冠李戴。

时间上的错误，大致由于公元纪年、我国的朝代纪年和干支纪年常常发生推算错误。我国地域辽阔，有许多相同的地名，比如西安，是陕西省的省会所在地；东北吉林省也有个西安，1956年改名为东辽县。另外，还有相同的两字变一下次序，变成两个地方，分属两省，这种情况很多。如山西有阳曲县，河北有曲阳县；山西有阳高县，河北有高阳县；山西有原平县，山东有平原县；山西有乡宁，湖南有宁乡；山西有山阴县，但历史经常提到山阴会稽，山阴则是浙江绍兴。陕西有西安,甘肃河西走廊的西头有安西;河北有易县,辽宁有义县。这些情况很多,需要我们留心。

人名的错误,也是经常容易发生的。中国历史悠久,地域辽阔,人口众多,历史上同名同姓的人很多,就不去说它。就是近代、现代的知名人士中,同名同姓的也大有人在。有些字虽不同,但读音相同,写出来往往就混淆了。如"文革"前的北京市委宣传部长名叫李琪,同样在"文革"前曾任中共太原市委第一书记,又任山西省委宣传部长叫李琦,这是两个人,但如写错,岂不混淆?又如在汉武帝时代通西域的张骞,是陕西城固人;清末最后一名状元张謇是江苏南通人,是民族资本家,办过纱厂、面粉厂。如写错,时间上错了两千年,岂不闹大笑话。字形相似写错的很多,如廖仲恺错写成廖仲凯等等。

现在,再谈谈如何把好文字关的问题。这是老生常谈,没有什么窍门可找。主要靠平时留意,稍有怀疑,就应该查查词典等工具书,最常见的如戊、戌、戍;己、已、巳等。如《纵横》1987 年第 2 期(总第 20 期)《张大千的收藏》一文,说张大千在赵孟頫的一幅画上题词:"八年前,予居故都时,曾见董元双幅画,自南北沦陷,予间关归蜀,数年来未与人道此,咨嗟叹赏,不能自己……"。(见第 43 页)又下页"其得意之情不能自己"。这里两处"自己"均为"自已"之误。

至于文理不通的句子,时有发现。如"为什么不在你们苦心经营了多年、地形与人情都非常有利的苏皖地区打,非要跑到东北来打?"这是不通的语句。还有语词搭配不当的问题。如"枪声隆隆",隆隆不能形容枪声,只有炮声才是隆隆。

毛主席在《对晋绥日报编辑人员的谈话》中指出:"报上常有错字,就是因为没有把消灭错字认真地当做一件事情来办。如果采取群众路线的方法,报上有了错字,就把全报社的人员集合起来,不讲别的,专讲这件事,讲清楚错误的情况,发生错误的原因,消灭错误的办法,要大家认真注意。这样讲上三次五次,一定能使错误得到纠正"。

人们常说,编辑是杂家。我看,当个杂家也没有什么不好。杂家兴起于战国时代。班固在《汉书·艺文志》中说,"杂家者流……兼儒、墨,合名、法"。这就是说,杂家是折中和糅合各学派思想的学者。今天所谓"杂家"同战国时代的杂家,意思不尽相同,但总的来说,杂家的知识面比较宽广,不拘于一家之说。从事编辑工作的人员也是这样。编辑是杂家,但杂家并非都能够担任编辑。因此,作为编辑人员是很光荣的,真要当好一个合格的编辑,的确是不容易的。

作于 1989 年 10 月

重视校对工作　提高图书质量

随着改革、开放的深入发展，我国的出版事业出现了蓬勃发展的新局面，各地出版社出版了不少有价值的、可读性很强而内容很好的图书。毋庸讳言，由于各个学科的各类图书的大量出版，也确实有些泥沙俱下、鱼龙混杂的现象。这些现象，在各种报刊上时有批评。说到底，这些情况都牵涉到一个质量问题。当然，提到出版物的质量问题，既包括原作的质量、责编的加工和校对的精确程度，也包括印刷厂的印制、装订是否优良。本文将着重从校对工作与出版物的质量关系，谈谈个人的意见。

一、校对在出版物中重要性

校对工作在出版物中起着保证质量的作用。古人把校对称之为"校雠"，"雠"与"仇"相同，意思是说，对于书稿中的错误,如同对待仇敌一样,一定要把它消灭而后快。一部书稿在排出校样以后,经过校对人员校对以后,一定要与原稿完全一致,保证没有差错,至少是没有重大差错,只有这样,校对人员才算尽到了责任,也只有这样,才能算得上一名称职的校对人员。当然,一部书稿的质量问题,最根本的还是决定于原作的水平,诸如作者的意境高低,文字叙述是否合乎逻辑性、科学性,遣词、造句是否优美、流畅等因素;同时,还决定于责任编辑的加工程度。但从校对的角度来说,作为一名责任校对,首先必须恪尽职责,认真把关,不放过任何一处可疑的地方。校对人员在校对书稿的过程中,必须忠于原稿,但又要高于原稿。校对人员无权改动原稿,在进行校对时,一定要逐字、逐句(包括标点、符号)地、准确无误地使校样与原稿完全一致。但是,作者的专业知识、文字修养,又高低不齐,不可能所有作者的书稿都绝对正确。因此,校对人员虽无权擅自改动原稿,但当发现原稿存在明显错误时,则必须认真查对,并提请责任编辑及有关负责人注意及时纠正,对个别错字,确有把握则可以直接改正。这是校对工作对保证并提高出版物质量的重大贡献。

作为校对人员,面对专家、学者及权威人士的书稿中的错误,该怎么办呢?回答是坚决的。对待书稿中的错误及可疑之处,一视同仁,要认真查对,绝不能因为是专家、学者或权威人士的书稿,尽管存在着明显的可疑之处,也不去查对,让其错误出现在书刊中。我们要尊重专家、学者和权威人士,但对这些作者绝对不能迷信。专家、学者也有疏忽之处,也有笔误之时,如果一味迷信权威,很容易使出版物出现错误,因为专家、学者、权威人士也是人而不是神。况且,有些专家的著作,只是由专家挂一虚名,而作品并非这些专家亲自动手写作的。如已故语言学家、北京大学教授王力先生的专著《中国语言学史》,仅仅 18 万字,文字上的错误就有百馀处。这些错误,除责任编辑及复审、终审时的疏漏外,有许多是由于作者的作风不够严谨造成的,如该书第 20 页引《史记·秦本纪》中关于由余的先人是晋国人,所以他会说晋国话的记载,误为出于《史记·秦始皇本纪》。《秦本纪》、《秦始皇本纪》,分别为《史记》十二本纪中的第五篇和第六篇。尽管作者笔误,责编及复审、终审有疏漏,如果校对人员不要一味迷信权威,而能认真查对一下,这个错误是完全可以避免的。又如该书第 180 页在介绍当代另一语言学家黎锦熙时说:"黎锦熙,字邵西",错了,"邵西"应为"劭西"。黎锦熙与王力先生是同时代人,同是当代著名的语言学家,只不过黎比王早死了几年,王力不会不知道黎锦熙的字为"劭西",而非"邵西"。再从校对的角度来看,如果校对人员查一下《辞海》等工具书,就可以纠正这一错误。

由于《中国语言学史》是一部权威著作，作者交由山西人民出版社和香港另一家出版社出版发行，而香港版的《中国语言学史》又是根据山西版的纸型印刷的。山西版的《中国语言学史》出版发行后，发现错误很多，于是补印了一张"勘误表"，列出正、误对照50多处，这50多处错误没有包括前面指出那些错误。香港版根据这一"勘误表"在纸型上做了技术处理，然而未曾"勘"出的错误，香港版和山西版同样依然存在。"勘误表"是该书发售以后印制的，书已到了读者手中，小小一张"勘误表"该发给谁呢？只不过是给出版社和责任编辑及校对人员一个可下的台阶罢了。

与《中国语言学史》过多错误形成鲜明对照的是另一本语言学著述《钱玄同音学论著选辑》，由于选编者的精心选编、校勘，校对人员的认真、细心的校对，至今未发现任何错误。

由此可见，从校对的角度看，校对工作对保证书刊质量，起着非常重要的作用。

二、校对人员应成为杂家

编辑部接受来自各方面的书稿，从地区来说，真是天南海北，四面八方；从内容来说，既有社会科学方面的稿件，也有自然科学方面的作品；从文字上来说，既有文言文，也有白话文，甚至还夹杂有各种外文；从题材来说，既有文艺作品,又有历史的、地理的、农业的、工业的、文化艺术的、科学技术的、医药卫生的,还有间于各学科之间的边缘学科的各种作品。面对这么多纷繁复杂的稿件,要使每一位校对人员都能愉快地做好校对工作,真正起到把关的作用,显然是不可能的,也是不现实的。

那么,校对人员怎样才能使自己适应工作的需要,做好校对工作,真正成为消灭差错、提高书刊质量的把关者呢?

首先,校对人员应具有广泛的知识。不能要求校对人员成为每一学科的专家,但必须具有广泛的各方面的常识。也就是说,校对人员的知识面要广而博,而不是要求专而精。专而精,是各方面专家追求的最高目标,不是培养一般校对人员的目标;只有具备广泛的社会知识和一般的科学常识,校对人员才能对自己所承担的工作应付裕如。

其次,校对人员对自己的工作必须专心致志。校对工作是一项极其细致的工作,不能有丝毫马虎大意。校对工作是对人的细心和耐久力的最好磨炼。虽然校对工作并不是十分艰难、复杂的任务,但要求人们必须聚精会神地认真对待。孟子说:"弈之为数,小数也,不专心致志则不得也",如果"一心以为有鸿鹄将至,思援弓缴而射之",那就不可能集中精力去消灭书稿中出现的错误,因而也无法保证书刊的质量。所以,耐心、细致、专一,是校对人员必须具备的修养。

第三,校对人员必须不断提高自身的文化素质。随着我国的改革、开放的深入发展,文化、出版事业的发展也是蒸蒸日上,出现了前所未有的繁荣景象,各种新事物、新问题也随之层出不穷。建设有中国特色的社会主义,是空前的伟大事业,从理论到实践,有待我们去认识,去探讨。因此,我们必须加强学习,不断提高自己的业务能力、理论水平,才能适应新形势发展的需要,才能从校对的业务范围内保证并提高书刊的质量。

总之,校对人员应该具有各方面、各学科的一些基本常识,也就是说,校对人员的知识面要广而博,要成为杂家。杂家的知识就是要杂,要广泛。班固在《汉书·艺文志》中说:"杂家者流……兼儒、墨,合名、法"。这就是说,杂家是折中和糅合各学派思想的学者。在今天,我们所说的杂家,同两千多年前的战国时代的杂家,意思不尽相同。但总的来说,杂家的知识面要比较宽广,不拘于一家之说,校对工作者也必须具有杂家所具有的广博知识,才称得上合格的校对人员。

三、重视校对工作,尊重校对人员

校对工作在书刊出版的全过程中,是一个不可或缺的环节,起着保证质量的重要作用。然而,就是这样一个明白

而又浅显的道理,却往往被人们所忽视,于是造成"无错不成书"的奇特现象。当然,造成错误的原因是多方面的,但轻视校对工作,看不起校对人员,则是重要原因之一。

有些出版社编辑部门的领导人认为,校对工作无足轻重,因而觉得校对人员也就可有可无了。当某些编辑人员不适宜于从事编辑工作时,不论是业务方面的原因,还是政治思想方面的原因,在内部工作人员调整时,这些人往往被调任校对工作;如遇精简机构,被撤裁的又是校对机构首当其冲。这就充分说明,在一般人们的眼中,校对工作好像总是低人一等,而校对人员自己往往有着浓厚的自卑感,总觉得不如编辑人员光彩,因而工作不安心,工作情绪低落、不稳定。在这种情况下,调动校对人员的工作积极性是很困难的,当然更谈不到发挥他们的创造性了。

如前所述,既然校对工作对保证和提高出版物的质量有着重要的作用,那么,各级领导就应该高度重视校对工作,从各方面关心校对人员的工作、学习、生活;同时,要破除世俗的、传统的偏见,营造一种重视校对工作、尊重校对人员的社会风气。作为校对人员不应妄自菲薄,而要不断加强学习,努力提高自身的业务水平和文化修养,使自己的工作真正能起到把关的作用。

近年来,"无错不成书"已成为出版物的公害,严重影响书刊应起的宣传、教育作用,社会效益和经济效益双双受到了损害。因此,加强校对工作,提高图书质量已成为急待解决的问题了。

　　早在 1975 年 8 月,邓小平同志就说过:"质量第一是个重大政策……提高产品质量是最大的节约"(《邓小平文选》第二卷第 30 页)。这样,就把质量问题提到了政策的高度,不能不引起人们的极大重视。特别是在深化改革的今天,落实质量第一的政策,就成为首要的任务。这一点,也完全适用于出版事业的改革。万里同志也曾指出:"责任制,首先是质量责任制"(转引自 1984 年 7 月 20 日《人民日报》第五版)。然而,有些校对人员并没有意识到自己所负责任的重大,因而在很大程度上玩忽了职守,造成不可弥补的损失,这是校对人员应该深刻记取的教训!

作于 1993 年 8 月

点校错误，不如没有点校
——从《修真辨难》的点校错误谈起

  道家的养生之道，主要为炼丹。本书作者刘一明，号素朴散人，本为清朝乾隆、嘉庆年间兰州金元观道士，著书立说，宣扬儒、佛，道三教调和。《修真辨难》一书，同另一本书《参同直指》一样，散布的完全是唯心主义的东西，以《易》的八卦和阴阳、五行相生相克的理论及佛家的轮回说、因果报应等来印证道家炼丹的养生之道；又从道家的观点、角度，解释儒家的忠、义、廉、耻和仁、义、礼、智、信及中庸之道。

  同样，作者从道教的角度、观点，解释佛教的《金刚经》等佛教经典。

  从党的宗教政策来说，出版一些各种宗教的经典著作，不仅是允许的，而且是应该的。但，这些读物说来说去是宣扬唯心主义的，不宜多出。

以上只是就本书的内容及思想而言。若从编辑及点校的角度看，实在是错误太多：有的地方，可以说，点校者并没有把句子读通，也可以说，点校者读文言文的基础还比较差，所以，对有些句子就点错了。如："孔子……故删《诗》、《书》、定礼乐，赞《周易》，修《春秋》，以开后世之聋聩"（见本书第 30 页）一段，是说孔子删《诗经》、《书经》，定《礼记》、《乐经》。

　　赞《周易》，修《春秋》，对后世起着振聋发聩的作用。因《乐经》失传，其馀五部书，即后世所称的"五经"。因此，应为"孔子……删《诗》、《书》，定《礼》、《乐》，赞《周易》，修《春秋》，以开后世之聋聩"。

　　又如："故道先明心见性之后，自知还有那边事，又必访求明人"（见本书第 35 页）一句，是说要想得道，必先明心见性，然后自己才能知道还有哪些不懂得的地方，必须向明白人（得道者）请教。因此，应为"故道先明心见性。之后，自知还有那些事，又必访求明人"。

　　又如："何则幻化之身？肉身也。幻化之心？人心也"（本书第 47 页），是紧接着前边一段，以自己发问，自己作答的句式，解释"真假身心"。"何则"，在文言文中，通常用作反问句，相当于白话文中的"为什么"。因此，这一句应为"何则？幻化之身，肉身也；幻化之心，人心也"。这一句错点，关键在于没弄通"何则"二字的用法。"何则"二字在古籍中经

常遇到。

如《史记·鲁仲连邹阳列传》："谚曰：'有白头如新，倾盖如故。'何则？知与不知也。"同书："苏秦相燕，燕人恶之于王，王按剑而怒，食以䮫騠；白圭显于中山，中山人恶之魏文侯，文侯投之以夜光之璧。何则？两主二臣，剖心坼肝相信，岂移于浮辞哉！"同书："晋文公亲其仇，强霸诸侯；齐桓公用其仇，而一匡天下。何则？慈仁殷勤，诚加于心，不可以虚辞借也"。同书："秦信左右而杀，周用乌集而王。何则？以其能越挛拘之语，驰域外之议，独观于昭旷之道也。"

又如：司马迁《报任安书》："盖锺子期死，伯牙终身不复鼓琴。何则？士为知己者用，女为悦己者容"。

又如：《汉书·刘向传》："孔子与颜渊、子贡更相称誉，不为朋党；禹、稷与皋陶传相汲引，不为比周。何则？忠于为国，无邪心也"。

由此可见，"何则"一词，就是先设问，后陈述其义的一种句式。在第100页中，亦有同类句式。不再赘述。

错标的地方还有很多，如"遇色不迷，见虎不惊，悬崖取桃，陡壁舍身卒，感祖天师，传授《心印》"（见第88页）一句中，"卒"字当"最后"、"终于"讲。由于前面提到的种种表现，终于感动了祖天师。因此应标为"遇色不迷……陡壁舍身，卒感祖天师……"。

又如"品节清高，人人所不能及；胸襟脱洒，个个所不能到问;或援引志士,亦必千磨百折,试其真假"(见第 105 页)一段中,"问"应为"间"而且"间"字应为下句的开头。这几句应点为"品节清高,人人所不能及;胸襟脱洒,人人所不能到;间或援引志士,亦必千磨百折,试其真假"。"个个所不能到问"。不通,也无法解释,且前两句完全对称。"间或",意即"有时候"。

标点错误和不妥之处尚多,不一一列举。由于标点者没有弄通文义,把正确语句或字,误认为衍文或错字。如"奈何学人多无信心何(原标点者疑为衍文)哉!"(见第 90 页)其实,"何"字并非衍文。这句话应点为"奈何学人多无信心。何哉?"是用反问的句式进行陈述而后提出反问。把这句直译成白话,就是"那有什么办法,学者多数人没有信心。这是什么原因呢?"

又如"无怪乎修道者如牛尾,成道者如麟角也"(见第 99 页)一句,原标点者疑为"尾"字系"毛"字之误。其实,"牛尾"是不错的,在这里,"尾"读(yǐ),"牛尾"就是牛尾上的毛,与"毛"同义。

至于错别字就更多了,粗略计算,约有五、六十处。如扉页内的"内容提要",短短 180 馀字,竟有 3 个错字。

总之,这种错误标点,不如不去标点。因为标点错误,必然误导读者,贻害无穷!

被注释糟蹋了的一部书稿

——评《历代绘画题诗存》原稿

　　本书稿所选载的历代绘画题诗，是从故宫博物院所收藏的历代绘画中选出的。所选题诗、题词上起北宋末年，下迄近代，其题诗、题词均为在此时期内的著名画家、文学家、诗人所题诗、词及评价言词。

　　应该说，这是一部很好的书稿，藏于故宫的历代绘画，都是艺术珍品，世人很难见到，更不要说欣赏了。名画再配以著名文学家、诗人的题诗、题词及评价性的文字，就更可贵了。尽管如此，但从选编、注释的角度来看，远远没能满足广大读者的期望。

　　现将审阅意见，条陈如下：

　　一、字迹十分潦草，难于辨认。书稿中的字非常潦草，极不规范，甚至令人无法辨认。有些字缺胳膊少腿，有些字又画蛇添足，如"鼎"字上边是目字，却写成了"日"；又如

"春"字也写错了；将"染"字上边的"九"写成"丸"。这些字虽然写错，还好纠正。另有一些字，简直不成字形，这就给编辑、排版、校对造成了很大的困难。还有一些字，则是本书稿编注者自己生造的。其馀无法辨认的字很多，就不一一列举了。

二、有编无注和注释错误。像这样的书稿，每一首诗、每一题词都应有注释才能帮助读者了解并欣赏画意。但遗憾的是，本书稿只是"有编无注"。即使对极少量的字和词句作了注释，也是错误百出，甚至成为笑话。例如：将"洛阳"说成是"今西安"。"洛阳"就是现在的河南省洛阳市。西安在什么时候叫过洛阳？又如"江苏山阴"的说法，非常离奇。"山阴"，就是现在的浙江省绍兴市，山阴（绍兴）在哪个朝代属于江苏？山西省也有个山阴县，那是另一回事。将"洛嵩"说成是"泰山"。这个说法不知从何而来，"洛嵩"，指洛阳和嵩县地区，即使指山，也是指"嵩山"（在河南省登封县境内）怎能说指泰山呢？

更奇怪的是，将"投笔终怜班定远，弯弓却羡霍嫖姚"句中的"班定远"，注释为"班定地名，很远"。这不是天大的笑话吗？班定远，就是班超，是东汉通西域的著名使者，被封为"定远侯"，与西汉通西域的著名使者张骞（被封为博望侯）齐名。事实上，只要稍具历史常识和文字修养的人，绝不会把一个人名割成两截，说成是地名，而且很远。就从这两句对仗很工整的诗句看，也不能作如此错误的解释。"投笔从戎"这个典故，指的就是班超的故事。下句的"霍嫖姚"就是西汉征伐匈奴的著名大将霍去病的封号。

有些字、词的注释，也是生吞活剥，不与具体诗句的意思联系，只是从字典上的诸多解释中，任取一说，结果越注释，越与诗句意不合。如"瀹"，其意为以汤煮物。如瀹茗（即煮茶），它与诗文的意思完全吻合。

霅：有三个读音，①霅（xiá），众言声；②霅（shá），通霎，迅疾貌；③霅（zhà），水名，即霅溪在浙江吴兴。本书稿编注者不管诗句意思，就注为"霅（xiǎ）——众言声"。如此则对诗句无法解释。这里的"霅"，是指霅溪。

对一些词语，往往望文生义。如：雍熙，意为和乐，比喻天下太平。这样解释，与诗意完全吻合。而本书稿编注者却注为："雍熙——指清朝康熙、雍正两朝"。这真是"郢书燕说"的典型。

注释错误的地方很多很多，实在不能一一列举。

三、对画作者及题诗者的简介。本书稿编注者对所选绘画作者及题诗者，大体上作了一些简介，这当然有助于读者对画作者和题诗者的了解。但简介绝大部分抄自各种辞书。而在抄袭时又往往断章取义，以致使简介语意不连贯。如介绍"理昌凤"时，就出现严重错误。理昌凤，为清朝乾隆年间的画家，系郑板桥的徒弟，本姓李，后"易姓为理"。而本书稿编注者没有弄清楚"易"字的含义，不知道"易"就是"改变"或"改换"的意思，因而竟说"改姓易"。将"易姓为理"写成"改姓易"，是出于粗枝大叶的疏忽，还是没有看懂这四个字？

又如：祁寯藻，系山西寿阳人，清嘉庆年间进士，选庶吉士，授编修。只因将原名"祁寯藻"写成"祁寯藻"，本书稿编注者不知道在旧的汉字部首中，"阝"在左边为"阜"，在右边为"邑"，因而不认识"祁"就是"祁"，于是说"祁寯藻，生卒不详"。又如：高启，为明初画家，吴郡长洲（今江苏苏州）人，力学工诗，家北郭，与王友等十人，号为"北郭十才子"。后因作上梁文，被明太祖朱元璋腰斩。像这样的人，本书编注者竟说"生卒不详"。

编辑论坛

至于有注释号码而无注释文字者也不少，还有个别地方上下文衔接不上。

总之，本书稿的确是一部可读性很强而又高雅的读物，值得出版。但是，必须认真加以注释，如同处理一般的古典诗文一样，认真对待，才能使读者更好地欣赏这些文艺作品。

另外，对所提到的每一幅画，都应配以原画的影印片。这样，必将成为一部优秀的出版物。可惜，原稿编注者未能做到这一点，不能不说是一点缺憾！

像这样一部书稿，由于编注者的无知，乱加注释，致使优秀的文字,受到糟蹋,乱加注释实在是可惜!经过出版社的加工、审阅、多方查对、补正,终于得以出版,虽不能说完美无缺,但大体上还算差强人意吧。

作于 1999 年 4 月

谈《精神文明纵横谈》 原稿中的问题

　　1982 年，《山西日报》开辟了"精神文明纵横谈"专栏，一共发表了六十多篇文章。这些文章，从各个不同的角度，用杂谈、漫议的形式宣传社会主义精神文明，产生了良好的社会效果。

　　山西人民出版社有鉴于此，在本专栏的文章登载结束以后，立即将这些文章汇辑成册，予以正式出版，俾使广大的读者得到更多的教益。

　　当这些文章连续在《山西日报》上发表的时候，我只阅读过少数的几篇。就是这少数的几篇，也只是走马观花地浏览了一下，并未认真思考。当出版社决定出版并排出清样以后，山西人民出版社政治读物编辑室的负责同志委托我，进行一次认真的审阅。这样，迫使我必须仔细通读了二校以后的全部清样，发现了不少错误。发现错误，就得查对原稿;一查对,发现这些错误,在原稿上就是如此。这就表明,在《山西日报》登载这些文章的时候,就存在着错误。因为《精神文明纵横谈》一书的发排稿中,绝大部分是从《山西日报》上剪贴而来的。现在,我把原稿(发排稿)中的错误提出来,同报社编辑部(特别是理论部)的同志们共同探讨。

一、事实和时间上的错误

1."圆明园在康熙十八年(1709)为皇四子胤禛(雍正皇帝)的赐园"(《一页永远不可忘记的历史》一文)。

"康熙十八年"应为"康熙四十八年"。康熙四十八年为公元1709年,而康熙十八年是公元1679年。那时,皇四子尚未出生,怎会有"赐园"呢?

2."这样的艺术珍宝却在1900年10月被英、法侵略军一火烧毁"(同上文)。

圆明园毁于英法联军侵华之役(即第二次鸦片战争),时间是咸丰十年(1860)十月;1900年是光绪二十六年,这年发生的是八国联军侵略中国的战争。在这次的侵略战争中尽管也有英、法两国的军队,但圆明园早在此前四十年就被烧毁了。

3."连小小的荷兰也要咬中国一口,将澳门据为己有"(同上文)。

澳门并不是被荷兰侵占，而是被葡萄牙侵占。直至1999年12月20日，才回归祖国。荷兰未侵占过澳门，而是侵占过我国的台湾，后被郑成功率领的部队赶走。

这是一处严重的错误。前不久，由于荷兰政府采取了很不友好的态度，将军用舰艇出售给台湾，我们被迫将两国的外交使节由大使级降为代办级。如果荷兰政府当局读到这篇文章，必然会引起中荷之间的新的纠纷。

4."一九三四年，挪威二十二岁的阿贝尔在数学史上第一次提出'五次方程的数学解法不可能存在'的证明"（《当好新时代的伯乐》一文）。

一九三四年"应为"一八二四年"。阿贝尔生于1802年，卒于1829，只活了27岁。阿贝尔22岁时，是1824年。这一错误，使时间推迟了120年。

二、引文方面的错误

不管为了批驳错误的观点，或是论证自己意见的正确，引文都是为了加强自己论点的说服力。因此，在引文时必须准确无误，也不能不管上下文的连贯意思而断章取义。原稿引文中，却存在这方面的情况。

1."毛泽东同志早在《整顿党的作风》一文中就指出：'只要我们的党风完全正派了，全国人民就会跟我们学"（《关键是要有一个好的党风》一文）。

这段话应为"毛泽东同志早在《整顿党的作风》一文中就指出：'只要我们党的作风完全正派了，全国人民就会跟我们学'"。

2."钱之为体，有乾坤之象，内则其方，外则其圆。……亲之为兄，字曰'孔方'。失之则贫弱，得之则富昌。无德而尊，无势而热，排金门而入紫闼，危可使安，死可使活，贵可使贱，生可使杀"（《最大的不幸莫过于做了金钱的奴隶》一文）。此段应为"钱之为体，有乾坤之象，内则其方，外则其圆。……亲之为兄，字曰'孔方'。失之则贫弱，得之则富昌。无德而尊，无势而热，排金门而入紫闼。钱之所在，危可使安，死可使活。钱之所去，贵可使贱，生可使杀"。

在这段引文里，少引了"钱之所在"和"钱之所去"两句。原稿中省去这两句时，既未标出省略号，也不是分开引用，给读者的印象：这就是原文，中间再没有其他文字了。况且，省去这两句，使原文严密的逻辑性显得很不严密。原文说得很清楚：有钱（钱之所在），即使处于危难，也可以平安无事，死罪也可以照样活着；无钱（钱之所去），本来是高贵的人立即变得卑贱，无辜的人也会被杀戮。原稿省去了这两句，使引文的推论，大为逊色。

三、修辞和提法上的不妥

原稿中修辞不当和提法上的错误，实在不少。现举数例：

1."谭嗣同等六人逃避不及,惨遭杀害"(《一页永远不可忘记的历史》一文)。

戊戌六君子被杀害,有几个人确系因逃避不及而被捕受戮,但谭嗣同并非"逃避不及"。谭嗣同谢绝了亲友们希望他逃走的劝告,悲愤地说:"各国变法,无不从流血而成,今日中国未闻有因变法而流血者,此国之所以不昌也。有之,请自嗣同始"。他在狱中的诗句说:"我自横刀向天笑",就是很好的说明。因此,原稿说"谭嗣同等六人(特别是只提谭嗣同,以他为代表)逃避不及,惨遭杀害",不妥。

2."不管人们的认识怎样不同,对王述英的高尚情操,却是任何一个正直的人都绝口称道的"(《精神文明的新纪元》一文)。

"绝口称道",不通。"绝口"者,牢牢闭住嘴巴之意。既然闭住了嘴,还有什么"称道"呢? 因此,应将原稿中的"绝口称道"改为"交口称道"。这不是一个错别字的问题,而是修辞上的错误。

3."生活的海洋,无边无际,辽阔深邃,而又富于变幻,五光十色,绚丽多姿"(《培养高尚的生活情趣》一文)。

原稿中用"绚丽多姿",不妥。"绚丽"是形容色彩的,"姿势"或"姿态"不能用"绚丽"未形容。

4."马尾巴提豆腐——没法提了"(《面子·镜子·真理》一文)。

编辑论坛

原稿的这一错误，在于作者没有弄清"马尾提豆腐——没法提"或"马尾提豆腐——提不起"这一歇后语的含义。马尾的"尾"，在这里读"以"(yǐ)的音,不读"伪"(wěi)的音,马尾(yǐ)是指马尾(wěi)巴上的长毛。马尾(yǐ)又细又长,拉力也很强,而豆腐则是又软又松,毫无韧性。所以,用马尾(yǐ)捆住豆腐往上提,必然使豆腐四分五裂,提不起来。因此,只能说"马尾提豆腐",不能说"马尾巴提豆腐"。

5."《西安事变》中,堂堂的党国总统蒋介石,出口骂娘已是'家常便饭'"(《让祖国的语言更加纯洁美好》一文)。

"党国总统"一词,不通。"总统"一职是属于国家的或政府的;任何一个政党,没有"总统"一职,更不会既是"党"的又是"国"的总统。况且,"西安事变"发生时(1936),"国民政府"的最高头目是"主席",而不是"总统"。国民党控制下的政府产生"总统"一职的时间,是1948年,即"西安事变"的12年以后。因此,原稿中的"党国总统"一词,无论从提法上,还是从时间上说,都是错误的。当时,蒋介石的头衔是"国民政府军事委员会"的"委员长"。

6."一九二〇年春召开的第九次党代会期间,恰是列宁五十岁的诞辰"(《谦逊可以使一个战士更美丽》一文)。

"第九次党代会"一词的概念很不明确,读者不可能知道指的是哪个党的党代会。因此,这句话应该是:"一九二〇年春召开的俄共(布)第九次代表大会期间……"。

四、错别字很多,应引起注意

原稿发排时,错别字很多。由于原稿是从《山西日报》剪贴而来,估计这些错误都已见报(我没有查对报纸)。我在通阅清样全文时,尽可能加以改正。

现在,将重要的一些错别字开列于下,以供参考。

1.“歌德还在《好逑传》的法译本上写了很多评论"。其中“法译本"应为“德译本"(山西人名出版社出版的《精神文明从横谈》第 3 页。付印前,我已改正。下同)。

2.“世界上还有哪一个国家曾有过这样文化繁荣史期"。“史期"应为“时期",我改为“历史时期"(第 4 页)。

3.“郑和七次出使南洋"(第 5 页)。“南洋"应为“西洋"(第 5 页)。

4.“欣喜之余,又不禁感概万千"(第 17 页)。“感概"应为“感慨"。

5.“总值超过六百万英磅"(第 18 页)。“磅"应为“镑"。“磅"与“镑"不同,“磅"是重量单位,“镑"是货币单位。

6.“衰败、屈尊已成为历史"(第 64 页)。“屈尊"应为“屈辱"。

7.“招弟敢打敢拼"(第 76 页)。“招弟"应为“招娣",指中国女子排球队队员陈招娣,名字要准确。

8."我们伟大而古老的中华民族，历史渊源流长"(第96页)。"渊源流长"应为"源远流长"。

9."学而不厌，悔人不倦"(第105页)。"悔人"应为"诲人"。

10."无论我走进谁的家庭，均以患者之福利为前程"(第106页)。"前程"应为"前提"。

11."年轻的共产党员、女民警周怡，尽职尽守"(第107页)。"尽职尽守"应为"尽忠职守"。

12."他们的眼光只注视着鼻尖低下那个狭小的天地"(第130页)。"低下"应为"底下"。

13."赖蛤蟆"(两处)(第157页、206页)。"赖蛤蟆"应为"癞蛤蟆"。

14."既不对上面讨好奉迎，也不搞哗众取宠"(第170页)。"奉迎"应为"逢迎"。

15."见此情景，列宁面露愠色，和霭地但却是严肃地说"(第173页)。"和霭"应为"和蔼"。"霭"是云气，如云霭、暮霭；"蔼"是和气，如对人和蔼、蔼然可亲。

16."坚信不移"(第186页)。应为"坚信不疑"或"坚定不移"。"信"与"疑"互为反义；"定"与"移"互为反义。

17."莫见乎隐，莫现乎微，故君子慎其独也"(第187页)。"莫现乎微"应为"莫显乎微"。

18."更不能靠'表演'娇柔造作，硬要装出某种风度"

（第 230 页）。"娇柔造作"应为"娇柔造作"。

19．"留下多少瑕想，多少情思，多少诗章"（此两处都在第 234 页）。"瑕想"应为"遐想"。又："假日闲瑕，携友泛舟碧波"。"闲瑕"应为"闲暇"。"瑕"为玉上的斑点、毛病，如瑕疵，瑕瑜互见。"遐"，远的意思，如遐迩即指远近，遐方即指远方。"暇"，空闲，如无暇、自顾不暇。

20．"弄得我们这样大的一个国家，变成一个'兰色的海洋'"（第 235 页）。"兰色的海洋"应为"蓝色的海洋"。"兰"是兰花，"蓝"是蓝色。

够了，无须再多举了。实际上，原稿中的错别字，远不止此。至于"的"、"得"不分，"他"、"她"、"它"乱用之处很多，就不一一指出了。又如《牧马人》中的许灵均错为许灵钧（第 257 页），李秀芝错为李秀枝（第 232 页），虽然属于文艺作品中虚构的人物，但名字也不应该写错。

原稿中的这些错误，责任属于谁，我不敢妄加评说；但是，原稿发排之前，报社的有关同志及出版社的责任编辑未能加以改正，都负有一定责任。至于每篇文章的观点正确与否，我无权删改，也不便评论。

由于我看的是第二校以后的清样（即将进行第三校的清样），即将付印，限期很紧（同印刷厂订有合同），又是利用业余时间，看得也不仔细，再加上个人的水平不高，所以，印出书后，又发现了一些错误，虽然是些无关紧要的

字,但也说明我没有很好地完成这一任务。比如"烈士暮年,壮心不已"中的"已"误为"己"(第15页);"做买卖"误为"做卖买"(第109页);"她曾对丈夫说"中的"她"误为"他"(第276页)等等。

我写这些意见,目的在于同大家共同探讨,如果不对的话,也请同志们批评、指正,我将喜悦地、诚恳地接受;如果还有一点正确的地方,那么就希望同志们在处理稿件时(不管是自己写,还是编别人的),能够引起足够的重视,以免发生差错,特别要避免政治性的和事实方面的错误。

图书、报刊的作用,是众所周知的。尽管编辑人员在主观上并不想"为人师",但书报一经出版、发行,到了读者手中,必将成为"人之师"。不知然否?

一部书稿有这样多的错误,实属罕见,特别是这些错误存在于报纸上公开发表过的文章中,就更不能令人容忍了。其实,避免这些错误,并不需要具备什么专业知识,更无需高深的理论。因为这些都是普通常识,只要编辑人员细心一点,各级领导认真审稿,层层把关,严格执行书稿发排前的三审制度,使错误被消灭在付印之前。这是编辑人员的责任,也是各级审稿人员的责任。

作于 1986 年 7 月

愚顿集

YUDUNJI

书报评介

文章满纸书生累

——读《邓拓传》

　　读罢《邓拓传》(山西教育出版社出版),一位忠诚的无产阶级革命战士的形象便站在读者面前。

　　邓拓堪称一代英才,一生不断地追求进步。从他在青少年时代所写的诗文来看,他在政治上是早熟的,他关心国家的命运、民族的前途,忧国忧民,而表现在诗文中,则是匡时济世,针砭时弊,表现了他从小就受到爱国主义教育,具有强烈的忧患意识。邓拓于 1912 年出生在福州一个清寒的知识分子家庭中,还在读初中时,他便步晚唐诗人罗隐的《咏蜂》诗原韵而写成一首诗,读起来虽然显得有些稚嫩,但一个十三四岁的初中学生,对于广大劳动人民为生计而奔波所表达的同情,却是非常可贵的。从十七岁离家到上海去求学时所作《别家》一诗,到以后一系列诗文、著述,邓拓笔下的文字无不关心民瘼。正是因为邓

拓具有热爱祖国、热爱人民的赤子之心，所以很早就投入了救国救民的斗争潮流之中。邓拓怀着寻求救国救民真理的愿望，一面埋头贪婪地阅读古今中外一切有助于解决中国实际问题的书籍，一面又投身于火热的斗争中，接近社会的最底层，了解广大人民群众苦难的根源。正是由于这两方面的结合，更加坚定了他献身于中国人民解放事业的决心而始终不渝。

通览《邓拓传》全书，完全可以看出，无论是在初入社会后在敌人的监狱里，还是在战火纷飞的抗日战争和解放战争期间，或是在新民主主义革命取得胜利后的社会主义建设年代，邓拓始终是一名坚定的革命者；更由于革命战火的洗礼和长期从事党的新闻工作，邓拓成为一名坚强的无产阶级新闻战士、马列主义理论家。从他最初的习作《读罗隐〈咏蜂〉七绝有感》，到以后的一系列诗文、著述，或指陈时弊，或匡正缺失；或寄情友谊，或勉励同志；或指斥凶顽，或讴歌胜利，都是为了反映时代，反映现实，所发议论无不鞭辟入里，没有任何空洞的说教。正是所谓"文章合为时而著，歌诗合为事而作"。

然而，可惜的是这样的一代英才，没有屈服于敌人狱中的百般折磨、严刑拷打，也没畏惧于枪林弹雨，而是在勇往直前、无所畏惧地进行战斗的时候，背上了"莫须有"的罪名，在"史无前例"的"文化大革命"的烈火刚刚正式点燃——1966 年 5 月 16 日《五·一六通知》发出的第二天就愤然弃世。这正好印证了他自己的预言："文章满纸书生累"（《留别人民日报诸同志》）。

　　《邓拓传》的作者以写实的手法、翔实的史料、详尽、细致地叙述了邓拓半个世纪的人生旅程，展示了邓拓在经济学、史学、新闻、文物、考古、诗词、美学、书法等诸多领域的造诣和光辉业绩。本书对青年一代也是一本进行爱国主义和革命传统教育的好教材。同时它的出版也可以告慰邓拓于九泉之下：党和人民已经为他平反昭雪，历史将永远铭记着他。

原载 1993 年 10 月 8 日《光明日报》第 5 版

一本粗制滥造的知识性读物
——评《山西名产》

1982 年 5 月，山西人民出版社出版了一本名为《山西名产》的书。不用说，这是一本以介绍山西省的各种著名产品为内容的书；也不用说，既是介绍名产，自然是优质的产品，久负盛名的产品，声誉卓著的产品。

向广大读者准确地、负责任地介绍山西省的名产，是有意义的。编得好，它既可以帮助读者了解山西的名产，又可以帮助读者增长一些有关的知识，还可以使读者通过山西名产这一隅，受到爱国主义的教育。但是，如果编者编辑这本书时的指导思想不明确，在工作中采取不严肃的态度，那么，它所产生的社会效果，将适得其反。

我们遗憾地看到，《山西名产》一书给人们留下的印象，恰恰是后者，而不是前者。

作为一本知识性读物，很重要的一个问题是所讲的知识必须准确,可是这本书却不是这样的。在《名日用品》项下,写了《"洋取灯"·洋火·火柴》(第 69 页)一节,把平遥火柴厂生产的火柴质量吹嘘到了极不适当的程度。吹嘘只能起欺骗作用,不能代替产品本身的质量。广大消费者是产品质量的真正鉴定者。《人民日报》曾刊登了一篇《敦促平遥火柴厂提高产品质量》的读者来信(见 1982 年 12 月 29 日该报第 8 版),指出了"山西平遥火柴厂生产的'安全火柴',数量短缺,质量低劣"的问题。

由此可见,平遥火柴厂生产的"安全火柴",绝不像该书所吹嘘的那样,是什么"山西名产",是什么"国家考核抗潮力要求为 96%,实际达到 97%;引梗率不低于 97%,实际达到 98%;磷面划擦效能要求大于 170 支,实际达到 414 支;梗头结合力要求达到 2 公斤,实际达到 2.39 公斤;发火率达到 100%"(第 71 页)。

在我们社会主义的出版物中,出现这样不顾事实,胡乱吹嘘,哗众取宠,欺骗读者和消费者的情况,编辑部是怎么把关的? 它给我们的宣传工作所造成的不良影响,是可以想见的。

在介绍产品时,书里"引经据典"。但其态度却是极不严肃的。例如,在《名工艺品》项下的《山西地毯》(第 118 页)一文中,引用了白居易的《红线毯》一诗,旨在证明太原生产的地毯质量精美,工艺技术精湛,是由来已久的。然而,殊不知白居易在这首诗里,恰恰只证明了太原地毯的质地粗糙和低劣。白居易的诗明白畅晓如话,浅显易懂,只要具有普通文化程度的人都能理解。原诗主题是讽刺宣州太守一类的官吏讨好皇帝的行为,揭露了唐王朝最高统治者为了自己的荒淫享乐,毫不顾惜织工的辛勤劳动而任意浪费人力、物力的罪恶,由于官吏的穷奢极欲和压榨,致使劳动人民无衣无食。这首诗从字面上来说,叙述的是宣州毯的精美,对比之下,"太原毯涩毳缕硬,蜀都褥薄锦花冷;不如此毯温且柔"(作者按:"此毯"指的是宣州毯)。这里明白无误地说,太原毯又涩又毳(即脆)而且很硬,不如宣州毯温且柔。这怎么能说成在白居易生活的当时,"山西太原织作地毯的技术已达到相当精湛的水平"了呢?(第120页)作者又生拉硬拽,根据原诗中"披香殿广十馀丈,红线织成可殿铺。……一丈毯,千两丝"的诗句,折算成一块地毯"有十馀丈宽大,需用一万多两丝",并且强加在太原毯上。这样做,能说是在准确地传播知识吗?当然,这里并不是对太原地毯质量的优劣作出评判,而是说本书在解释白居易的诗中传播了错误的知识。

《山西名产》这本书里,引用了大量他人著作中的材料,然而作者和编者都没有认真地对原文进行核对,因此错漏甚多。现举一例,将原文同引文一并抄列出来,以供对照。

原文:"今温酒及炙肉,用石炭、柴火、竹火、草火、麻荄火,气味不同"(《隋书·王劭传》)。

引文:"今温酒灸肉,用石炭火、木炭火、竹火、草火、麻荄火,气味各不相同"(第4页)。

无须再作更多的对照了。仅从上述例子,可以看出作者和编者对正确无误地对待引文,以保证准确地传播知识的不严肃态度了!

至于错字别字,更是随手可以捡出。粗略计算,即达一百三四十处。如把化学原素的"元素"误为"原素"(第24页),把"泸州大曲"误为"沪州大曲"(第130页)等等。

书中的《从广胜寺的飞虹塔说山西琉璃》一文,从题目到正文,共有35处出现"琉璃"二字,除了题目及正文中第一次出现的那个"琉"字没有写错外,其馀33处,都将"琉"错为"硫"(第97—99页)。

书中还生造化学元素。在第13页上写道:盐湖中"还含有相当数量的溴、钙、碘、钾、硼以及锂、刨、锶、镓、铷等多种稀有元素"。遍查现已命名的103种化学元素,无论如何也找不到"刨"这一元素!这难道是我们在编辑出版的知识性读物中,对读者应有的负责任的态度吗!

《山西名产》全书28万字,介绍名产102种,其实,中间有很多产品和名产沾不上边,纯属由作者强迫其登上"名产"的位置。不知其目的何在?

此外,在编辑体例、语言文字以及写作上,也都存在不

少的问题,这里就不去说它了。总之,这是一本在内容上传播了某些错误知识的书,说它是粗制滥造的读物,并不为过。

原载中国出版工作者协会编《出版工作》1984 年第 2 期

编辑应当成为"杂家"

——读《杂家和编辑》有感

　　提起编辑（这里泛指从事编辑工作的人员，而不是专指出版部门所定职称中的"编辑"。下同），人们总是戏谑地称之为"杂家"，或者挖苦为"靠剪刀、糨糊吃饭"的人。不管戏谑也罢，挖苦也罢，总而言之是把编辑看作杂七杂八，没有任何专业知识的人。

　　的确，作为编辑，必须要有宽广的知识。因为编辑所接受的稿件来自四面八方，书稿所属的学科千差万别，内容涉及各门学科，作者的知识领域及写作水平又很悬殊。而所有书稿，都要通过编辑的认真处理，才能决定取舍。从这一点来说，编辑就必须具有广泛的知识，但不能要求在哪一方面都做到深、专。当然，如果能在广博的基础上，在某一领域做到深和专，是应该得到称颂的。

　　我以为把编辑称为"杂家"，实在没有什么不好。"杂家"一词,出于东汉班固之口,《汉书·艺文志》将"杂家"列为"九流"之一。他说:"杂家者流……兼儒、墨,合名、法"。这就是说:所谓"杂家",是折中和糅合各派学说的学者,在"十家九流"中,也算一流。然而,在我们的社会中,重视各行各业的专家,只有编辑这个"杂家"不能入"流"。这是很不公平的。

近读罗竹枫先生的《杂家和编辑》(山西人民出版社1986年10月第1版)一书,深有感触。罗先生以犀利的笔触,深入浅出的道理,明快的语言,反复论证"杂家"和编辑的内在联系,以及编辑所肩负的重任、编辑的职能与业务道德,等等。

作为从事编辑工作多年的一名小卒,对罗先生的许多论点,深有同感。

首先,"编辑是杂家,但杂家不一定都是编辑"(该书第28页《编辑与杂家》一文)。因为编辑所担负的任务就是向广大读者提供精神食粮,一部优秀的读物可以起到教育、鼓舞读者奋发上进的作用,从而为国家、为人民做出有益的贡献;相反,如果一部格调不高,甚至内容低劣的读物,必将毒化读者的心灵,甚至诱使读者走上危害人民、危害社会的道路。由此可知,编辑的责任是何等重大! 一个编辑,也许并未想到要指导别人,然而经其编辑、出版的书籍,一旦到了读者手中,势必起着诱导别人的作用。因此,编辑的职能,就是"为书籍催生,为质量'把关'"(见该书第31页《编辑职能与业务道德》一文)。

既然编辑对于书籍起着"催生"和"把关"的职能,必然带来一个编辑的责任心和书籍质量的问题。众所周知,编辑的责任就是向读者提供尽可能好的精神食粮,绝对不允许传播错误的知识,更不能容忍散布荒谬的甚至反动的论点,以至造成精神污染。实际上,编辑对出版社、作者(或译者)和广大读者负责的精神是完全一致的。这种完全一致的精神,就是对社会、对人民负责的具体体现。

关于质量问题,早在1975年8月,邓小平同志就曾说过:"质量第一是个重大政策。……提高产品质量是最大的节约"(《邓小平文选》第二卷第30页)。这样,就把质量问题提到了政策的高度,不能不引起人们的极大重视。特别是对我们现在正在进行的改革,落实质量第一的政策,就成为首要的任务。这一点,也完全适用于出版事业和编辑业务的改革。万里同志也指出:"责任制,首先是质量责任制"(转引自1984年7月20日《人民日报》第5版)。然而,毋庸讳言,在我们的编辑队伍中,有些人并没有很好地完成自己的任务,没有尽到自己应尽的职责,往往陶醉于自己所编书籍的大量发行,而很少或甚至根本不考虑自己所编书籍的社会效果。这种只追求经济效益、不管质量低下及其所产生的恶劣的社会效果的做法,是极其错误的。更不要说,像罗先生指出的编辑缺乏业务道德的情况,如"有一种是写作者出书,编辑分享稿费的一部分,算是所谓'互惠'的酬劳;有一种是在出书之后,接受作者的馈赠;还有把作者来稿退回之后,过一年半载,再改头换面,以自己的名义发表,不劳而获,名利双收;有的更不择手段,利用编辑职权,大量剽窃别人的成果。至于拉拉扯扯,勾勾搭搭,组稿对象往往只以熟悉的作者为限"等等,"滥用职权,把编辑这个建设物质文明和精神文明的重要岗位变成了蝇营狗苟的'自由市场'"(见该书第31页《编辑职能与业务道德》一文)的人,也实在不少。当然,这种人无论从绝对数字上或者在编辑人数的比例上,都是属于少数,然而正像罗先生所说"一只苍蝇败坏一锅汤,也会损害编辑的声誉"(同上引文)。因此,对于这些不正之风,我们必须加以坚决反对。

罗竹枫先生在他的文集中,多次谈到编辑的酸、甜、苦、辣,也谈到他个人内心世界的喜、怒、哀、乐。罗先生作为一个"杂家",又长期从事编辑工作,因此,《杂家和编辑》所选文章,侧重点在于有关编辑工作方面。作为一个"杂家",罗先生不仅阅历丰富,而且才华出众,才气横溢。这一点,从谈论与编辑工作有关的文章中可以得到印证,也可以从一些悼念性的文章及其他一些杂文中看得出来。

唐代大诗人白居易曾经说自己:"始得名于文章,终得罪于文章"，罗先生在建国后一直就担任领导工作，所以罗先生的"出名"，不一定得自文章；然而，长期以来，由于极"左"思潮的影响，特别是在"史无前例"的十年中，罗先生也因写杂文、谈杂家而遭到批斗，一直被批斗到"四人帮"的彻底覆灭。粉碎"四人帮"以后，经过拨乱反正，被颠倒的历史才重新颠倒过来，罗先生又焕发了青春，继续以"杂文"这个武器，进行战斗，针砭时弊，匡正谬说，为读者，特别是为广大编辑人员澄清了不少糊涂思想。因此，笔者实在愿意将本书推荐给读者，尤其希望广大编辑人员能够从中得到教益。

作于 1990 年 2 月

一件有益的工作
——略谈沈伯俊重新评校《三国演义》

　　《三国演义》自问世以来，深受广大人民群众的欢迎，特别是《三国演义》中的故事被改编成各种戏曲，搬上舞台以后，《三国演义》中的人物、故事情节，更是家喻户晓，妇孺皆知。但是，《三国演义》中存在的一些问题，如人名、地名的错讹；故事情节的虚构，或张冠李戴，或移花接木等情况，一般读者或不甚了了，或以为书中所述千真万确，于是随着《三国演义》版本的广泛流传，也随着戏曲表演给人们留下的深刻印象，《三国演义》所叙述的故事，所表达的思想观点，所树立的精神道德，不仅成为人们在茶馀饭后谈论的话题，而且更成为人们立身处世，在不同时代，对不同的阶级、阶层的人们，给以深远的影响、启发和教益。

　　由于《三国演义》在文学艺术上的成就，吸引了不少学者为它校勘、注释、评点。所有评校、注释者都是从各自的认识、观点出发,作出这样或那样的评价,是完全正常的。在《三国演义》研究中,影响最大的恐怕要数毛宗岗父子对《三国演义》所作的评点了。但是,毛氏父子由于他们对历史的认识上和观察事物方面的局限性,在评点《三国演义》时,难免有失偏颇之处。尽管如此,也不应当否定毛氏父子对《三国演义》研究的成就和所作出的贡献。

在继承前人研究成果的基础上,近年来我国在《三国演义》研究方面,取得了很大的进展。特别是在全国《三国演义》学会成立后的近 20 年来,经过 10 多次全国性的学术会议的研讨,引深了对《三国演义》的研究,对这部中国古典文学名著,有了不断更新的认识,发表了许多篇很有分量的论文,并且出版了一些专著。无疑地,所有这些都对《三国演义》的研究起着促进作用,对《三国演义》研究者的相互沟通起着桥梁作用。四川省社会科学院的沈伯俊先生在对《三国演义》的研究中,取得重大的成果,做了一件有益工作。

沈伯俊先生花了大量的心血,重新评校了《三国演义》,由山西古籍出版社出版。沈先生的"评校",一方面是"评",一方面是"校"。就"评"来说,有"回前总评",即在每一回回目下对本回作一提纲挈领的导读性的评述;"尾评",即在每一回末了"且看下文分解"之后,作一简短的小结;"夹评",即在每一回中,对一些关键性的语句,作一解释性的评价或注解。

　　"校",是对书中的错讹进行校勘和整理,由于历代传抄或刻印时发生的错误及作者本人的笔误或知识的局限,都是造成错讹的原因。沈先生为此花费大量的心血进行校勘。沈先生的校勘与整理大致分为五大类:1.人名错误,2.地名错误,3.职官错误,4.纪年错误,5.其他错误,包括人物的年龄、叙述中的前后矛盾,等等。本书评校者将这五大类错误,按书中出现在页码上的先后次序,列了一张明细表,作为附录附于书后,共计934条,重复出现者只摘记1条。我们可以想一想,这近千条校勘记录,本书评校者需要翻阅多少典籍,花费多少心血,付出多么艰辛的劳动啊!因此可以说,沈伯俊先生做了一件非常有益的工作。如果说,沈伯俊先生这次对《三国演义》的评述,可以振聋发聩的话,那么,校理更是起着指渡迷津的作用。如前所述,广大读者在阅读《三国演义》的时候,往往沉迷于风云变幻的故事情节中,很少甚至根本不去考虑人物、时间、地理的错谬以及故事情节的真实性。对书中的故事,不要说村夫,农妇及城市引车卖浆者不辨真假虚实,就是层次高一点的知识分子,也在被书中的说教牵着鼻子走。

　　由于沈伯俊先生的重新评校,就会使再读《三国演义》的人不仅能够树立正确的认识、观点,而且由于根据正史将错讹径直改在书中,就使读者在直观中、在第一印象中获得准确无误的知识。这又是一件功德无量的事。

　　当然,本书与现行的出版物一样,"无错不成书",几乎成了规律。例如:书中的错别字及评校者引文不够准确之处,亦时有发现。不过,这些小小的失误,与评校者的努力和功绩相比,实在是微乎其微,微不足道的。

　　希望专家,学者及有志于研究《三国演义》者,也都能够读一读沈先生评校过的这本书。

原载 1999 年《晋阳学刊》第 6 期

书报评介

愚顿集

历史事实不容篡改，
敌我界限岂能混淆？

——读《中国名校丛书·北京师大附中》

书　　　名：中国名校丛书·北京师大附中

出版单位：人民教育出版社

出版时间：2000 年 9 月第 1 版

北京师范大学附属中学（以下简称"北京师大附中"）是全国最著名的普通中等学校之一，又是历史最长的一所普通中学。从清光绪二十七年（1901）成立的五城学堂算起，已经走过了一个多世纪的历程。

100 多年来，北京师大附中为国家培养了大批的优秀人才，在历届毕业生中，人才辈出。中国共产党早期的领导人赵世炎、当代的著名科学家钱学森、汪德昭、张维、马大猷、林家翘，哲学家张岱年，经济学家于光远，艺术家李德伦、于是之以及全国人民代表大会常务委员会副委员长成思危等，就是北京师大附中历届校友中的杰出代表。这些杰出的校友对国家、对社会能做出重大贡献,除了在北京师大附中学习期间打下的坚实基础, 还有他们本人以后的继续深造及孜孜以求的不断努力。但是,对于一个能在日后作出重大成就的人来说, 中学时期所受的教育是极其重要的,中学是一个重要的阶段,中学教育起着承前启后的作用。

由于北京师大附中有着悠久的历史,优良的校风以及一支素质很高的教师队伍,才得以培养出一批又一批优秀人才。在长达一个世纪的历程中,北京师大附中一直紧跟时代步伐,并且与时俱进,始终站在时代潮流的前头。

对于这样一所全国知名的普通中等学校进行宣传、报道,是一件非常有意义的事,对于广大的青少年起着启示性的作用,使他们在学习中有所追求,有所向往;对于教育工作者来说,更有示范作用。

但是,非常遗憾的是:本书歪曲了历史,严重玷污了北京师大附中的良好声誉。

如前所说,北京师范大学及其附属中学都有极其悠久而光荣的历史,无论政权如何更迭,社会如何变革,学校几经风雨,而它的优良的校风,严谨的教学传统,完善的规章制度,则是一脉相承的。这种情况,无论是清朝末年的学校成立初期,还是辛亥革命以后进入民国时代及其后因抗日战争而内迁时期, 或是新中国建立以后的社会主义时代,都是如此。

然而，本书的编纂者，泯于民族大义，篡改历史，不分敌我，竟将抗日战争时期在日伪统治下的师大附中，与由于平、津沦陷而内迁到陕西省城固县的国立西北师范学院附属中学并列，而且将日寇占领期间而由日伪政权直接操纵的师大附中，冠以"国立"二字（见本书卷首第8页）。人们不禁要问：这个"国立"是哪个国家所立？是中华民国吗？显然不是。因为日寇占领下的广大沦陷区（包括平、津地区），中国政府的政权不复存在。它只能是在日寇刺刀下窃据了师大附中的校名而建立的学校，它的教学目标完全是为维护、支持日本帝国主义的侵华战争而服务的，它推行的完全是奴化教育。为了证明日寇占领下的北平的师大附中的正统、合法，本书编纂者竟异想天开，将奉政府命令而西迁陕西的师大附中，说成是日伪操纵下的北平师大附中的"分校"（见本书第151-155页）。这种说法实在荒谬绝伦。

我有幸作为国立西北师范学院附属中学（国立北平师范大学附属中学西迁后的名称）的毕业生，对于这种颠倒是非、不分敌我的错误，不得不进行严正的驳斥。

众所周知，抗日战争爆发后，政府西迁，北平师范大学及其附属中学，同其他各地的大、中学校一样，奉命迁到当时的大后方各地，而北平师大附中则辗转迁到西安，后又

落脚于城固县,抗日战争胜利前夕,又迁至兰州。随着师大更名为国立西北师范学院,附中也相应地改称国立西北师范学院附属中学。虽然校名有所更改,但其优良的传统、悠久的历史并未割断,无论西北师院,还是附中,其校风、校训、校歌,一如既往,学校的教职员工绝大部分也是随校西迁的原班人马。国立北平师范大学西迁后改称国立西北师范学院,院长仍为原北平师范大学校长李蒸(字云亭),附中校长则由李蒸任命原师大教育系教授方永蒸(字蔚东)担任,以随校西迁的被美称为"十八罗汉"的18名教师为骨干,组成一支优秀的教师队伍,重新筹建校舍,招收新生,在8年抗日战争期间为国家培养了大批人才。在上世纪四十年代初,西北师院附中高中毕业生参加全国高等学校招生入学考试中,其被录取率连续数年均为全国之冠,因而受到当时的国民政府教育部嘉奖,并颁发给大型木质匾额,额曰:"启迪有方"。

该书对于抗日战争开始后凛于民族大义而内迁的北平师大附中,内迁后改名为国立西北师范学院附属中学(简称西北师院附中。下同)没有作任何正面叙述,而轻描淡写地进行了蜻蜓点水式的介绍,而对于沦陷期间在日寇统治下的附中却俨然以正统自居,不惜篇幅,大肆铺陈,什么规章制度、经费、设备,甚至把教师的工资数目都列入表格中;对因平、津沦陷而内迁的附中,则称为"分校"。人们不禁要问：当时的教职员工的工资，发放的是什么货币，是黄金、银圆，还是国民政府发行的法币？当然都不是，而是伪政权统治下的伪"华北联合准备银行"发行的纸币。把在日寇铁蹄践踏下的北平师大附中描绘成是北平沦陷前的原北平师大附中的当然继承者，津津乐道它的成绩如何，如何，而一字也不提日寇对广大学生进行奴化教育的情况，也不说伪附中的教师队伍的思想意识，却一直夸耀当时附中的成绩。

当然，在敌人统治下，不可能要求所有教师都随学校迁到他乡异地。只要不是甘心媚敌，更没有为虎作伥，那么，众多教师为了养家糊口，维持生计，从事教学工作，也无可厚非。至于广大学生，都是天真无邪的青少年，更不应被歧视。关键是学校作为一个整体，它是日伪机构的一部分，必然要为日伪政权服务，是日伪政权的组成部分。因此，在中国人民浴血奋战，抗击日本帝国主义侵略的历程中，它发挥的作用，必然是助纣为虐。就是这个附中，既然作为日伪政权的组成部分，它就必须听命于日本侵略者的指挥，并服从、服务于侵略者的奴役政策，这是毋庸置疑的。这个附中的领导人，如果不能得到日伪政权的认可和任命，是连一天也干不下去的。对于被日伪当局任命的领导人，不能笼统地冠以"汉奸"之名，但至少是缺乏爱国思想，没有民族意识。

不管怎么说，敌我不并存，敌我界限不容混淆。在艰苦卓绝的、伟大的、全民族的抗日战争中，一方面是凛于民族大义，带领学校内迁，继承北平师大附中的优良传统，继续为国家培养栋梁之材；而另一方面却是屈膝于敌人刺刀之下，粉饰太平，为敌人的侵略政策效劳。这两种历史事实绝对不容篡改。

对于这样一本歪曲事实，不分敌我，完全泯灭民族大义的纪实性著作，我们不能不表示愤慨，对于本书的编著者和出版社，不能不感到极大的遗憾！

作于 2003 年 5 月

课本是教材,不能有丝毫错误

——评职业高中《语文》课本

这是一本正式课本,所选文章大部分为名家、大家之作,有些选自报刊,有些则选自作者的专集。因为所选诗、文,多出自名家之手,文章的可读性当然很强,所以被选入课本,作为范文。

全书不到 20 万字,而错、别、衍、漏字则达 28 处,错误率为万分之一点四强。在这些错误中,不包括标点符号,也不包括欠妥的词、字和语句。

特别需要指出的是:作为课本中的课文(正文),不允许有任何错误。然而,遗憾的是:在正文中的错误很多。如"指手划脚"(第 19 页)应为"指手画脚";"佛教胜地"(第 79 页)应为"佛教圣地";"入门就觉的冷气袭人"(第 83 页)应为"入门就觉得冷气袭人";"渐进"(第 87 页)应为"渐近",因前一句说"迷茫的远处……",接着说"渐近",就顺理成章了；同页，"我慑足移步"应为"我蹑足移步"。"慑"音shè，意为"恐惧"、"害怕"；"蹑"音 niè，意为走路时的脚步声很轻，如"蹑手蹑足"。"慑足"不通。本文(《壶口飞瀑》)转载自《太原晚报》。应当说，《太原晚报》登载此文时就是一个错字，而该报编者不曾改正，到本书编者转载本文时，未能认真阅读，以致以讹传讹。又如"是渴睡人的眼"(第 116页)应为"是瞌睡人的眼"；"纯朴的老农"(第 149 页)应为"淳朴的老农"；"山嵝"(第 151 页，两处)应为"山塬"，"嵝"为作者生造的字，"塬"，指黄土高原地区因流水冲刷而形成的高地。再如"水流婉延"(第 203 页)应为"水流蜿蜒"；"綦"(第 220–221 页)应为"綮"；"原驰腊象"(第 232 页，正文及注释共两处)应为"原驰蜡象"。"蜡象"，意为用蜡做成的大象，"腊象"则无法解释。不能因毛泽东手迹为"臘象"就写为"腊象"，这是笔误。各出版社正式出版的有关毛泽东诗词及注释，皆作"蜡象"。又如"靦颜事仇乱"(第 243页)应为"靦颜事仇敌"；"请奉盆缻秦王"(第 257 页)应为"请奏盆缻秦王"；"公之视廉将军孰铀秦王"(第 259 页)应为"公之视廉将军孰与秦王"。

以上所指错字，都是正文中所出现者，至于注释中的错别字也不少；实际上，正文中的错别字也不仅仅这些，例如"峡谷"，是指两山之间夹着的深谷，而不应写为"狭谷"(第 77、86、87 页)。

此外,有些词语很不妥当,不能因为是名家的作品,我们就必须认可。如《风景谈》一文中,"人们来这里,只为恢复工作后的疲劳"(第8页)。"恢复疲劳",一词不通,正如人们常说"打扫卫生"一样。如果"恢复疲劳"那不是更疲劳了吗?因此,应该说"恢复精神"或"消除疲劳"。不能因为是出自名家之手的文章,就不敢说"不"。正因为是名家之作,作为课文,起着教育作用和示范作用,更应该规范。像本书所选鲁迅《为了忘却的记念》,把"纪念"写作"记念",是可以的,在古汉语中"记"与"纪"通用,而且此文无论是单行本或其他选集、文集或全集,都作"记"。

另外,本书所选文章中尚有一些欠妥的语句,如太原市的"迎泽大街"误为"迎泽路"(第26页),凡居住在太原市的人都知道,太原市的街道大体上说,南北向的称"路",如"解放路"、"五一路"等;东西向的称为"街",如"迎泽大街"、"府东街"等。本书编者住在太原市,不应该有此错误。况且,迎泽大桥当时也并未延伸到西山脚下。作为游记,有点失实。"足有三百多项名胜古迹"(第28页)一句有语病:既然"足"就不能再用"多"字。万里长城被列为"世界中古七大奇迹之一"。长城并非中古时代的工程,列为"中古"七大奇迹之一,欠妥。"陈列着铮铮发亮的金银餐具"(第22页),说法错误。"铮铮"(zhēng zhēng),为象声词,指金属碰撞声,不能指亮度。"锃(zèng)",才是指光亮。

本书《廉颇蔺相如列传》一文，题解注明：节选自《廉颇蔺相如列传第二十一》，又注明是《史记》第八册，中华书局1959年版。但本文与原书原文对照，除错别字已于前面指出，而段落和标点也颇多出入。

本书在排版、印刷、装订方面，质量太差。在排版方面，如第 97 页表内文字，每行参差不齐；第 95 页竟有未能印出之字；在装订方面，质量更差，翻阅一遍，书页便已散开。

总之，本书作为教材，编选还算得当，但在编选过程中的粗疏之处，也是严重的。对名作中的不妥之处，可用注释加以说明，绝不应该采取照抄照录的态度而不加任何说明。

作于 2004 年 5 月

书报评介

索然无味的"文学趣题"

——评《文学趣题百例》及其他

古往今来,文坛佳话、文人趣闻,不知凡几!这些佳话、趣闻,或寓庄于谐,或富有幽默感,能给人以启迪、教育。人们读了文学领域里的掌故以后,或莞尔一笑,或点头击节,或扼腕叹惜,或拍案叫绝。因为它们都蕴含着深刻的哲理,具有明确的爱憎和是非观念,给予人们的不仅仅是正确的知识,而且有着浓厚的趣味性,所以能吸引着广大读者反复阅读、吟咏。然而,我们看一看山西人民出版社出版的《文学趣题百例》是怎样的一本书? 它能给读者以什么知识? 它又有多大的趣味?

根据《辞海》关于"文学"的解释,是"用语言塑造形象以反映社会生活,表达作者思想感情的艺术"。它包括诗歌("对联"讲求平仄、对仗,是诗的另一种形式)、小说、散文、戏曲以及电影剧本等。但是,不能把任何一种用语言、文字表达的东西,都称为"文学"。

《文学趣题百例》罗列的所谓"文学趣题",包括了"标点"、"词语"、"读写"、"诗苑"、"作家和作品"、"逻辑"及"其它"七个项目。在这七个项目的一百例中,真正属于"文学"范畴的有几例?真正称得上"趣题"的又有几例?实际上,只不过是些索然无味的文字游戏罢了。比如:在"标点"部分,运用标点符号改变语意,能算"文学"吗?像"下雨天留客天留我不留"一类老掉了牙的故事,列为"趣题"的第1例,究竟能引起读者多大的兴趣? 几副著名的长联,当然是文学作品,然而给它们断句,能算"趣题"吗?在"词语"和"读写"部分中,让读者写出一句成语的另一句语意相近或相反的成语以及成语填空、改错、把汉语拼音字翻译成汉字,都是小学四、五年级语文课本上的练习题。如果这些都能算成"文学趣题"的话,那么所有用文字表达的东西,哪个不可以成为"文学"? 又哪个不是"趣题"?

以上仅是对《文学趣题百例》这本小册子作的总的评价,因为它名不副实,只不过是哗众取宠罢了。

至于书中的错误及错别字,更是接连不断。如第2例:"天下第一长联"中(包括"参考答案"中相应的例子,下同),"蘋天苇地"误为"苹天苇地"。"苹"由"蘋"简化而来,指苹果,但"蘋"的另一意思,是指一种水草,这个字用在这里,没有简化,因而不能混用。第3例:"望江楼的长联"中的错误,简直令人吃惊:上联第一句"几层楼独撑东面峰"与下联第一句"千年事屡换西川局",分别误为"几层楼独撑东西峰"与"千年事屡换四川局"。上联首句是说,望江楼的雄巍壮观,可与东面的山峰相比,下联的首句是说明千百年来西川(即四川)政治局势的风云变幻。"西川"即"剑南西川"的简称,本为唐朝时的一个方镇,辖地大部分在今四川省境内,因以代指四川省。在这里,为了同上联中的"东面"对仗,所以用"西川"二字。在此书出版之前,同一出版社出版的《对联集锦》一书,也收录了此联(见该书第47页)。此联还有多处错误,就不一一列举了。第7例"一副挽联"中,上联首句"登百尺楼看大好河山"与下联首句"留一抔土以争光日月",分别误为"登百尺楼大好河山"与"留一抔土以争光明"。按照这种错误的句子,上联的八个字就连不起来,下联的八个字更无法理解。况且,"以争光明"如何能对得上"大好河山"?原联正是以"以争光日月"对"看大好河山",因而也就比较工整。同样,在《对联集锦》一书中,也收录了此联(见该书第137页)。可是,《文学趣题百例》中竟然出现这样的错误,实在令人难以理解!

　　"逻辑"部分是专讲逻辑推论的,理应推理严密,无懈可击。然而,第85例"残缺的海报"说,甲、乙、丙、丁四个足球队进行循环比赛,"甲队:三胜一负;乙队:三战三胜;丙队:一胜二负",要求读者"推断出丁队的成绩和各队的具体结果"。作者在其"参考答案"中,则断定"甲队肯定是胜了丙队和丁队三场","丁队是四战四负"。本来,四个球队进行循环比赛,每队各赛三场就全部轮完,结果竟有"甲队三胜一负、丁队四战四负"的战绩,真是奇怪的战绩!第89例"谁说假话"一例,简直近于梦呓。这一例只是甲说:"乙说假话",乙说:"丙说假话",丙说:"甲、乙两人必有一个说假话的"。然后,作者让读者判断甲、乙、丙三人谁说的是真话,谁说的是假话。在"参考答案"中,作者根据自己的推论,断定甲、丙二人说的是真话,乙说的是假话。这种推论,真是荒唐到了极点!真不知作者遵循的是什么逻辑!

以上指出的仅是《文学趣题百例》中最突出的几处错误。至于文理不通、逻辑混乱的地方,也实在不少。特别是错别字之多,令人吃惊,如文天祥的《过零丁洋》诗,将"零丁洋"三字,一处错成"零汀洋"(第34页),另一处误为"零汀州"(第81页)。一本不足一百个页码、仅仅五万多字的小册子,仅错别字达三十多处,到了令人不能容忍的程度。

由此可见,《文学趣题百例》实在是一本粗制滥造的书。因而我又翻阅了同一出版社出版的几本书,发现都存在着大量的错误,有些甚至是严重的。现在,随手捡出几本,按出版时间先后,略述如下:

《写作与文风》(1980年8月第1版,1980年12月第1次印刷)一书,目的在于"能引起对改进文风的重视",特别是对"文字工作者、语文教学工作者和初学写作的青年同志"能够"稍稍有所启示和补益"（均引自该书《写在前面》一文）。然而，遗憾的是，翻开本书一读，发现文理不通、引文不准确、似是而非的语句很多，错别字也不少。特别要指出的是，在《不要因人废言》一文中，竟把"修养"（笔者按：指刘少奇同志《论共产党员的修养》一书）与"园丁"（笔者按：可能是《园丁之歌》一剧，该剧曾遭受到"四人帮"的诬陷）、"样板"、"立竿见影"、"雷厉风行"等相提并论。这是严重的政治性的错误。早在本书出版之前的 1980 年 2 月29 日，在党的十一届五中全会的决议中，已为刘少奇同志彻底平反，恢复名誉；同年 3 月，《论共产党员的修养》一书，已经由人民出版社重新出版，怎么能在同年 12 月出版的《写作与文风》一书中出现这样的错误呢？又如该书《字风不正种种》一文中说，从前有个县官要买"猪舌"，写了个纸条交给差役，"舌"字上下两部分距离拉得太长，变成了"千口"，说"过去都是竖写字"（笔者按：字无"横写"与"竖写"之分。应当说"过去行文是竖写"，或者说"文章、书信、便条等都是竖写"。"竖写字"一词，本身就不规范）。无独有偶，作者在本书《将活人的唇舌作为源泉》一文中，在横写的书稿中，可能由于将一个字的左右两部分距离拉得太宽，将"竹"字写成了"个个"二字，于是"竹坡"变成了"个个坡"（见该书第 117 页）。这对批评别人字风不正的作者来说，真是绝妙的自我讽刺。宋朝人周紫芝（1082—？）号"竹坡居士"，著有《竹坡词》三卷和《竹坡诗话》一卷。作者将"竹坡"写成"个个坡"，对于那些善于讥笑别人的人来说，只不过是五十步笑百步而已！

本书举例重复、引文不准确的地方很多。至于生造的词句，更是随处可见，有些地方甚至信口雌黄，如说"洪武十七年九月间的……八天内，内外诸侯奏札凡一千六百六十件"（见本书第 67 页）。"诸侯"一词，本为西周和春秋时期分封各国国君的总称；自汉代以后，虽也有封王的事，但不再称"诸侯"，何况到了明代，竟还有"内外诸侯"一说！

至于错别字，就更多了。一本只有十二、三万字的书，粗略计算一下，错别字竟达七、八十处，恕不一一细说。这些错误，如果原稿就是这样，那么，可以说，《写作与文风》一书，本身就是文风不正的产物。

《对联集锦》（1981 年 6 月第 1 版，同年 9 月第 1 次印刷，1982 年 8 月第 2 次印刷，1983 年 3 月第 3 次印刷，1983 年 10 月第 4 次印刷，1983 年 11 月第 5 次印刷），顾名思义，大家一看便知，是一本对联集，关键在于一个"锦"字。"锦"，毋需作过多的字面解释，这里分明指的是对联中的佳品、上乘之作。根据这一理解，我们看一看其中的"春联"、"婚联"和"挽联"部分，究竟有多少可称得上"锦"的作品？先不说平仄错误，有些连对仗都不协调，更不要说工整不工整了。

　　《对联集锦》第一次印刷、出版后,广大读者指出的错误,简直无法计算。字句完全相同而重复出现的对联,就有六、七副之多,这样不仅浪费了笔墨、纸张、人力、物力与财力,而且浪费了广大读者极其宝贵的时间与精力;至于字句、标点和事实方面的错误,更是数不胜数。仅仅根据读者指出的错误,如果整理成书稿,就可以印成一本小册子。在第二、三、四、五次重印时,编者只是根据读者指出的错误,陆续作了一些改正,但并未全部改过;至于读者未曾指出的错误,编者则一概不予理睬,就使这些错误从第一次印刷至第五次印刷,一直留存下来。例如:徐特立同志教导青年的一副对联"有关家国书常读;无益身心事莫为",仍然重复出现(分别见该书第 39 页和第 143 页);又如四川崇丽阁长联,在书中也是重复,并未删除(分别见第 47 页和第 182 页)。在连续五次印刷后一直延续下来的错误,仍然很多,如"黎黄坡挽蔡松坡"(见第 139 页)一联,"黄坡"系"黄陂"之误。黎黄陂就是黎元洪,因黎为湖北黄陂人,所以人称黎黄陂。这种以地名代指人名的情况很多,犹如袁世凯是河南项城人,人称袁项城;康有为是广东南海人,人称康南海;李鸿章、段祺瑞都是安徽合肥人,分别被称为李合肥、段合肥,等等。将黎黄陂误为黎黄坡,只能贻笑大方。又如:直系军阀吴佩孚误为"直奉军阀吴佩孚",国民联军误为"国民党联军"（二例均见第 140 页）。吴佩孚作为军阀，从来就隶属于直系，况且，一人能够既是直系军阀，又是奉系军阀？在中国历史上，从来没有"国民党联军"这一称呼。在 1924 年的第二次直奉战争中，冯玉祥发动北京政变，改称所部为"国民军"；"国民联军"系指冯玉祥发动北京政变后，为反对直系军阀，同其他反对直系的军队联合时的称呼。1926 年 7 月，国民革命军开始北伐，同年 9 月，当北伐军队攻抵武汉时，冯玉祥在五原誓师，宣布所部集体加入国民党，所部亦改为"国民革命军"。但无论如何，没有"国民党联军"这一称呼。对于一些题解性的注释、叙述，也是似是而非，错误百出。如说："光绪三年……李鸿章任宰相，翁同和（笔者按："和"应为"龢"）任司农（户部尚书）"（见第 34 页）。清朝统治全国的 268 年（1644—1911）中，从来没有设置过"宰相"一职，尽管李鸿章以文华殿大学士入阁，职权相当于以往历朝的宰相，但正式官职并不是宰相；况且，李鸿章入阁是光绪二十一年（1895）的事，翁同龢是在光绪十二年（1886）才担任户部尚书。所谓"光绪三年"云云，不知从何说起？又如："毛泽东挽续范亭烈士"（见第 126 页）一语中，怎能把续范亭同志称为"烈士"？"烈士"一词，古时指重义轻生或有志于功业的人，如《史记·伯夷列传》："贪夫徇（笔者按："徇"与"殉"通）财，烈士徇名"；曹操："烈士暮年，壮心不已"。现在，"烈士"一词，专指在对敌

斗争或在与自然灾害斗争中英勇牺牲的人。续范亭同志因病于 1947 年逝世,属于正常病故,所以不能称为"烈士"。否则,凡正常病逝的革命者,不是都可以称为"烈士"吗?

总之,一本十几万字的书,历经五次印刷,为什么错误、不妥的地方,仍有上百处之多?这实在是令人不能理解的。

《中国语言学史》(1981 年 8 月第 1 版, 同月太原第 1 次印刷)是王力教授的一本学术专著,内容如何,笔者纯系门外汉,不敢在专家、权威面前妄加评说。但是,作者在介绍和评价自己的著作特点时,用第三人称叙述(见该书第 182 页、183 页及这一章的许多条注释),是否妥当?因为是名家的书稿,责任编辑照发照排。这种做法,恐怕也是值得商榷的。

重要的问题在于:全书只有十八万字,而被公开指出的错误竟达五十多处,如果按单字计算,则达七十馀处,有"勘误表"为证。就是这个"勘误表",也是在书籍出版、发行数月之后,经作者指出而印制的。书已售出到了读者手中,"勘误"又有什么用处?只不过是给编者搭一个推卸责任的台阶而已。而且"勘误表"本身仍有含混不清的地方,如表中勘误的第一处,指明在第 2 页,而本书有两个第 2 页,即前言第 2 页和正文第 2 页,使有幸得到"勘误表"的读者,到哪个第 2 页去改正呢?经查对,错误之处在前言第 2 页。

实际上，"勘误表"中所列举的，只是作者指出的错误，而作者未曾指出的错误，责编一概置之不理。因此，引文错漏之处及错别字仍然不少，如与"勘误表"中列出的错误加在一起，则达一百处左右。如：引《康熙字典·序》"汉晋唐宋元明以来，诗人文士所述，莫不旁罗博证"一句，漏了一个"晋"字（见第 168 页）；引《文心雕龙·章句》"乎、哉、矣、也，亦送末之常科"一句中的"矣"字误为"者"字（见第 174 页）。错别字则如"黎锦熙，字邵西"（见第 180 页），"邵西"应为"劭西"；又如"韵略"的作者，先为"阳体之"，在同一页相隔不到五行的地方，又成了"阳休之"（见第 64 页）。究竟哪一个对？当然应该是"阳休之"（508—582）。如："董同龢"与"董同和"本为一人，而书中甚至在同一页上，两种写法交替出现（见第 196、197、202 页），"龢"固然是"和"的异体字，但作为人名，则应该用本字，而且在一本书中应该一致。其他错误，就不一一列举了。由于这些错误未经改正，致使香港"中国图书刊行社"于 1984 年 5 月根据本书重印时，只是将"勘误表"中指出的错误予以改正，其馀错误一字未改，因此香港版的《中国语言学史》也就以讹传讹了。

综上所说，可以看出这几本书的错误是够多的了。据说，这几本书是由同一个责任编辑审稿后发排、出版的。这样，就不得不谈一谈责任编辑的责任问题。

不言而喻，一本书籍出版后，如果发生错误，责任编辑必须首先承担责任。发生错误的原因是多方面的,原稿字迹潦草、不清,校对人员的疏忽,各级审稿人的粗疏,都可能造成错误;有时在书稿付印后,拼版的工人同志在整理铅字版面时,偶尔弄错,也是可能的(但这种情况比较少)。不管怎样,像本文所提到的几本书中的错误,绝大部分的责任,在责任编辑身上。因为这些错误,都牵涉到一个质量问题,而不仅仅是错别字的多少。书籍发生错误,只要是属于编辑部门的责任,责任编辑就不能以任何借口推卸责任。一个责任编辑如果责任心不强,稍有疏忽或漫不经心,必将造成恶果:轻者,会出现错别字或时间、事实错误;严重者,会造成政治性事故。笔者在这方面是有过一些教训的,由于自己的水平不高,知识有限,有时再加上一些私心杂念,曾使所编书刊出现差错。至今,每念及此,犹深感内疚。

编辑工作如同其他工作一样,发生一些错误,确实是难以避免的。但是,像本文中提到的几本书中的大量错误,出于同一责任编辑之手,实属罕见;同时也说明这位责任编辑处理书稿时发生错误,是一贯的,经常的,而不是偶然的。由于这几本书存在着大量的错误,引起广大读者的不满,是理所当然的。所有这些错误,如果是属于原稿的问题,那么,责任编辑为什么如此粗疏,为什么不能将错误消灭在发稿之前或发排以后、付印之前?如果原稿并无错误,那么,责任编辑将如何向作者及广大读者交代?

这样多的错误出于同一责任编辑之手,是这位责任编辑不称职呢,还是失职?不称职,是由于学力不够,水平不高,因而分不清对错、是非,那就得努力学习,逐步提高,以适应编辑工作的需要。失职,是玩忽职守,不负责任,草率从事,是一种不能容忍的行为。这位责任编辑究竟是属于前者,还是后者?

然而,这几本书中的错误,并没有引起出版社从责任编辑到领导同志的足够重视,责任编辑不仅没有受到应有的批评,反而被出版社给包了起来。这绝不是爱护干部,而是庇护错误。像《对联集锦》这样有着大量错误的书,在短短不到两年的时间,连续印刷五次,累计印数达七十八万六千五百册,经济效益也许可观,但社会效果又如何呢?历经五次印刷,错误的地方仍达百处左右,更不要说第一次印刷的八万六千五百册中的错误多得惊人了。由于贻害读者所造成的损失,又将如何弥补?本书还将被选送参加1985年的香港书展。这种做法,真令人难以理解!

说到底,一个责任编辑对所编书稿负责,同对出版社、作者和广大读者负责的精神是一致的。对出版社来说,既然对一个责任编辑委以重任,把一部书稿交给责任编辑审阅、处理,责任编辑就必须兢兢业业,努力做好自己的工作,为出版社争得良好的声誉。对作者来说,既然一部书稿的出版,是为了给广大读者提供良好的精神食粮,责任编辑就要严格把关,任何粗制滥造、草率从事,都是不能容许的。一部书稿能否出版,唯一的标准是它的质量,除此以外,没有第二个标准。任何背离这一标准的做法,都是错误的。坚持这一标准,不仅是为了树立出版社的良好声誉,同时也是为了维护作者的声誉。对广大读者来说,责任编辑的责任就更重大了,因为他向读者推荐的是精神食粮,绝不允许传播错误的知识,当然更不能散布荒谬的甚至反动的论点。这是大家都明白的,无需作更多的阐述。

总之,作为社会主义出版战线上的编辑人员,对自己所编书稿必须具有高度的负责精神,具体体现在所编书稿的质量上。编辑人员生产的产品——书籍,对千百万读者起着重要的教育作用,切不可等闲视之。这一要求,对所有从事编辑工作的人员,都是适用的。笔者草成此文,就是为了表达自己的意见,并与所有从事这一工作的同志们互勉互励,以达到共同提高的目的,从而为社会主义出版事业的更加蓬勃发展,为整个社会主义"四化"大业添砖加瓦。

作于 1984 年 12 月

谎言与事实
——由《太原日报》一篇书评想到的

　　1985 年 8 月 27 日,《太原日报》第四版刊载了署名"杨林"的题为《由〈傅山传〉中的编辑失误想到的》一文,批评《傅山传》(山西人民出版社 1981 年第 1 版) 中的错误。拜读以后,仔细查对,我对杨林先生的"率直"和"勇气",不禁感到吃惊。

　　首先,《傅山传》的作者是郝树侯,这是大家都清楚的,杨林在他的文章开头,对郝树侯大加吹捧,说什么《傅山传》一书"内容之丰富、材料之翔实、文字之晓畅,为后来的许多论文所不及。学术著作能如此深入浅出,足见郝老学力之深"。既然由这样一位学者写的书,怎么会出现"有问题的标点符号、规格的不统一等错误","竟有二百处以上"呢? 原来,这位杨林先生一齐归之为"编辑错误"。

　　然而,稍具常识的人都知道,一本书或一篇文章上出现错误,其因素是多方面的,怎么能够不分青红皂白,统统归咎于责任编辑呢?当然,作为责任编辑,必须承担相应的责任。像杨林先生在文中所指出的所谓"错误",绝大部分属于子虚乌有,根本不是什么错误。如果这位杨林先生一定硬要说成是错误的话,不是首先应该质问原作者吗? 而为什么硬要指责编辑呢? 作为编辑,应当而且必须尊重作者正确的意见, 只要不是原则性的问题或明显的笔误,就不应该随意改动,更不能代为操刀。我们平常说:"文如其人",就是指一个人的文章不仅在体裁、结构上,而且在遣词、用字上,其风格完全同作者本人一致。如果责任编辑运用自己手中的秃笔,完全按自己的行文习惯,胡乱涂改,又何能体现作者的风格呢?

其次,基于上述理由,杨林先生并未见到《傅山传》一书的原稿,如何能分辨出所谓"错误",哪些是作者原有的,哪些应由编辑负责?杨林先生在文章开头对郝树侯大加吹捧以后,根据自己的主观臆断得出结论,认为这样的大学问家不可能有错误,现在"错误百出",责任当然是在编辑身上了。这真是十足的主观唯心主义和强霸作风。

杨林先生在文中指出了一百零一处所谓"错误",大致可分为五类。一是标点符号方面,二是所谓"不通"的地方,三是所谓"体例不统一",四是所谓"错字",五是其他一些所谓"错误"。现在分述如下:

一、所谓"标点符号错误"：这在杨林先生所指"错误"中占着最大的比重。而在这一部分中，主要是指引文中最后一个句号放在引号后面，注释号码放在句号前面，就成了"错误"。

关于这种处理手法，从来就不统一。不管怎样处理，都不是什么"错误"。因为每个人写文章，都有自己的行文习惯，不可能一致，也无须强求一致。然而，杨林先生却把《傅山传》中关于引文最后的句号及注释号码的处理，指为错误。这实在是一大发明。在我们每天阅读的报章杂志中的文章，远的且不去说它，请看一看 1985 年 5 月 25 日《人民日报》第五版登载的《宋庆龄与保卫中国同盟》一文，几乎所有引文中最后一个句号都放在引号外面，而注释号码又是在句号之前。《傅山传》中引文的标点的处理办法，为什么就成为错误呢？这位杨林先生如果有勇气的话，最好坚持他自己的"真理"，去批评并质问《人民日报》及该文的作者，他们在用标点符号时，为什么不按照杨林先生所规定的格式处理？其实，古文中原本没有标点符号，后来为了断句，只简单地用一个小圆圈，再后人们用逗点，于是便一逗到底，在文章的最后，用一圆圈，表示全文完了。采用新式标点符号，是最近几十年的事，而历来也没有统一的用法。既然如此，为什么别人写文章用标点符号，一不按照这位杨林先生的意见办，便横加指责。这是为什么？

二、所谓"不通"的句子。这一部分,杨林先生指出的不多。现将《傅山传》一书开始的两处"不通"的地方谈谈。其一:杨林先生说:"陆续地捐献或收购到国家"一语不通。这里,"国家"一词指"国家有关部门(或有关单位)"。即使加上"有关部门"(或有关单位),也是代表国家。如说"大批书报捐献到太原日报",那有什么不通?其二:"开豁了……认识"。杨林先生也指为"不通"。在汉语中,形容词或名词,用作动词的例子,屡见不鲜。例如"丰富",本为形容词,有时又当做动词,我们说,"毛泽东的著述丰富了马克思主义的理论"。这样,"丰富"就作为动词了,谁也没有说是错误。其他所谓"不通"的地方,就不一一列举。

三、所谓"体例不统一"。在这部分中的所谓"错误",绝大部分是指注释,如有的注为:《霜红龛全集》卷××(卷次),有的注为《霜红龛全集·××(篇名)》。关于这一点,早在《傅山传》书稿审阅过程中,郝树侯就做过解释。他说:凡未注明篇名而注明卷次的,都是《霜红龛全集》中的"杂说",而"杂说"又散见于各卷中,如注明《霜红龛全集·杂说》,读者将不知该到哪一卷"杂说"中去找,因此就注明《霜红龛全集》卷××,其馀有篇名的,则一律附加篇名。难道编者不应该尊重作者的这一合理意见吗?杨林先生却一口咬定,这是"编辑错误"。

四、所谓"错字"。杨林先生指出的"错字"不少,如"像"

应为"象"、"徵"应为"征"、"薙"应为"剃"、"　"应为"　"、"戴"应为"载"、"伊"应为"夷"等等，不一而足。在这一部分中，有些是异体字，有些是简体字，有些则是这位杨林先生没有看懂意思而硬说成是"错字"。有些字虽然简化了，但如果意义可能混淆时，仍应该用原字。不管是简化了的字，还是异体字，无论如何也不能称为错误。有些，则是这位杨林先生根本没有把句子看懂，就要给编者栽赃，说成是"编辑错误"。"伊吾"，读书声，引申为青年时代。如果是"夷吾"将作何解？"戴"指戴梦熊，他著有《傅徵君传》。如写成"载"岂不成了给别人改名换姓？

五、其他所谓"错误"。在这一部分中，杨林先生蛮横地指责这也不对，那也有错。现试举几例：

1."前边提到傅家和晋王府有亲戚关系"。杨林先生说："前面并未提到晋王府"。我不晓得这位杨林先生是出于无知，还是睁着眼睛说瞎话？事实很清楚，朱元璋封其第三子朱棡于太原，称为晋王，建立晋王府。朱棡又封其第五子朱济焕为宁化王，建立宁化王府。由此可知，宁化王府是晋王府的支脉。傅山的曾祖傅朝宣做过宁化王府的仪宾。傅家与宁化王府有直接的亲戚关系，不是等于与晋王府也有亲戚关系吗？犹如说一个人同他的岳父母有亲戚关系，同他的岳祖父母同样有亲戚关系。又如发动鸦片战争、英法联军、八国联军的侵略，虽是帝国主义对大清帝国的侵略,难道不可以说是对中国的侵略吗?

2."他是排行第二"。杨林先生说,这句话不通。我实在才疏学浅,看不出这个句子不通在哪里。

3."路过宁化府"。杨林先生说"缺一'王'字"。这当然也算一个"错误"了?一方面,宁化府是宁化王府的简称;另一方面,把宁化王府所在的街道命名为宁化府。说"路过宁化府",可以理解为路过宁化王府门口,也可以理解为路过宁化府这条街。无论怎样理解,都没有错误。犹如说"到晋祠游览",是错误的,一定要说成"到唐叔虞祠游览"或到"晋王祠游览",才算不错。这是谁家的规定?

4."晋大夫祠"。杨林先生说,应为"窦大夫祠"。否则,就是错误。这实在是胡搅蛮缠。不错,晋大夫祠是纪念窦鸣犊的。窦鸣犊,也叫窦犨,是春秋时代的晋国大夫,因而为他立的祠叫"晋大夫祠"。这是历史上的习惯叫法,很少有叫"窦大夫祠"的,犹如为纪念孔子的庙,叫文庙,偶尔有人称"孔庙",但很少。又如"晋祠",是祭祀叔虞的,而叔虞是周成王的弟弟,周朝天子姓姬,"晋祠"不应叫"晋祠",而应叫"姬祠"吗?

以上是就杨林先生的大文及所指责的所谓"编辑错误",因而需略作批驳。实际上,杨林先生所指责的所谓"错误",百分之九十九是不能成立的。如果硬要说是"错误",那也是原文如此,为什么要说成是"编辑错误"呢?除了栽赃和别有用心，还能作什么解释？本来，这些指责，不值得一驳。但为了澄清事实，不得不略说一二。不过，从另一方面，也说明了这位杨林先生的颠顶和用心叵测。

是不是说《傅山传》这本书就没有错误呢？当然不是。这本书的确还有几个错别字，如将"孙奇逢"误为"孙奇峰"共两处（杨林先生的文章中，只说有一处），将"八月"误为"八年"等等；还有几处引号不完全，或缺前，或少后。所有这些错误，都不是什么实质性的，更非政治性的。按国家规定，出版物上的一般性错误不得超过十万分之五，技术性错误限度还要宽一些。就《傅山传》一书来说，真正的错误，并没有超过国家规定的范围，而是大大低于这个规定。而这位杨林先生却耸人听闻地说什么"标点符号、规格的不统一等编辑错误竟有二百处以上"。如果真是这样，那就不是"错误百出"，而是"错误二百出以上"，或双倍的"错误百出"了。事实说明，本书并非像杨林先生指责的那样，那么，杨林先生为什么要造谣惑众呢？说穿了，无非是想给编者泼上一身污水，以达到其不可告人的目的。

不仅如此，这位杨林先生在捏造了一大堆所谓"编辑错误"以后，又沿用了"四人帮"的一套无限上纲的手法，说这些所谓"错误"与"职业道德也有关"，是"挂羊头卖狗肉"，类似"晋江假药"等等。与"职业道德有关"，是什么意思？说得明白一点，不是说编者"缺乏职业道德"吗？《傅山

书报评介

传》的编者同这位杨林先生素昧平生，他是如何知道编者缺乏职业道德？有些什么具体事实？否则，为什么要这样地乱加"莫须有"的罪名？

"挂羊头卖狗肉"，就更离奇了。本书名为《傅山传》，书中所述什么地方与傅山无关，而是说的其他事？是挂的《傅山传》的羊头，卖的是《张三传》、《李四传》的狗肉吗？杨林先生的文章早已越出了学术讨论、争鸣的界限，而是肆意地进行人身攻击。这是正常现象吗？如果说，《傅山传》这本将近十万字的书中，有几处技术性的错误，就是缺乏"职业道德"；那么杨林先生在给责编的短信中，竟有好几个错别字，这算缺乏哪种道德？

杨林先生在给《傅山传》责编的信中，板起一副面孔，摆出教师爷的架势进行教训。杨林先生指责别人不懂编辑业务，要别人"严于责己"，"加强业务学习"。其实，对于一个编辑人员来说，在任何时候，在任何场合，不应该吹嘘自己如何高明。至于加强学习，的确应该如此，一个人活到老学到老，做到老也学到老。岂止是一个编辑应该如此？他说："要不是看报社的面子，根本懒得理睬这位编辑"。其实，杨林先生说错了。所谓"看报社的面子"只不过是同报社的某人互相勾结，狼狈为奸，以达到不可告人的目的而已。本来，别人从来也不要求同这位先生打交道。因为同这位杨林先生讨论问题，实在还不如对牛弹琴。现代科学实验证明，当挤牛奶的时候，如果对牛播放音乐或弹奏乐曲，还可以增加牛奶产量。本文作者的对象，是《太原日报》的编者。

《太原日报》是中共太原市委的机关报，是党报。它应有严肃的党性原则和鲜明的是非标准。它不应该也不允许"有闻必录"、"来稿照登"。《太原日报》从来没有宣布过所登稿件，都是"文责自负"。然而，像杨林先生这样一位连起码的历史常识和汉语基础知识都很欠缺的人，诬陷人于一言之下，诽谤人于一旦之间，究竟为了什么？这样说，丝毫不是说，这位杨林先生的文章分量有多么重，好像"一言九鼎"。不是这样，丝毫不是这样。就其社会作用来说，比鸿毛还要轻得多，比"微不足道"还要微不足道。然而，对一个特定环境中的特定人来说，这种诬陷和诽谤却给予极大的伤害，并造成极其恶劣的影响。《太原日报》的编者刊登这样一篇不顾事实而对人造谣中伤的文章，不知是否也缺乏某种道德？说穿了，这位杨林先生只不过是为他人火中取栗的一只猫爪子。

"说话要有证据，批评要注意政治"。尽管现在很少有人再引用毛泽东的这句话，但它并没有过时，仍然是正确的。如果不顾事实，乱扣帽子，乱打棍子，只能制造混乱。《太原日报》的编者串通杨林先生，置事实于不顾，挥舞大棒，想一下子置人于死地，远远超出了"与人为善、治病救人"的限度。这能说是一种正常的现象吗?真理总是愈辩愈明,在真理面前,人人平等。对于真理来说,偏见比愚昧更荒谬。不管这些出于何种动机,怀着什么目的,但混淆是非、诬陷诽谤、进行人身攻击的事实,是抹不掉的。

总之,谎言总是谎言,事实总是事实。谎言变不成事实,事实却能粉碎谎言。让谎言及其制造者见鬼去吧!

作于 1987 年 5 月

借读史论政之名,行自我标榜之实
——评《读史论政·史记、汉书纵横谈》

　　三晋出版社出版了一本《读史论政·史记、汉书纵横谈》,洋洋洒洒近 50 万字。顾名思义,这是作者在阅读《史记》《汉书》后,联系实际,谈论有关政治的各方面的问题,并表达个人的观点、认识而写成的一部著作。

　　作者从政多年,大学毕业后便参加工作,从任职人民公社党委书记开始,逐步攀升,历任县长、县委书记,最后从省委宣传部副部长的岗位上退下来,也可以说是仕途一帆风顺吧!

　　从本书中可以看出,作者在求学时期及日后的工作期间,饱读群书,举凡古今中外各种典籍、名著,几乎一览无馀。虽说是"《史记》《汉书》纵横谈",实际上所谈故事,早已超出了这两部史书的内容,并且跨越国界,谈论世界各国的历史事件,而且遐想联翩,如脱缰之马,纵横驰骋。实

际上,从所谈故事及评论,看不出与现实政治有多大关系。

如果说,本书完全没有联系实际,那实在有些冤枉。不过,作者在谈历史、讲故事的同时,所联系的实际是个人的所作所为。说得明白一点,作者联系实际,是为了自我标榜,自我夸赞,自我表功。所有这些,实在拿不到台面上来。

现在,让我们看看作者所联系的实际,究竟有哪些是关于大政方针的问题,可以说,基本上无关大局,而是为了突显个人,借"读史论政"之名,行"自我标榜"之实。现在,我们看看作者在"读史论政"中的一些论述。

一、借"论政",突显自己"身先士卒"

在《大禹精神》一文中,作者历述了大禹治水的功绩,赞扬了大禹因治水"三过其门而不入"的忘我精神后,笔锋一转,说自己在担任人民公社党委书记时,"有一年正值春播下种,爱人姚海月从县城打来电话,说孩子高烧40度,让我赶快回去。……我是一把手,能在这时走开吗?我最终没有回去"(见第16页)。同时,不厌其烦地叙述自己与贫下中农同吃同劳动的事迹。这就活生生地说明,自己就是现代大禹的化身,凡事都是身先士卒。

二、借"论政",给夫人涂脂抹粉以表白自己清廉

"立党为公,执政为民",本来是一个共产党员、国家干

部应具有的最起码的品质。如同一个正常的人,在吃饭时没有撒了饭、没有打了碗一样,是正常现象,难道这也值得表扬、夸赞吗?然而,在《妲己、褒姒也有责任》一文中,作者说,如果妲己、褒姒有点政治头脑的话,为了商纣王、周幽王的江山社稷,劝诫她们的夫君不要胡来,不至于落个丢掉江山、自身被杀的下场。

作者联系到自己和夫人的作为时说,在他自己的"人生仕途中,从公社党委书记,到县委常委、组织部长,从县委副书记、县长到县委书记,夫人姚海月一直和我在一起。她经常提醒我,能够在领导岗位上为老百姓办点事,谋点利,体现自己的人生价值,就很不错了,千万不要沾(按:应为"占")公家和他人的便宜,不要当贪官。几十年,她没有收过别人一分钱现金、有价证券和购物凭证,是名副其实的廉洁夫人、贤内助"(见第 29 页)。

这里,我们可以看出,作者在仕宦途上,一帆风顺。虽然官位不算高,但一直在基层,做到父母官也算可以了,在地方上是大权在握。何况后来又被擢升为省委宣传部副部长。作者分明是要夸赞他有个贤内助,是廉洁夫人。尽管有这样的贤内助、廉洁夫人的"经常提醒",作者在官位上是否占过公家和他人的便宜?没有说明。如果没有贤内助、廉洁夫人的"经常提醒",作者或许成为贪官污吏。作者意在夸赞贤内助,却使自己陷入不能自圆其说的困境。

三、借寻访古迹，炫耀自己

晋文公重耳和介子推的故事，尽人皆知，无须过多叙述。作者在《我的绵山情》一文中，作了简略的介绍后，用较多的篇幅，叙述他一家对革命事业的贡献，特别是在叙述自己如何考上高小，并且"成绩在班上始终名列前茅"；在中学时代，临近毕业时进行的高考模拟考试中，"语文、俄语，我都是第一"。教语文的老师"甚至在课堂上向同学们说：俊华肯定能考上大学"。作者说："这不是自吹自擂"。这真是典型的"此地无银三百两"的例子。最后，作者的确考上了山西大学，得以如愿以偿，印证了老师的预言（此段表白，见第45-47页）。

在一个人的人生历程中，能考上大学，当然值得庆幸。尽管在13亿人口中，大学生是绝对少数，但在今天的中国，大学生也不是凤毛麟角。能进入高等学府，即使是重点大学，甚至是第一流的名牌大学，也没有什么值得骄傲的，何况只是考入了一所普通大学，更没有什么可夸耀的。

四、借评论楚怀王与屈原的关系，为自己喊冤叫屈

屈原是战国时代的楚国伟大的爱国诗人，学识渊博，也是一位英明的政治家。在辅佐楚怀王治理国家时，遭到子兰、靳尚等人的谗言而去职。顷襄王时，又被放逐，长期

流浪于湘江、沅江流域,后因自己的政治抱负不能实现而自投汨罗江。

作者在讲述了屈原含冤而死的故事后,借题发挥,说什么"古往今来的所谓小人,有两大特点:一是嫉贤妒能……二是在领导面前靠说别人的坏话往上爬"。作者说当他考上大学后,高中时的语文老师给他写了一封信,"说在校期间曾有某个学生向他反映,说俊华骂你,骂你是榆木疙瘩脑袋"。作者对此事非常恼火,发了一大堆议论(见第94页)。

作者就此事借题发挥,一方面表明自己对那种嫉贤妒能的人非常愤恨,另一方面夸耀自己学习成绩很好而受到老师器重。然而,这种表态岂不是把他尊敬的老师描画成了一个爱翻舌头的庸人了吗? 这样的表白,分明在夸耀自己是众多学生中的翘楚,而别的同学则远远不能与他相比。一个人无论是在学习上或是工作中,应该努力向上,永远不骄不躁。这种努力向上的精神,并不是为了超过别人,而是为了取得优异的成绩,为人民,为社会做出更大的贡献。至于超过别人,并非目的。同时,本书作者也是为对"嫉贤妒能"者在背后说他的坏话而喊冤叫屈。

五、借"世态炎凉",表白自己的刚正不阿

官场的世态炎凉,从来就是变幻莫测,它是测定人们

心态的晴雨表,古今中外概莫能外。这种情况,应该从两方面来看待。一种是当权者手握大印,不管是属下,还是普通老百姓的问题,需要当权者签字、盖章,才能解决;当权力移交、退居舍下,原来的当权者已无权解决任何问题,人们自然就不来打搅他了。这不能说成世态炎凉,是正常现象。另一种是本来的亲朋好友,甚至是至亲骨肉,对于当权者红极一时的时候,吹捧阿谀之声不绝于耳;当权势失落后,不仅亲朋好友不再理睬,父母予以歧视,兄弟视若路人,甚至夫妻离异,儿女也不予尊重。真是当红得发紫时,虽身居陋巷,仍门庭若市;下台隐退后,虽身居闹市,则门可罗雀。这才真正体现了世态炎凉,大概曾经当政者一旦下台或退休后,对此体会尤深。

作者"在初任县委书记时,召开村、乡镇、县三级干部会议之前","嘱咐写作班子,在廉政这一项中,把话讲得严厉一点,以能堵住给领导送礼为标准"。从此以后任职县委书记的近六年中,"没有一个乡镇书记去过我住的家,也没有一个乡镇书记给我送过礼。现在想起来,这个方法过于简单、直率、绝情、幼稚,是政治上不老练的表现"(见第129页)。作者对于自己处理这一类问题的方法,可能有些后悔,于是又引《孟子·公孙丑下》中,孟子同其弟子陈臻的对话,关于孟子对待齐、宋、薛三国国君所给予的馈赠,或婉言谢绝,或欣然接受而采取的不同态度,认为"孟子就拿捏的天衣无缝"。言下之意,是作者未能像孟子那样,分别对待下级给予的礼物而懊悔。这实际上是一种外清内浊的表现。

作者曾多次表露自己的语文成绩好,文章也写得好,为什么在县里的"三干"会上的讲话,还需要"写作班子"起草呢?毛泽东曾多次批评过某些地区、部门的领导,不亲自动手写文章,甚至一篇讲话稿也要秘书来代笔的不良作风。毛泽东自己的讲稿经常是自己动手拟就,有时还为新华通讯社和《人民日报》等重要媒体撰写评论、社论。一个小小的县委书记,也不过是个七品芝麻官,写一篇讲稿,还要写作班子代为操觚,这样既显示作者的权势,又表明自己的显赫,可以说是十足的官僚主义。

六、借不提拔亲人,宣扬自己公正无私

作者在本书中,多处宣扬自己的夫人如何贤慧,如何通情达理。在《官员的选拔和调整》一文中,作者又一次宣扬自己的公正无私,不引用亲人和私人的正派作风。他说,在他任县委常委、组织部长时,"部里有同志建议(给)姚海月解决党籍问题"。因为姚海月是其夫人,虽然家庭出身是"贫下中民(按:应为"农"),家庭主要成员历史清白,工作努力,又是知识分子,正是当年要重用的对象",但不能解决。作者说,他考虑到姚海月是自己的老婆,没有给她解决,这件事令她的老婆"一直耿耿于怀"。又说,在他担任县

长期间，县委书记提出要给他的夫人"安排县交通局副局长职务，按条件，她是称职的"。又说，他的夫人在学校是学理工的，参加工作后就在工业部门工作，提拔为副局长，也不为过。但是，却被他"谢绝了"。在他担任县委书记后，县里领导人的家属任副局长职务的有好几个，他却一直没给他的夫人"安排任何职务"（这一部分见第371页）。

这一大段表白，说来说去是为了说明作者从来没有"以权谋私"，也没有搞任何邪门歪道，这当然是好的作风。不过，这些都是一个共产党员和革命干部应有的品德，实在值不得表白，更何况是一个地方的领导干部，更不应该自我吹嘘。如果一个国家干部真正清正、廉明，广大群众自然会表扬、夸赞的。作者的这些表露，显示了自己外清内浊的心态，也就是说，作者以外表的清廉、正直，掩盖着内心的污浊、傲慢，因而也就失去了人们通常应有的礼貌上的谦虚。作为他的夫人，没有被提拔也不应该"耿耿于怀"，因为干革命并不是为了"做官"。一个人伟大与否，不在于其官位高低，而是取决于其对社会、对国家的贡献大小。雷锋并无官职，但不失为伟大的无产阶级革命战士；有些高官贪赃枉法，最后身败名裂。难道作者不懂这一点吗？

七、利用刘邦的故事，编造现代神话

汉高祖刘邦斩白蛇的故事，本来就是故意捏造的，加

138

上神秘的色彩,以迷惑无知的群众,作为他号召群众集合在他的麾下进行反秦的资本。而本书作者则乘此机会叙述了自己的一段类似的经历。

作者说,在他担任公社党委书记期间,一年深秋,"从县城开会回来,晚上躺下,感到枕巾痒痒的⋯⋯翻起枕垫一看⋯⋯一条尺把长的蛇展卧在枕垫下"。不过,不同的是他没有亲自斩掉这条蛇,而是让别人把蛇打死扔掉。他说,他"没有去深究这件事,因为任何猜想和举动都是徒劳的,只当是一场噩梦,过去就算了"。

在这里,人们不禁要问:作者如果有猜想,能猜想到什么?要有举动,将如何举动?要达到什么目的?是否想到要升官?是否也想效仿刘邦,拉起一竿子人马造反,当个更大的头目? 如果真是那样,不仅仅是徒劳的,而将是身败名裂,遭到可耻的下场。

事有凑巧,就在这场噩梦后不久,作者真的升迁了,接连担任了县长、县委书记。于是,"当地一些天真无邪的人们将这件事和我的职务联系起来"(这段表述, 见第239-240页)。

读了这段文字,不知作者是痴人说梦话呢,还是升官的欲火在燃烧,促使他编造现代神话,散布迷信思想以达到飞黄腾达的目的?

现在已经是二十一世纪,进入人类探测宇宙空间的时代,宇宙飞船连续飞向月球、火星及其他领域,而作为彻底的唯物论者的共产党员,尚且是高级知识分子、领导干部,竟然编造现代神话,以达到不可告人的目的,岂不可悲!

八、借批判"焚书坑儒",夸耀自己知识渊博

凡稍具历史常识的人,都知道秦灭六国后,建立了大一统的秦帝国,秦始皇施行的暴政,最为后人诟病的莫过于"焚书坑儒"。作者在《后任与前任》一文中,在批判秦始皇的这一暴政后指出:"历史文化植根于人们的心灵深处,植根于广大民间群众之中,人们对历史文化的追求是生生不息的"。然后,笔锋一转,提到自己追求读书的欲望如何强烈、如何艰辛,如何刻苦努力,于是遍数自己所读书籍的书目,举凡重要的古籍、中外文学名著、稗官野史、笔记小说、音乐艺术,几乎无所不包,实在是一位饱学之士(见第188–191页及散见本书各篇所提供的书目)。

我们不是反对读书,恰恰相反,我们应鼓励人们多读书,读好书,以扩大知识领域。问题是,作者罗列了众多所读书目,与"论政"有多少关系?除了显示自己博学多闻以外,没有任何意义。

总的来说,本书名为"读史论政",实为"自我标榜"。作者历任党和国家的重要职务,在政务倥偬之馀,尚能游览国内外的许多名胜古迹,并发思古之幽情,足见作者的闲

情逸致。但这些都与政治甚少关联。凡是自我标榜的部分，只能放在作者的自传中，至于游览名胜古迹的部分，只能算作游记。

总之，本书名为"读史论政"，实际与政治无关，而且内容十分庞杂，真可以说下笔千言，离题万里。《新唐书·魏徵传》中，唐太宗李世民对魏徵的病逝，非常痛惜，曾说："以铜为鉴，可正衣冠；以古为鉴，可知兴替；以人为鉴，可明得失"。由此可见，"读史论政"，应该紧密联系现实政治的得失，作为一面镜子，指导我们正确处理国家大事，而不是仅仅宣扬个人的微不足道的"功绩"。

此外，本书作者一再表露他的语文程度如何，如何，可是书中错别字很多不说，而且在行文中，时有不通的语句，例如，在《我的绵山情》一文，开头就说：晋文公"在蒲城遭到献公派来的杀手暗杀；在狄国，又遭到他弟弟晋惠公派来的杀手暗杀"（见第45页）。很明显，这就是说晋文公两次被人杀死。一个人的生命能有几次？能被人杀死两次吗？实际上，两次暗杀都是未遂。又如：作者提到他的夫人的"家庭出身贫下中民（应为"农"）"。"贫下中农"是"贫农"、"下中农"的合称，是两个不同的阶层。就一个农民来说，或者是贫农，或者是"下中农"，不能说既是贫农，又是下中农。作者在基层工作多年，从人民公社的一般干部开始，到担任党委书记，到出任县长、县委书记，难道不知道"贫下中农"一词的含义吗？

古代科学不发达，人们对自然现象无法解释，认为日食、月食是灾异。对于日食和月食，只知其然，不知其所以然。例如，日食必然发生在"朔"（阴历初一），月食必然发生在"望"（阴历十五日）。有时，十六日发生月食，并不是天体运行紊乱，而是编制历书者为了调整大月、小月而把"望"放在十六日。作者在叙述《汉文帝的自律》一文中，引用《史记·孝文本纪》中的记载，文帝二年"十一月晦，日有食之。十二月望，日又食"。这就是说，在汉文帝"二年十一月最后一天出现日食。同年十二月十五日，再次出现日食"（见第283页）。

这是司马迁的误记，我们不能苛求于古人，那时科学不发达，人们有浓厚的迷信思想，没有掌握日食、月食的时间规律。现在到了二十一世纪，科学异常发达，日食、月食的道理，妇孺皆知。作者是高级知识分子，又担任领导职务多年，为什么要以讹传讹呢？

至于书中的错别字，就无须多说了。"无错不成书"，好像成为出版物的通病。尽管作者自夸是学习语文课的高材生，又是写文章的高手，也难免有时出现笔误，这是可以原谅的。

作于 2010 年 12 月

愚顿集

YUDUNJI

读史札记

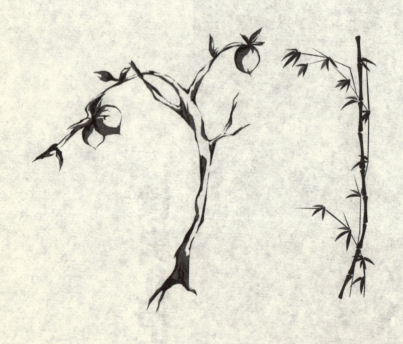

夏、商两朝是怎么样建立的?

夏朝是我国历史上的第一个王朝,也是我国奴隶社会的开端。从此,中国社会便出现了阶级。

禹为夏王朝的建立者。夏的疆域大致在今山西省南部和河南省西部,东至今山东 、河北、河南交界之处,南与今湖北省接壤,西以大河为界,北部插入今河北省境内。夏朝建立后,其势力和影响,从大河南北,直到长江流域,可谓盛极一时。

由于夏王朝已成为奴隶制国家,社会自然被分化为统治阶级和被统治阶级,即奴隶主和奴隶两大对抗的阶级。

从公元前 21 世纪, 禹建立夏朝起, 到最后一名天子——桀的灭亡,时间大约为 400 多年,共传 14 代、17 个王。在这漫长的岁月里,由于奴隶们的辛勤劳动,创造了前所未有的大量财富。但是, 这些财富并不是为创造者

（奴隶）所占有，而是被统治者（奴隶主）所攫取，这就形成了剥削和被剥削的关系，因而也产生了私有财产。这种奴隶主与奴隶的剥削与被剥削的关系，也标志着阶级矛盾尖锐起来。到了第十四任国王——孔甲，荒淫无道，激起广大奴隶和一般平民的反抗。随之而来的是，夏朝的统治被削弱，而一代又一代的君王更加荒淫、暴虐。到了第十七个君王，即孔甲的四世孙——桀，更是一个空前残暴的暴君。他即位后，为了自己的享受，不顾人民的死活，横征暴敛，无止境地征调民力，残酷镇压奴隶和平民的反抗。他恣意妄为，以为自己有至高无上的权力，他说："天之有日，犹吾之有民，日有亡哉？日亡，吾亦亡矣"。意思是说：天上有太阳，如同自己有天下的老百姓一样。天上的太阳会灭亡吗？只有太阳灭亡了，自己才会灭亡。

这样狂妄的暴君，理所当然地要遭到老百姓的咒骂和反抗。由于夏桀的残酷剥削和压榨，老百姓便指着太阳咒骂："时日曷丧？吾与汝偕亡"。人民恨不得与太阳一齐灭亡，以发泄对夏桀的愤恨。

正是在这种情况下，夏桀为了摆脱自己所处的困境，出兵讨伐有缗氏（今山东省金乡县），结果招致各部落的群起反对，各部落对桀更加离心离德。在夏桀处于内外交困的时候，汤乘机灭了夏，正式建立商王朝。

商本来是一个有着悠久历史的部落，居住在黄河下游。禹建立夏朝以后,商成为夏朝的藩属。从商的祖先——契开始到汤,已传了十四世。在这一时期,商部落的势力逐渐向黄河中游地区发展,已经相当强大。汤即王位以后,任用仲虺、伊尹为左、右相,国力迅速发展,并积极进行灭夏的各种准备。

夏朝末年,从其第十四任天子孔甲执政以后,国势日衰;到夏桀统治时期,各种矛盾都已暴露出来,并且十分尖锐,到了无可调和的地步。这时,汤认为消灭夏朝的时机已经成熟,不能坐失良机。汤采取了一系列的措施,把夏桀的羽翼一个一个地予以翦除,进一步削弱了夏的统治。汤首先灭掉了葛(今河南宁陵以北),接着又陆续消灭了夏桀在黄河下游的几个重要支柱,如韦(今河南滑县东)、顾(今山东鄄城东北)、昆吾等。特别是昆吾的被消灭,使夏桀失去了东部的屏障和最重要的依靠力量,夏朝的统治中心暴露在正面受敌的位置上。

夏桀为了挽救即将覆灭的命运,进行了垂死的挣扎,号召他属下的部落共同抵抗商的进攻。然而,由于夏桀失尽人心,众叛亲离,完全陷于孤立。对夏、商具有决定性的鸣条(今河南封丘东)会战中,夏桀大败,向南逃跑,死于南巢(今安徽寿县东南)。商汤乘胜追击,攻克了夏的统治中心,陆续灭掉了夏的所有属国,夏朝被灭于桀的手中,汤正式建立了商朝。

记于 1992 年 3 月

147

众叛亲离

——商纣王的悲惨下场

汤灭夏以后，正式建立了商朝。商王朝建立之初，社会比较安定，生产也有了一定的发展，因而以商王为代表的奴隶主阶级对广大的奴隶的剥削，也就加剧了。

汤从商丘迁居到亳，开始作灭夏的准备。汤以其妻的陪嫁人伊尹为右相，以仲虺为左相，积极建设国家，很快便强大起来。由于夏桀的暴虐无道，对民众过度剥削，并用重刑驱使民众服劳役，加剧了统治者和被统治者之间的矛盾，因而激起了广大民众的反抗。汤于此时，乘机攻打夏桀，一举灭夏。

自汤正式建立商朝以后，传到第二十代盘庚，曾迁都五次；从第十一代的中丁到第十九代的阳甲，共有九王。而商朝建立以后，争夺王位的斗争十分激烈；政治衰败，而又大造宫殿，必然加重民众的负担；再加贵族奢侈贪污，更激起民众的巨大反抗。

盘庚迁殷，本来的意思是想整治贵族的贪污腐化，并防止新的贪污腐化。然而，事与愿违，特别是传到武丁以后，腐化更厉害了；到了纣时，腐化、暴虐，达到登峰造极的程度。

本来，当纣即天子位时，商的国力已经衰落。纣好酒淫乐，嬖于妇人。即位后，宠幸妲己，唯妲己之言是从。史书上说他"使师涓作新淫声、北里之舞、靡靡之乐"。为了寻欢作乐，又加重对民众的剥削；为了修建一座周围三里、高一千尺的鹿台，不得不加重赋税。他又广收犬马等奇物，充满宫室；扩大沙丘苑台，其中收罗了许多野兽、虫鸟；造酒池、肉林，又令男女裸体互相追逐，以供他取乐。在暴政方面，纣王更是惨无人道。百姓怨恨他，他更设重刑处置。例如，对一些所谓有罪的人，施以炮烙之刑，就是在铜柱下烧炭火，使罪人行走其上，往往因烧烫而掉入下面的炭火中，以博得妲己一笑。又如九侯有一个很美的女儿成为纣的妃子。纣整日荒淫无度，而九侯女很正派，不喜欢淫荡，惹得纣大怒，于是杀了九侯女，并把九侯也剁为肉酱。鄂侯对纣王进行强烈的规劝，纣王便把鄂侯杀死 后并制成肉干。西伯昌（即后来的周文王）知道这事后，私自叹息，被崇侯虎告诉了纣王，纣王便把西伯昌囚禁于羑里（今河南汤阴县北），西伯昌的儿子伯邑考被商朝扣为人质并给纣王赶车,后来被纣王杀死,煮成肉汤,让西伯昌吃喝。西伯昌果然吃喝了,纣王便说:"谁说西伯昌是圣人?吃喝了自己儿子的肉和汤还不知道呢!"

商纣王暴虐、贪婪,当他把西伯昌囚禁后,西伯昌手下的谋士们利用商纣王的贪婪,将大量的美女、好马和财宝献给纣王,取得纣王的欢心,贪婪的纣王不仅释放了西伯昌,并且还赐给他弓、箭、斧、钺等武器,表示允许西伯昌有自行征伐小国之权。纣王任用奸佞之人当政,如用善于阿谀、谄媚的费仲管理国事,纣王便失去民心;用喜欢毁谤别人、专说别人坏话的恶棍,使得诸侯对纣王愈加疏远。

西伯昌被放归后,积极修德行善,诸侯大部分叛商而归附西伯昌,因而西伯昌逐渐强大,纣逐渐失掉民心。比干对纣的行为进行规劝,纣不但不听,反而说:听说圣人的心有七窍,他就把比干的心剖出来观看;商容是一个品德高尚而又有才能的人,群众都爱戴他,而纣王则不用他。

纣王越来越淫乱,不知收敛,微子对他多次规劝,也不起作用,于是微子与大师、少师共同商量,离开了纣王;箕子看到商纣王的暴虐,产生了恐惧心理,便 装疯为奴,被纣王囚禁了起来。在这种情况下,商的大师、少师都带着祭器、乐器投奔了周。这时,西伯昌(周文王)已死,其子姬发(周武王)遂率领诸侯讨伐纣王。纣王率领 70 万人在牧野与周兵交战,纣兵虽多,但都不愿意为纣送命,并且倒戈投向武王。武王指挥倒戈的纣兵伐纣,结果纣王大败,纣王逃走,他自知大势已去,便穿上宝玉服装,放火把自己烧死在鹿台,纣王遂结束了自己荒淫无耻的一生。

记于 1999 年 3 月

读史札记

周代世系概况

　　商朝末年,朝政日趋腐败,商纣王暴虐无道,诸侯群起反抗、攻击。在诸侯之中,周的势力最强。周本是商朝时的诸侯之一,传至姬发(即后来的周武王)时,势力更加强大了。在姬发即位后十三年,一举灭商,正式建立周朝,姬发也就成为周朝的第一位天子。武王即位后,追谥其父姬昌为文王。

　　姬发死后,被谥为武王,接着,其子姬诵立,是为成王;成王死,太子钊继位,是为康王;康王卒,子瑕立,是为昭王;昭王卒,太子满即位,是为穆王;穆王卒,子繄扈立,是为恭王;恭王卒,子囏立,是为懿王;懿王崩,恭王弟辟方即位,是为孝王;孝王崩,诸侯复立懿王太子燮,是为夷王;夷王崩,子胡立,是为厉王。厉王施行暴政,激起国人反抗,袭击厉王,厉王出奔于彘,太子静匿于召公之家。召公、周公

（另一个周公，不是周朝初年辅佐成王的周公姬旦）二人共同执政，号曰："共和"，"共和行政"长达十四年（前841—前828）。从此，中国历史才开始有准确的纪年。从周朝建立至"共和行政，历时约200多年。厉王卒于彘，召公、周公共同拥立太子静，是为宣王，在位46年。宣王崩，子宫涅继位，是为幽王。幽王被杀于骊山之下，历史上被称为西周的王朝从此结束，共计十二主，历时约350馀年左右。"

　　幽王既死，周王室及诸侯拥立幽王之子宜臼继位，是为平王。平王为了避乱，于是东迁雒邑。从此，被称为东周。平王崩，其子洩父早死，遂立洩父之子、平王之孙林为天子，是为桓王；桓王崩，子佗立，是为庄王；庄王崩，子胡齐立，是为釐王；釐王崩，子阆立，是为惠王；惠王崩，子郑立，是为襄王；襄王崩，子壬臣立，是为顷王；顷王崩，子班立，是为匡王；匡王崩，其弟瑜继位，是为定王；定王崩，子夷立，是为简王；简王崩，子泄心立，是为灵王；灵王崩，子贵立，是为景王；景王崩，国人立其长子猛，是为悼王；悼王被景王之长庶子子朝所杀，晋国攻子朝而立匄，是为敬王；敬王崩，子仁立，是为元王；元王崩，子介立，是为贞定王；贞定王死，长子去疾即位，是为哀王；哀王立仅三个月，弟叔袭杀哀王而自立，是为思王；思王即位五个月，少弟嵬攻杀思王而自立，是为考王；考王崩，子午立，是为威烈王；威烈王崩，子骄立，是为安王；安王崩，子喜立，是为烈王；烈王崩，其弟扁立，是为显王；显王崩，子定立，是为慎靓王；慎靓王崩，子延立，是为赧王。赧，非谥。"谥法"无赧。赧：因羞愧而脸红之义。赧王在位五十九年而死。至此，东周再无天子。

事实上，从平王东迁到秦灭六国而统一的这段时间（前770—前221），共500多年，其间又分为"春秋"、"战国"两个时期，统称"东周"。在两段时期内，诸侯各国各自为政而又互相讨伐，但仍尊周天子为天下共主。周赧王死于公元前256年。此后，周朝不传。东周共传二十五王，历时256年，西周、东周共经历800多年；从公元前255年至秦灭六国而统一（前221），有35年天下无主。

作于1999年4月

一笑倾国

——周幽王招来杀身之祸

昏聩贪婪的商纣王得了西伯昌的馈赠，便释放了西伯昌。西伯昌获释后，励精图治，大得人心。于是，西伯昌便开始做灭商的准备，并逐步讨伐周围的小国。西伯昌未能灭商而死去，其子姬发立，是为周武王。

周武王继承父业，在太公望（即姜尚，姜子牙）的教导和周公（即姬旦，周武王姬发的弟弟）的帮助下，再加上召公、毕公等人在左右辅佐，很快强大起来。于是，西伯昌生前未能完成灭商的任务，必然要由姬发（即周武王）来完成。

商纣王昏乱、暴虐日甚一日，相继杀比干并剖其心，囚箕子；而周武王的重大举措赢得了民心，太师疵、少师强抱着乐器奔周。周武王遍告诸侯："殷有重罪，不能不去讨伐"。于是，便率领戎车三百乘，虎贲三千人，甲士四万五千

155

人,向东讨伐商纣王。

周武王率领的大队人马到达商郊牧野,宣誓并昭告天下:殷王纣宠妲己,抛弃对其祖先的祭祀,疏远贤臣,任用坏人,甚至对罪犯也非常信任,以便暴虐百姓;大家一定要威武雄壮,不要杀害来投降的人,以便让这些人为周驱使、效劳。如果大家不听从命令,就要被处死。宣誓完毕以后,诸侯车辆有四千乘会集于牧野,准备发动进攻。

商纣王听说周武王来进攻,便发兵七十万人来抵御武王的进攻。商纣王的军队虽多,但都缺乏战斗意志,军心涣散,特别希望周武王的军队快来。两军一接触,商纣王的军队倒戈投降,迎接周武王的军队。周军追赶商军,纣军都溃散并自相残杀。

商纣王抵挡不住周兵的进攻,自己逃回宫内,登于鹿台之上,环身佩戴美玉,自焚于火中而死。

武王进入商都城朝歌,商民迎候在郊外。武王手执大白旗,指挥诸侯,诸侯全部顺从了武王。武王进入商纣王自焚的地方,对着纣的尸体射了三箭,并以轻剑击之,最后用黄钺割下了纣的头颅。

周武王灭掉商后,大封功臣、谋士,姜子牙自然当为首封,被封于营丘,是为齐。

周既得天下,经过几代天子的治理,生产得到很大发展,国力一步步加强。其时,国泰民安,天下太平。但在周的周围,有许多少数民族,不时窥犯周的疆土,骚扰老百姓。传到厉王(姬胡)时,周王室已经衰落,而厉王又是一个暴君,以荣夷公为卿,对荣夷公言听计从。厉王暴虐侈傲,老百姓怨声载道。召公谏说道:老百姓现在没有办法生活下去了。于是厉王大怒,让人监督老百姓的谤言,有再敢诽谤国王的,一律处斩。果然诽谤减少了,但诸侯也不来朝贡了。后来,厉王更加残暴,老百姓没有一个人敢讲话;在路途中,人们也只能用眼睛互相对视而已。

厉王用高压手段,封住老百姓的嘴,人们再不敢诽谤,他对召公说:我能清除诽谤,人们不敢再说三道四。召公再三劝告,并以各种比喻说明,应该让老百姓说话,并听听上自公卿、下至老百姓的各种言论,把国家的事情办好。但是,厉王就是听不进去。尽管老百姓都不敢说话了,然而愤怒的老百姓终于向厉王挑战,袭击厉王,厉王逃到彘。

厉王之子姬静受到召公的保护,由召公、周公二相共同执政,史称"共和行政"。"共和行政"十四年(公元前828年),厉王死于彘,其子姬静被立为王,是为宣王,由二相辅佐,效法文王、武王、成王、康王的遗风,修明政治,诸侯又来朝贡周天子。

然而,好景不长,宣王贪图安逸享乐,不修亲耕之礼,虢文公劝说仍不听,结果被姜氏之戎所败。不久,宣王就驾崩了。

宣王死后,其子姬宫涅即位,即有名的暴君周幽王。周幽王宠爱褒姒,褒姒生子伯服,于是幽王竟想废去太子,立伯服为太子,并想立褒姒为后而废申后,去太子宜臼。褒姒不笑,幽王便千方百计想引逗褒姒一笑。古时在天子周围的诸侯有捍卫天子的任务。天子遭敌人侵袭,便点燃烽火,诸侯便会率兵来救。幽王为了博得褒姒一笑,竟拿国家的重要军事通讯手段开玩笑。于是点着烽火,诸侯果然全来保卫王室。诸侯到达镐京时,并无敌寇,褒姒便哈哈大笑,她笑诸侯上当受骗。

幽王又以虢石父为卿,而虢石父为人佞巧,善于阿谀奉承,又打算废申后和太子宜臼。结果宜臼和申后大怒,便勾结西戎等攻周幽王。周幽王点燃烽火,向诸侯求救,诸侯没有一兵一卒来救。周幽王被杀于骊山下,褒姒被掳走,并把贵重财物抢去。

诸侯与申后共立太子宜臼为王,是为平王,东迁于洛阳,结束了西周三百多年的统治。

作于 1999 年 5 月

秦世系概略

　　秦的先世是颛顼的后代。根据史书记载，颛顼的后代名叫女修的女孩子吞了玄鸟的蛋，便生了一个儿子名叫大业，但不知大业的父亲叫什么名字。这种传说，当然属于神话故事，不值得相信。

　　大业娶少典之女，名叫女华。女华生大费，协助大禹王共同治水，娶姚姓之女，并帮助舜驯服鸟兽，于是舜赐大费为嬴姓。

　　大费生二子，一个叫大廉，一个叫若木。若木实际就是费氏，其玄孙叫费昌。在夏桀当权的时代，费昌离开夏而归附商，帮助商打败夏桀；大廉的玄孙，一个叫孟戏，一个叫中衍，二人辅佐太戊。自太戊以下，中衍之后，祖祖辈辈辅佐殷朝，所以嬴姓非常显赫。中衍的玄孙名叫中潏，在西戎，保卫着西面的边疆。中潏生蜚廉。蜚廉生恶来，父子俱

159

以财力事殷纣王。

周武王伐纣,并杀恶来,而蜚廉在北方,未被杀。蜚廉另有一个儿子叫季胜,季胜生孟增。孟增投奔周成王,孟增居于皋狼而生衡父,衡父生造父。造父得宠于周缪王,缪王西巡,乐而忘归。徐偃王作乱,造父千里驰救。缪王以赵城封造父,造父族由此而为赵氏。自蜚廉生季胜已下五世至造父,别居赵。

恶来为蜚廉之子,被杀早死。恶来有子名女防。女防生旁皋,旁皋生太几,太几生大骆,大骆生非子。以造父之宠,皆居赵城,姓赵氏。

大骆又娶申侯之女,生子名成。周孝王使成复续嬴氏祀,号曰秦嬴。

秦嬴生秦侯,秦侯生公伯,公伯生秦仲。

周厉王无道,诸侯或叛之。西戎反王室,灭大骆之族。周宣王即位,以秦仲为大夫诛西戎,西戎杀秦仲。秦仲有五子,其长者曰庄公。庄公生子三人,其长男曰世父。世父领兵击戎,让其弟襄公为太子。庄公死后,襄公立。

周幽王无道,宠褒姒而被杀。襄公率兵护送周平王东迁洛邑。平王封襄公为诸侯,赐岐山以西之地。秦襄公十二年,卒。子文公立。文公之子早逝,赐谥为竫。竫公之长子、文公之孙立,是为秦宁公。

秦宁公生子三人,长男武公为太子。弟德公。德公之母又生出子。宁公卒，大庶长三父等废太子而立出子为君。出子六年，三父等复共令人贼杀出子，乃复立故太子，是为武公。武公三年，诛三父等并夷三族，原因是他们杀了出子。武公卒，有子名白，白不愿立，被封平阳，立其弟德公。德公立，阅二年卒，其长子宣公继位。宣公卒，其九子无一立者，立其弟成公。成公卒，子七人，莫立，立其弟缪公，缪公，名任好。秦自宣公以上，皆史失其名。

缪公立三十九年，卒，其太子罃立，是为康公。康公立十二年卒，子猸立，是为共公。共公立五年卒，子桓公立。桓公立二十七年卒，子景公立。景公立四十年卒，子哀公立。哀公立三十六年卒，太子夷公早死，不得立，立夷公子，是为惠公。惠公立十年卒，子悼公立。悼公立十四年卒，子厉共公立。厉共公立三十四年卒，子躁公立。躁公立十四年卒，立其弟怀公；怀公，厉共公子也。怀公立四年，怀公自杀；怀公太子曰昭子，早死，大臣乃立昭子之子，是为灵公；灵公，怀公之孙也。灵公立十三年卒，子献公不得立，立灵公季父悼子，是为简公。简公，昭子之弟、怀公子也。简公立十六年卒，子惠公立。惠公立十三年卒，子出子立。出子三年，庶长改迎灵公之子献公立于河西，杀出子及其母，沉之渊旁。献公立二十四年卒，子渠梁立，是为孝公。

孝公立二十四年卒，其子驷立，是为惠文君。秦惠文君立十四年，改为元年，又十四年，改为后元元年。后元十四

年,惠文君卒,子荡立,是为武王。武王立四年卒。武王无子,立异母弟则(一名稷),是为昭襄王。昭襄王立五十六年卒,其子柱立,一年而卒,即孝文王。孝文王死后,其子子楚立,即庄襄王。庄襄王立三年卒,子政立,就是后来的秦始皇帝。

秦王政立二十六年,统一六国,并天下为三十六郡,号为始皇帝。始皇帝五十一而崩,子胡亥立,是为二世皇帝。二世皇帝三年,赵高杀二世,立子婴。子婴立月馀,被诛,秦遂灭亡。

作于 2000 年 2 月

秦二世皇帝的可耻下场

秦王嬴政削平六国,统一天下,踌躇满志,以为自己功过五帝,德高三皇,决定将自己的尊号定为"始皇帝",自称曰:"朕",后世以计数,二世、三世至于万世,传之无穷。

秦始皇以其雄才大略,重新规划国家的各项制度,订定各种政策:分天下为三十六郡,郡设郡守、太尉、监御史;称老百姓为"黔首"。为防止人民的反抗,把天下的兵器收缴回来,在京城咸阳铸成十二个金人。

为巩固新建立的中央集权国家的统治,秦始皇在政治、经济、文化等诸方面采取了许多措施,如:在全国范围内确定了土地的私有制;统一了文字、度量衡、货币、车轨等;把天下的十二万户富豪迁徙于咸阳,以防止他们的反抗;毁掉六国割据时代的城墙、堡垒,而统一修筑万里长城。

秦始皇为了巩固专制统治,实行愚民政策,具体做法就是"焚书坑儒"。实际上,"焚书坑儒"并不能阻止人民群众的反抗;恰恰相反,这一愚民政策激起了各地反秦势力的风起云涌。唐朝诗人章碣曾写诗曰:"竹帛烟销帝业虚,关河空锁祖龙居;坑灰未冷山东乱,刘项原来不读书"。这就辛辣地指出了秦始皇实行愚民政策,采取"焚书坑儒"等措施,不但不能阻止人民群众的反抗,反而更促使秦王朝早日崩溃。

正是由于秦始皇的一系列暴政,才引发了秦末农民大起义。当秦始皇在世时,由于他的高压政策,再加上繁重的徭役,如大兴土木,四处征伐等,迫使人民的愤怒凝聚成即将喷发的火山。秦始皇一死,胡亥继位,是为二世皇帝。

胡亥昏庸而又残暴,只知寻欢作乐,完全不理朝政。自从秦始皇死于出巡的返回途中,朝政就完全被宦官赵高所操控。秦始皇死后,赵高矫诏,对受命监军河套的秦始皇的长子扶苏以赐死;赵高还用阴谋杀掉李斯及大批将军及皇室成员,从而夺取了丞相的职位。

赵高当上丞相后,更是一手遮天,不把胡亥放在眼里,所有朝政全部被赵高所把持,朝廷中的官员都服服帖帖地成为赵高的走卒,对赵高极尽阿谀奉承,最典型的事例就是"指鹿为马"的故事。在二世三年(前207),赵高为了试验朝中官员对他个人的忠诚程度,将一只鹿当众献给二世皇帝，并说是一匹马。二世皇帝笑说：这是鹿，不是马。赵高坚持说是马，不是鹿；并请二世皇帝询问左右，究竟是鹿，还是马。官员们都畏惧赵高的权势，不敢说真话，都说是马。有个别说真话的人，后来都遭到赵高的暗算。

始皇三十七年（前210），嬴政病死于出巡的回程途中，二世元年（前209）即爆发了以陈胜、吴广为首的农民大起义。二世的昏庸，赵高的残忍、阴险毒辣，再加上秦王朝对人民群众的敲骨吸髓的压榨、剥削，沉重的徭役，严酷的刑法，更促使秦朝加速灭亡。

秦二世皇帝是靠用阴谋手段取得帝位的，因而他深怕广大的人民群众起来反对，先后杀掉扶苏、蒙恬、蒙毅等宗室人员及李斯数十人，造成"群臣人人自危，欲叛者众"的局势，使统治阶级内部发生了混乱，人民群众无法生活，秦王朝的覆灭已是不可避免的了。

农民起义的熊熊烈火与各种反秦势力结合起来，如火上浇油，不可遏止，秦王朝内部更是分崩离析。当刘邦、项羽两人分别率领的反秦大军多次挫败秦军的抗击后，朝廷上下一片惊惶失措，赵高撕下了所谓忠于二世皇帝的假面具，凶相毕露。他指使他的女婿、咸阳令阎乐攻打二世皇帝所住的望夷宫，由其弟赵成为内应，意欲杀掉二世皇帝。二世皇帝虽百般苦苦哀求，终不能免，遂自杀于望夷宫。

二世皇帝自杀后，阎乐归报赵高关于诛杀二世的情

况，并立二世之兄的儿子子婴为秦王。鉴于赵高的专横跋扈、阴险毒辣，子婴决心除掉赵高。赵高数次派人请子婴，子婴均拒绝前往，赵高便亲自前往子婴的斋宫，子婴用计刺杀了赵高，赵高罪恶的一生就这样便结束了。

楚将沛公（刘邦）破秦军，入武关，军至霸上，派人约子婴要他投降，子婴随即投降了刘邦。这个只当了四十六天的皇帝投降后，秦王朝便彻底灭亡了。

秦王嬴政以不可一世的雄才大略建立起空前的大一统王朝，自封为始皇帝，原期望二世、三世……传之万世不绝。未曾想到自己一死，天下大乱，二世三载而亡。而秦朝的灭亡，植因于始皇的暴虐苛政，毁于二世胡亥的昏庸腐败。早在秦始皇帝北巡时，燕人卢生曾奏录图书，曰："亡秦者胡也"，而秦始皇帝颟顸不测，不知"胡"乃人名，即胡亥也，而以为北胡，遂使蒙恬发兵三十万以备北胡。

就这样，二世胡亥落了个被逼自杀，子婴虽顺降了刘邦，却被项羽所杀。秦王从统一到灭亡，不过十五年而已。

作于 2001 年 5 月

司马迁错记"日食"

　　日食、月食,是天体运行中出现的一种自然现象,是不定期的,但又是有固定时间的。日食,总是发生于"朔",也就是阴历的初一;月食,总是发生在"望",也就是阴历的十五日。

　　由于月亮绕地球旋转,地球又绕太阳旋转时,当月球运行到地球与太阳中间时,月球掩蔽住太阳,地球上的人们看不到太阳的光, 这种现象就是我们通常所说的 "日食"。日食分"全食"、"偏食"、"环食"三种。太阳如果被月亮全部遮住,地面某一部分处在月影内,则在本影内的人完全看不到太阳,这就是日全食。如果地球的某一部分在月球的半影内,那里的人就只能看到太阳的一部分,这就是日偏食。如果地面某一部分在月影的延长线内,那里的人便看见太阳视圆面中央部分被遮盖,太阳周围露出一圈光

167

芒,这就是日环食。

当地球运行到月球与太阳的中间时，地球掩蔽月球，月球受不到太阳的照射,月球不能反光,人们就看不见月亮。月食分"全食"和"偏食"两种。在望日,如果地影掩蔽整个月球,地面的人便看不到月球,是为月全食。如果月球的部分处在地影内,人们会看到月面的一部分被地影遮盖,是为月偏食。

日食,每年至少发生两次,最多超不过五次。《书经·胤征》载有"乃季秋月朔,辰弗集于房"之句,是指 4000 年前发生的一次日食,为世界最早的日食记录。

月食,每年最多发生三次。《诗经·小雅·十月之交》所载"彼月而食,则维其常",指的是发生于公元前 776 年的一次月食,为世界上最早的月食记录。

日食、月食的道理本来很简单,但在古代,科学不发达,人们缺乏有关天文方面的知识,对于日食、月食的现象,只知其然,不知其所以然。

读《史记·孝文本纪》,有汉文帝二年(前 178)"十一月晦,日有食之。十二月望,日又食"的记载。这里,明显有错。"晦"指阴历每月的最后一天,而日食则总是发生在初一,所以说"十一月晦,日有食之",是不可能的,"十二月望,日又食",同样是错误的。

虽然,司马迁在其《史记·天官书》中说:"盖略以春秋二百四十二年之间，日蚀三十六"（按：在此处，"食"与"蚀"通），但他并未说明三十六次日蚀的具体日期。后来，唐朝人张守节在《史记正义》中，将三十六次日蚀的准确日期，除第一次发生于春秋时期的鲁隐公三年（前720）二月乙巳的日蚀未注明日期外，其余三十五次都注明发生于某年某月的"朔"（阴历初一）。第一次虽未明指，但实际上也说清楚是二月乙巳，因为日蚀总是发生在朔。那么"二月乙巳"就是"二月朔"。这就说明："十一月晦，日有食之。十二月望，日又食"的记载是错误的。

我们不是苛求于古人，也无意指责这位古代的史学家、文学家的失误，只是为了不被误导后来的读者，有必要指出这一点。古代科学不发达，对天体运行中的自然现象，缺乏认识和理解，反而把日食、月食当做灾异。把日食、月食说成天体运行中的异常现象，还可以说得过去，把它说成灾害，就不对了。因为日食、月食不同于风灾、洪灾、虫灾及地震等自然灾害，它对人类没有造成任何损失。《史记·孝文本纪》中把日食说成自然灾害，并下诏说："人主不德，布政不均，则天示以之灾，以诫不治"，颇有罪己的意味。

从这些记载中，进一步说明古人缺乏科学知识，无法解释自然现象发生的原因，从而造成错误，并非仅仅是笔误而已。

我们指出这一误记，并非要诋毁司马迁的伟大贡献，

而是说明日食、月食是一种自然现象，而日食必定在"朔"，月食必定在"望"。不管怎么说，这一失误，丝毫无损于司马迁作为我国古代伟大的史学家、文学家、思想家的形象。

作于 2010 年 7 月

韩信何曾反叛过刘邦?

被称为汉初三杰之一的韩信，辅佐刘邦南征北战,立下了赫赫战功。但是,在战胜项羽后不久,刘邦就把韩信杀掉了,罪名是韩信"谋反"。

那么,韩信对刘邦是否有反叛行为呢? 还是根据史书的记载来回答这个问题。

《史记·淮阴侯列传》说:"汉六年(前201),人有上书告楚王信反"。《史记·陈丞相世家》说:"汉六年,人有上书告楚王韩信反"。《史记·高祖本纪》也说:六年十二月"人有上变事告楚王信谋反"。这三处说的都非常笼统、含糊,向刘邦密告韩信反叛或谋反的, 没有具体的人名和事实,只是刘邦的猜疑罢了。由于这种猜疑心理作祟,于是"用陈平计,乃伪游云梦,会诸侯于陈,楚王信迎,即因执之",刘邦只是对韩信说:"人告公反"(《淮阴侯列传》)。但是,刘邦用

计把韩信逮捕以后,找不到韩信谋反的任何证据,过了十多天,又封韩信为淮阴侯,但把原来的属地一分为二,以减少韩信的权力。韩信非常明白,他知道刘邦对他的才能既害怕,又嫉妒,因而常常装病不去上朝,以尽量减少和刘邦见面的机会。《史记·淮阴侯列传》说:"信知汉王畏恶其能,常称病不朝从"。尽管如此,刘邦最终还是把韩信杀掉了。

我们可以看出,韩信被杀,仅仅由于有人告他谋反。这实在是一种凭空捏造的罪名。告发韩信谋反的人,无姓无名,更无任何事实。因此,说韩信谋反无法令人信服。实际上,韩信对于刘邦忠心耿耿,从刘邦的口中,也可以说明在楚汉相争中,韩信是刘邦在军事方面的主帅,辅佐刘邦定三秦、统率大军讨平魏、赵、齐、燕等地,打垮援齐的楚军;当楚、汉决战时,大败楚军于垓下的主力,正是韩信统领的大军,使楚军一败涂地,迫使项羽自刎于乌江。所以,刘邦说:"连百万之军,战必胜,攻必取,吾不如韩信"。

再从另一方面看,韩信是否反叛过刘邦?

第一,韩信统领大军,连下燕、代、齐、赵后,声威大震,项羽派盱眙人武涉游说韩信,使其背汉而王,三分天下,韩信不为所动;当楚汉相争处于相持阶段时,有一个颇通相术的人名叫蒯通,用相术劝韩信背汉自立,伺机夺取天下,韩信以刘邦待其甚厚,坚决拒绝了蒯通的游说。当楚、汉双方处于对峙局面时,韩信不曾叛汉,又怎能在刘邦统一天下后而反叛呢? 韩信临刑时,喟然长叹,悔不该不听蒯通的意见,足证韩信毫无反叛之心。

第二,陈豨拜为巨鹿守,赴任前向韩信辞行,说一些互相勉励的话,吕后借机造谣,说韩信与陈豨勾结。吕后遂乘刘邦亲率大军外出讨伐陈豨之机,同萧何制造了一个阴谋,用欺骗的手段,将韩信骗到长乐钟室而斩。由于刘邦的害怕和嫉妒,韩信日夜怨望,居常鞅鞅,但"羞与绛、灌等列",像韩信这样一个自负很高的人,连樊哙也不放在眼里,怎么会同陈豨这样一个无名小卒勾结而反叛呢?

第三,刘邦破陈豨军得胜回朝,知道韩信已被处决,且喜且怜。喜的是除去一个他害怕而又嫉妒的人,怜的是一个骁勇善战、有胆有识的主将被杀。因为刘邦也知道韩信并无反意,只是才能超过自己,使自己受到威胁罢了。韩信果真谋反,只有杀之而后快,岂有君王怜惜叛臣之理?

第四,吕后为了培植私人势力,消灭异己,不惜使出各种卑鄙手段。《史记·吕太后本纪》说:"佐高祖定天下,所诛大臣多吕后力"。吕后诛杀的大臣有彭越、韩信等。

由此可见,韩信的悲剧,并不是他曾有背叛汉王之意,而是由于刘邦的猜忌多疑,只可以共患难,不能同安乐所致。诚如韩信所说:"果若人言,'狡兔死,良狗烹;高鸟尽,良弓藏;敌国破,谋臣亡'。天下已定,我当固烹"。

这确实是一件天大的冤案!

作于 2010 年 7 月

小小年纪　死于鸩酒
——王莽毒杀汉平帝

　　秦末农民大起义,引起各地群雄并起,为了推翻秦朝的暴政,也为了争得天下,起义者之间经过纵横捭阖的斗争,最后剩下分别以刘邦、项羽为代表的两支武装力量决斗,即所谓楚汉相争。经过几年的不断较量,终以刘邦占领咸阳取得胜利、项羽兵败后自刎于乌江而结束。

　　楚汉相争的实质,是天下重新统一呢,还是要继续分裂下去?

　　秦灭六国后,虽然实现了天下的统一,但由于秦朝的暴政,使老百姓的赋税、徭役负担空前加重,特别是大兴土木,徭役繁重,老百姓不能安居乐业,对秦的暴政予以强烈的反抗,对于项羽的分裂割据也进行了抵制。刘邦顺应民心,取得胜利后,实行了休养生息的政策,很快便恢复了被战争破坏的生产,人民生活也渐趋安定。

汉帝国建立后，改变了秦朝的郡县制而为郡国制，封刘姓子弟为王。其馀典章制度，基本上承袭了秦朝的一套，所谓"汉承秦制"，就是这个意思。刘邦建立汉朝后，中经吕后及惠、文、景几代的治理，实行与民休养生息的政策，恢复了多年被战争破坏了的生产。到汉武帝（刘彻）时，汉帝国的国力已很强大，对外征战，屡获胜利，进一步增强了汉帝国的实力。

然而，好景不长。从汉昭帝（刘弗陵）以后，汉朝国力即江河日下。西汉王朝从昭帝开始，历经宣帝（刘询）、元帝（刘奭）、成帝（刘骜）、哀帝（刘欣）、平帝（刘衎）等西汉最后几个皇帝，几乎都是体弱多病的短命鬼，在位的时间当然就更短了。往往因皇帝早逝，幼主冲龄践祚，不能主持朝政，母后必然垂帘听政，母后临朝，又必然要依靠外戚，于是形成了外戚专权。小皇帝长大成人，能够独立亲政，自然要摆脱外戚的控制，而要想摆脱外戚的控制，只有依靠常年服侍在身边的宦官，这样便形成宦官专权的局面。从昭帝以后至王莽篡权的七、八十年间，中经五、六个皇帝，出现了外戚、宦官交替专权的状况。

哀帝死后，因无子嗣，王莽和汉元帝皇后王政君合谋，将年仅 9 岁的元帝庶孙、中山孝王之子刘衎立为皇帝。太皇太后（元帝皇后）王政君与新都侯王莽合谋，以种种借口逼大司马董贤自杀，而王莽则担任了大司马，领尚书（宰相)事。王莽是元帝皇后王政君的侄子。外戚王氏家族在元帝、成帝时长期把持朝政，王莽则更凭借王氏家族的声势及其自身所谓"勤身博学"的虚名，广交权贵，积累了政治资本，待哀帝一死，走马上任大司马之职，独揽朝廷大权，并以"定国安汉家之大功"，被封为"安汉公"，接着又以"周公为太宰，伊尹为阿衡"的故事，采周、伊之尊，给王莽加上"宰衡"的称号。

汉平帝于9岁登基，完全被王莽所控制。待到年岁渐长，欲摆脱王莽的羁绊，对王莽越来越不满。王莽知道平帝对自己越来越疏远，便产生了篡位和谋杀的念头。等到十二月腊日上酒的机会，王莽便将鸩酒送到汉平帝面前，平帝饮后暴死。

可怜的小皇帝9岁登基，做了5年的傀儡皇帝，到14岁的时候，便被野心家、阴谋家王莽杀害。王莽杀死汉平帝后，并未立即篡位，而是又选立了一个两岁的婴儿做皇帝，王莽自称"摄皇帝"，为正式篡位做准备。三年以后，即公元8年，王莽一脚踢开这个娃娃傀儡皇帝，正式登上皇帝宝座，改国号为"新"。这是后话。

作于 2010 年 8 月

谈"避讳"

"避讳"在封建时代,是对于君王或尊长的名字不敢直呼或直写的一种办法。如汉文帝的名字是刘恒,为避"恒"字讳,改"恒山"为"常山";又如:苏东坡的祖父叫苏序,东坡作序时,常改"序"、"叙",为"引"。

由于"避讳"之风,愈演愈烈,到了后来,避讳一事达到了荒唐的程度。唐朝人避唐太宗李世民名讳,改"世"为"系"或"代",如称《世本》为《系本》,称《帝王世纪》为《帝王代纪》;同样,改"民"为"人",如《礼书》引《易兑象辞》"悦以使民,民忘其死"作"悦以使人,人忘其死"。又如避唐高宗李治的名讳,改"治"为"理"。因为避讳由来已久,也早成为习惯。

到了清朝,避讳更为离奇了,出现了缺笔字,如避清世宗爱新觉罗·胤禛(即雍正皇帝)的名讳,"胤"缺笔写为

"胥",为避清宣宗爱新觉罗·旻宁(即道光皇帝)的名讳，"宁"缺笔写为"宙"，以及避孔子(孔丘)的名讳，"丘"缺笔写为"乓"，等等。

明白了避讳的情况后，我们在阅读古书时，就不会被因为避讳而造成的混乱所困惑。

作于 2010 年 8 月

谈"谥号"

　　封建时代,在人死后,按其生前事迹,评定褒贬而给予的称号,叫做"谥号"。帝王之谥,由礼官议上;臣下之谥,由朝廷赐予。《逸周书·谥法解》:"谥者,行之迹;号者,功之表;车服者,位之章也。是以大行受大名,细行受细名。行出于己,名生于人"。这就是说,不管帝王也好,还是臣下也好,总是以死者的一生行事,而由后人给予一个适当的名号,叫做"谥号"。用现在的话说,"谥号"本身就包含批评或表扬的意思在内。

　　根据史书记载,谥法始于周朝初年。周王朝的建立者姬发(周武王),继承其父姬昌的遗志,联合庸、蜀、羌、髳、微、卢、彭、濮等族,率军东攻,牧野一战,取得大胜,遂灭商,建立了周王朝。于是,姬发追谥其父姬昌(西伯)为文王;姬发死后,其子姬诵(即后来的成王)追谥姬发为武王。文王之谥,则是对姬昌(西伯)一生文治的表彰;武王之谥,

179

当为赞颂姬发之武功。以后历代,皆有谥号。而在此以前的殷商时代,则未见谥号之名。

此外,又有私谥始于东汉,如夏恭卒,诸儒私谥:宣明君;陈寔卒,海内赴吊者三万馀人,共谥为:文范先生。这种私谥,到了宋代更为盛行。

自从周公旦、太公望开嗣王业,建功于牧野,死后将葬,于是制定谥法。根据死者一生的行事,给以褒贬等字眼,如"民无能名曰神",意思是说,老百姓无法理解,讲不出道理因而把一切不可思的事物,统统归于"神",如"神宗"。"经纬天地曰文"、"道德博文曰文"、"学勤好问曰文"、"慈惠爱民曰文"、"愍民惠礼曰文"、"赐民爵位曰文"等等,这就是说,追谥为"文",其人或是满腹经纶,或是无所不知,如"文王"、"文帝"、"文宗"等。"好内远礼曰炀"、"去礼远众曰炀",如"炀帝"。

从上述例证中,可以看出:"谥号"的根据,就是对被谥者的一种批评或表扬。如果被谥者的一生很平淡,那么,其谥号绝不会有"文"、"武"等字眼;相反,如果某一皇帝当其在位时,文治、武功都很著名,则其死后所给予的谥号就可以看出,一定是"神"、"圣"、"文"、"武"等类的字。

所以,"谥法"的依据,就标志着死者一生的行事。除此以外,再没有其他另外的根据。

作于 2010 年 8 月

随想杂议

"非"永远表示否定

　　"非"字,作为副词,本来很好解释,是跟"是"相对的,为"是"的反义词,表示负面的意思。然而,商务印书馆出版的《现代汉语词典》(简称"现汉",下同)第五版,在"非"字条的第⑦个解释中,则说"非"是副词,表示"一定要";"偏偏";此前,于 1996 年 9 月北京第 186 次印刷的"现汉"修订本的"非"字条第⑥个解释,与此基本相同。

　　这种解释,实在是错误的,它对读者必然是一种误导。因为"现汉"是由我国最早的现代出版机构——商务印书馆出版、发行,这个出版界的百年老店具有很高的信誉,并被认为是最具权威的出版社,而且其编纂者为中国社会科学院语言研究所,其审订委员会的成员,都是大名鼎鼎的语言学专家、大师,更具有无可怀疑的权威。因此,这种误导,必然造成不良的影响。

将"非"作为肯定语气,在很大程度上缘于"北京话"的口头语。

老北京的普通老百姓在口语中,经常喜欢说:"他非得要……"或"他非要……"。这些语句都是作为肯定语句。结果,这些话从修辞的角度来看,本来是不通的语句,竟然成为"约定俗成"的流行普通话。影响所及,扩散到报刊、书籍中,也经常出现诸如:"他非去"或"他非要去"等类似的语句。

我们可以同时写出两个语句,进行比较其错、对。

甲:天气虽冷,但他非要去。

乙:天气虽冷,但他非要去不可。

从上述两个例句可以看出,其中必有一句正确,一句错误,总不能说,两个例句都对。

这里很明显"乙"句是正确的,而"甲"句是错误的。因为一个否定,就是否定;只有否定之否定,才是肯定。"否定之否定"规律是辩证法的三大规律之一。我们也可以用数学符号来表示,就更加清楚了。

只要学过初等数学中有关正负数问题的人,就可以一目了然。例如:$(-a)$是一个负数;但再加一个负号,使之成为$[-(-a)]$,就是正数了。这就说明"否定之否定"才是肯定,一个否定只能是否定,绝对不能成为肯定。因此,一个"非"字。永远表示否定而不能表示肯定。因为每一个字的肯定含义，不能同时解释为与它属性相同的反义。例如"缁"，作为颜色，它表示黑色，不能同时表示白色或其它颜色；"赤"，表示红色，不能表示其他颜色。由此可见，"非"表示"否定"，就不能同时又表示为"肯定"。例如："非常"，就是"不平常"、"不经常"或"不正常"。如联合国安理会的 15 个（最先为 11 个，后增为 15 个）理事国中，中国、美国、英国、法国和俄罗斯（原先为苏联、苏联解体后，改为俄罗斯）五国为常任理事国，拥有否决权，其余 10 国（原先为 6 国）为非常任理事国，每两年改选一半，不得连任。这就再次说明，"非常任"就不是"常任"。因此"非"字只能表示否定而不能表示肯定。

如果按"现汉"的上述解释，必然造成语言文字的混乱。我翻遍我所能找到的有关语言文字的辞典，没有一部工具书对"非"字的字义列为肯定的词语。

如果坚持把"非"字当做肯定语气，那就真是"是"、"非"不分了。

为了使语言文字规范化，《人民日报》于 1951 年 6 月 6 日曾发表题为《正确地使用祖国的语言，为语言的纯洁和健康而斗争！》的社论。40 年后的 1991 年 6 月 6 日，该报又发表了题为《认真做好语言文字规范化工作》的社论。两篇社论都要求我们在语言或书写文字方面，一定要规范化，不能随心所欲地在言谈方面语无伦次；在书写方面文

随想杂议

理不通、逻辑混乱。为了使语言文字规范化，必须为祖国的语言文字的纯洁和健康而斗争。

如果硬要将"非"字表示肯定，那就真正成为"是"、"非"混淆了。

作于 2010 年 10 月

"千夫"不是敌人

鲁迅在《集外集·自嘲》一诗中有两句脍炙人口的诗句:"横眉冷对千夫指,俯首甘为孺子牛"。对于"千夫"一词,有不同的解释。

毛泽东《在延安文艺座谈会上的讲话》中,引用了这两句诗。他解释说:"千夫在这里就是说敌人,对于无论什么凶恶的敌人我们决不屈服。孺子在这里就是说无产阶级和人民大众"。对于后一句"孺子在这里就是说无产阶级和人民大众",无疑是正确的;如果说"千夫在这里就是说敌人",恐怕就值得商榷了。

"千夫"与"千人",两个词虽有一字之差,但其含义则完全相同。"千夫"是与"独夫"、"民贼"相对立的。"千夫"在任何时候、任何情况下,都指的是广大的人民群众,而"独夫"、"民贼",在任何时候、任何情况下,都指的是那些暴虐无道、为人民所憎恨的统治者及对国家和人民犯有严重罪行的人。《汉书·王嘉传》："里谚曰：千人所指，无病而死，臣常为之寒心。"《旧唐书·柳亨传》也说："谚曰：千人所指，无病自死。不其然欤！"《史记·淮阴侯列传》："项王喑噁叱咤，千人皆废，然不能任属贤将，此特匹夫之勇耳。"

那么，对于鲁迅所说"横眉冷对千夫指"这句话应该怎样理解呢？"千夫"究竟是指敌人，还是指人民大众呢？答案应该是后者，也就是说，"千夫"是指广大的人民群众。"千夫指"，是说"千夫"所指责、怒斥的人。因为诗、词中每一句都受到字数的限制，"七律"，每一句就是七个字，不能多一字也不能少一字。因此，"横眉冷对千夫指"，不能写成"横眉冷对千夫所指之人"，如同苏东坡的词《水调歌头·明月几时有》中的"转朱阁，低绮户，照无眠"句所说，"照无眠"就是指照着睡不着觉的人。其实在中文里除诗、词外，在一般的文章中也有这种省略语句，如诸葛亮在《出师表》中说："臣本布衣，躬耕南阳"。"布衣"就是"布衣之士"或"布衣之人"的省略，即指普通老百姓，在同一文中，又说"五月渡泸，深入不毛"。"不毛"，即"不毛之地"，泛指贫瘠之地。用鲁迅自己的话来解释，就更清楚了。他在《致李秉中》的信中写道："三告投杼，贤母生疑；千夫所指，无疾而死"。这里，一方面说明谣言的危害、可怕；另一方面指出众怒难犯。"千夫"不是清清楚楚指的是广大人民群众吗？

独夫、民贼袁世凯在窃取了中华民国大总统的职位后，又将民国五年（1916）正式改为洪宪元年，并于元旦之日登上了皇帝宝座。就是这个独夫、民贼在全国人民的口诛笔伐及军事讨伐下，被迫取消帝制，做了短短八十多天的皇帝梦后，忧愤而死。这是现实生活中的一件活生生的、典型的"千人所指，无病而死"的例证。

中国共产党的政策，历来就是团结一切可以团结的人（即大多数），孤立少数，打击最顽固、最反动的一小撮（独夫、民贼）。如果将"千夫"（广大群众）当做敌人，那岂不是自己成了孤家寡人（独夫）吗？因此，不管人们对"千夫"一词怎样解释，绝对不应该把这个词说成是敌人。

其实，人们对于毛泽东对鲁迅这一诗句的解释，早有不同的意见，只因为毛泽东是代表着当代最高的权威，在一片"万岁"呼喊声中的一言一行，人们不能也不敢有丝毫怀疑。特别是在"史无前例"的十年中，"一句顶一万句"的年代，任何人如果对他的言论有半点微词，轻则会遭到牢狱之灾，重则可能面临杀头之祸，因而对他的任何言论，只有拥护而已。

实际上，在第一版的四卷本《毛泽东选集》中，错讹和不妥之处，并不仅此一处。只是由于众所周知的原因，无人敢于指出。毛泽东逝世以后，胡乔木于上世纪九十年代初，对四卷本重新进行了校订，改正了一百馀处错讹和不妥的字、句和提法，如把重复的错误算在一起，还要多些。

对"千夫"的解释，提出不同的意见，并不是要批评谁，更无指责毛泽东的意思，只不过为了避免误导后人。《史记·淮阴侯列传》指出："智者千虑，必有一失；愚者千虑，必有一得"。我不敢说，我的意见绝对正确，但可供有识者作进一步思考。

作于 2010 年 10 日

历史上有无"桐叶封弟"这回事?

　　"桐叶封弟"，是中国古代史上一个有名的故事传说。这个故事说：周武王（姬发）死后，其子姬诵继位，即成王。史载：成王九年，尧的后人唐侯为乱，被成王平定。有一天，成王与小弟叔虞开玩笑，剪了一片桐叶说：把你封到唐这个地方。于是，辅佐成王的周公（姬旦，周武王姬发的弟弟，成王姬诵的叔父）入贺。成王说，他是在开玩笑。周公说：天子不能随便开玩笑。史佚（当时的史官）便请成王择日而立（指封叔虞为侯一事），于是便封叔虞于唐。

　　周成王封叔虞于唐，唐就是现在的山西省太原市南二十五公里处的晋祠。叔虞始被封为唐侯，其子燮因其地傍晋水，所以改名为晋。

　　这一故事见于司马迁的《史记·晋世家》，但《史记》也并没有周公入贺的记载。这一故事实在不可靠，已为唐代

191

大文学家柳宗元在《桐叶封弟辨》中反复批驳。

因为周公历来被认为是圣人，辅佐成王治理天下，建立了不朽的业绩。柳宗元根据这一点，认为：第一，如果叔虞的确才能出众，应当受封，周公就应当及时向成王提出建议，不应等到开玩笑而弄假成真；如果叔虞是一庸才，不应当受封，周公就更不应该把不适当的玩笑，促成为事实，让小弱弟得到封地。这样看来，如果真是由于周公促成，那么周公还能算是圣人吗？况且，周公以为天子不应随便说话，既然说了，就一定要兑现。如果是这样的话，天子假如对无知妇人或宦官也开了同样的玩笑，也必须兑现吗？

柳宗元更进一步指明：凡王者之德，在于其行如何。如果打算、计划不适当，虽然十次、八次改变主意，也没有什么不对；如果很妥当，就不可随便改变，何况是属于开玩笑一类的事呢？如果开玩笑的话，也要当真，必须实行，岂不是周公这位圣人故意教成王犯错误吗？

柳宗元又进一步分析：周公辅佐成王，应当以道从容优乐，而归于十分妥当；必定不会趁着天子的失言为借口，也不应当借着这些话来束缚天子像牛马一样，使天子不得有所动作，也不能驰骤之像牛马一样，使天子非动不可；逼迫太急，则必然坏事。即使是家人父子也不能以驰骤之事相胜，况且为君臣，又怎么如此呢？

凡此种种，都是一般人的一些小智谋，绝非周公这一圣人所应该用的伎俩。

所以，"桐叶封弟"的故事，实在不可信。

作于 2000 年 11 月

我国历史上存在过
"井田制度"吗?

在中国古代的土地制度中,有所谓"井田制"。几千年来,有关"井田制"的论述很多,有人肯定这一制度的存在,也有否定者。关于"井田制"的记载,最早见于《孟子·滕文公上》。孟子说:"夏后氏五十而贡,殷人七十而助,周人百亩而彻,其实皆什一也。彻者,彻也;助者,藉也。龙子曰:'治地莫善于助,莫不善于贡'。贡者,校数岁之中以为常。乐岁粒米狼戾,多取之而不为虐,则寡取之;凶年粪其田而不足,则必取盈焉。为民父母使民盻盻然,将终岁勤动,不得以养其父母;又称贷而益之,使老稚转乎沟壑,恶在其为民父母也。夫世禄,滕固行之矣。《诗》云:'雨我公田,遂及我私。'惟助为有公田。由此观之,虽周亦助也"。

孟子在这段话中,明确指出在春秋、战国以前的历史中,在土地制度上,曾经有过"贡"、"助"、"彻"三种制度。但是，这三种制度，无论哪一种都不能认为是"井田制"。那么，"井田制"究竟是怎样传于后世的呢？同样也是从《孟子·滕文公上》中衍化而来。孟子说："夫仁政必自经界始，经界不正，井地不均，谷禄不平。是故暴君污吏必慢其经界；经界既正，分田制禄，可坐而定也"。"乡田同井……方里而井，井九百亩，其中为公田，八家皆私百亩，同养公田"。这里，把"分田"与"制禄"联系起来，实为古代封建制度中的一项重要项目。然而，后世根据孟子的说法，对"井田制"论述纷纷。实际上，"井田制"是一种想像中的土地分配法，在现实生活中是行不通的，也是绝对不会出现的。在当时，不论哪个部族，或是哪个居民点，它的户数能够正好是八家或八家的倍数吗？就土地来说，哪能正好画成整整齐齐像"井"字形的九块呢？更不要说沟洫纵横、山梁起伏的地方，无论如何也画不成"井"字形的地块。

那么，为什么几千年来，"井田制"一直被认为是传说中的黄帝之世的土地制度呢？这是因为，自汉兴以后，罢黜百家，独尊儒术，孔子被尊为"圣人"，孟子又被尊为"亚圣"，于是孔孟之道、儒家经典，便被视为天经地义，神圣不可侵犯的最高权威。人们穿凿附会，根据前面提到的《孟子·滕文公上》中的一段话，进行阐述，肯定了"井田制"的存在，如《汉书·食货志》说："及秦孝公用商君，坏井田，开阡陌"；《后汉书·仲长统传》引仲长统的《损益篇》说："井田

之度,豪人货殖,馆舍布于州郡,田亩连于方国"。

实际上,孟子说的"井田",只是一种切块划分田地的方法,我们绝对不能认为"井九百亩,其中心的一块为公田,八家皆私百亩"的土地制度的存在。

土地切块划分,是历史的必然。首先,从游牧时代逐步进入农业时代,人们在进行耕作时,必须将土地划分成块,才便于种植;其次,划分土地时,以切块最为方便;再次,周王朝建立以后,统一了许多部族,设置了许多封国,要在各封国内实现"分田制禄"的办法,则必须对土地进行切块划分。既然实行封建制度,必然要有与之相适应的土地制度。封建制是从天子开始,以次递降的分土颁爵的制度;与之相适应的土地制度,则是各级贵族向农民规定征取产品的制度。这样,就使"分田"、"制禄"两相结合而完成了对农民的管理、统治和剥削。

因此,可以大胆地说,中国古代社会从来没有存在过所谓"井田制"。

作于 2001 年 1 月

试论曹操的用人之道

　　长期以来,在人们的心目中,曹操是一个阴险奸诈的人物。这是由于《三国演义》一书的广泛流传,以及根据《三国演义》改编的各种文艺作品的传播,致使曹操的形象就成了一个固定的模式,那就是:"宁教我负天下人,休教天下人负我"(《三国演义》·人民文学出版社 1983 年12 月北京第 3 版)的奸贼。这实在是对历史的极大歪曲,也是对曹操的极大诬陷,使曹操这个历史人物蒙受不白之冤长达千馀年。

　　实际上,历史上的曹操是一个有雄才大略的政治家、军事家和著名的文学家。特别是在东汉末年的各地群雄并起、军阀混战、割据的年代,更显露了曹操的胆略、气魄和才干。正是由于曹操的才能,才使北方得以统一,从而使北方的老百姓能够较为安定地从事生产。

197

　　然而,《三国演义》的作者罗贯中,由于阶级和时代的局限性及基于儒家的政治观点,把曹操描绘成极端的利己主义者,成为集狡诈、残暴于一身的大坏蛋。他在写曹操的奸诈、残暴的同时,用对比的手法,把刘备歌颂成一个仁义、忠厚的长者。凡此种种,都与历史的真实不符。当然,艺术上的虚构和夸张,是允许的。正是由于这种虚构和夸张,才使曹操在人们的心目中成了盖世枭雄。非常明显,《三国演义》中写曹操的谋略,是为了突出其奸诈;写曹操有才干,就更能衬托其凶残。在潜移默化中,使人们的头脑中深深留下烙印——奸雄曹操。

　　正因为《三国演义》的作者以儒家的政治观点来塑造曹操的形象,认为他"挟天子以令诸侯",是破坏了所谓"正统",违反了"纲纪",因而就成为十恶不赦的暴君。这种观点,当然是违反历史唯物主义的,是地地道道的主观唯心主义。鲁迅早就指出,"我们讲到曹操,很容易就联想起《三国志演义》,更进而想起戏台上那一位花面的奸臣,但这不是观察曹操的真正方法"(鲁迅:《魏晋风度及文章与药及酒之关系》)。尽管如此,《三国演义》所塑造的曹操的形象,反映了封建统治阶级的残酷、狡黠的特点,是具有深刻的典型意义的。

　　因此, 在认识真正的曹操时, 必须尊重历史事实,如《三国志·魏书·武帝纪》说:"卓表太祖为骁骑校尉,欲与计

事,太祖乃变易姓名,间行东归"。这里,根本没有提到曹操杀人的事,而南朝宋人裴松之根据不同资料,作了三条注释:

1.《三国志·魏书》曰:太祖以卓终必覆败,遂不就拜,逃归乡里。从数骑过故人成皋吕伯奢;伯奢不在,其子与宾客共劫太祖,取马及物,太祖手刃击杀数人。2.《世语》曰:太祖过伯奢,伯奢出行,五子皆在,备宾主礼,太祖自以背卓命,疑其图己,手剑夜杀八人而去。3.孙盛《杂记》曰:太祖闻其食器声,以为图己,遂夜杀之,既而凄怆曰:"宁我负人,毋人负我"。遂行。

按《三国志·魏书》的说法,是吕伯奢的儿子及其宾客要抢劫曹操的马和东西,曹操出于自卫还击,才杀死数人。按《世语》和孙盛《杂记》的说法,虽然吕伯奢的儿子以礼待曹操,但因曹操疑心太大,以为主人要加害于他,于是杀掉主人,特别是孙盛在《杂记》中转述时,又加上了曹的话说,"宁我负人,毋人负我",加深了人们对曹操的愤恨,从这三条注释中,不难看出罗贯中选择史料的观点,完全为其所用。因为他要把曹操写成一个多疑、嗜杀成性而又极端自私的人,自然就选择了诬蔑曹操最恶毒的一条。不仅如此,《三国演义》更添油加醋,说曹操逃离吕伯奢家,途中遇到吕伯奢买酒菜回来,曹操便手起刀落,把吕伯奢也杀掉了,这就是《三国演义》第四回中曹操的自我表白,"宁教我负天下人,休教天下人负我"。罗贯中又借陈宫的口,说曹操"原来是狼心之徒!今日留之,必为后患"。这些,在有关曹操的正史中,都无记载。

曹操的确杀过很多好人。比如,他镇压黄巾起义,屠杀过不少起义军民。又如,他杀掉了抵制和违抗他的法令的孔融。这些都说明封建军阀的残忍。再如,当时的著名医生华佗,因为急于归家,不愿外出给曹操看病,假托老婆重病在家,拒绝了曹操的请诊,而被杀掉。这当然是曹操在处理人的时候,犯了一个很大的错误,华佗被杀后,曹操的小儿子曹冲患病,找不到好医生为之诊治而病死。这时,曹操认识到他杀了华佗的错误,但人头已经落地,悔之晚矣。《三国志·魏书·华佗传》说:曹操杀了华佗以后,"及后爱子仓舒(按,即曹操爱子邓哀王曹冲,字仓舒)病困,太祖叹:"吾悔杀华佗,令此儿强死也"。这就说明,曹操也认识到随意杀掉华佗的错误。

我们丝毫不应当为曹操的这些暴行辩解。然而,这些暴行并不能贬低曹操的雄才大略,如同每一个人都有他的缺陷和不足之处一样,曹操当然也不例外,也有他自己的局限性,这些都无损于作为封建时代的一个伟大政治家的形象。

本文试就曹操的用人之道,探讨其效果,并进而看我们今天的人事制度及知识分子政策。

曹操非常重视人才,因而提出"唯才是举"的方针。他曾多次下令求贤,即使是不仁不孝之辈,只要有治国强兵之术,都可以量才录用。他特别强调"不拘微贱"、"不拘品行"、"勿废偏短",只要有真才实学,都应该被推荐上来。曹操在贯彻和执行这一方针而得到的是谋臣如雨,猛将如云。例如:荀彧、荀攸、郭嘉、锺繇等,都是曹操智囊中的著名人物;张辽、许褚、夏侯渊、夏侯惇等,都是曹操集团中的骁将。

张辽本为吕布的部下,后投降曹操;乐进、于禁二人,原来都是下级军官,而且出身微贱。由于他们英勇善战,受到重用。因为他们都立有战功,曹操对他们非常信任,而且受到提拔。建安十一年(公元206年),曹操曾向汉献帝上表,说乐进、于禁、张辽三人"武力既弘,计略周备,质忠性一,守执节义,每临战攻,常为督率,奋强突固,无坚不陷,自援枹鼓,手不知倦。又遣别征,统御师旅,抚众则和,奉令无犯,当敌制决,靡有遗失。论功纪用,宜各显宠"。于是,封乐进为折冲将军,封于禁为虎威将军,封张辽为荡寇将军。曹操能够雄踞中原,在很大程度上得力于这般文臣武将。

曹操重视人才,求贤若渴,还表现在对待俘虏的态度上。关云长被曹操所俘,因曹操"素爱云长武艺人材,欲得之以为己用"(《三国演义》第二十四回),因令人说之投降。《三国志·蜀书·关羽传》说:建安五年(200),"曹公擒羽以归,拜为偏将军,礼之甚厚"。及关羽斩颜良,解白马之围以后,"曹公即表封羽为汉寿亭侯。初,曹公壮羽为人"。"及羽杀颜良,曹公知其必去,重加赏赐。羽尽封其所赐,拜书告辞。而奔先主于袁军。左右欲追之,曹公曰'彼各为其主,勿追也'。"

从这一段文章中可以知道,曹操不仅非常重视人才,而且是一个很有器度的人,并不是《三国演义》中所描述的曹操是"宁教我负天下人,休教天下人负我"的狡诈、残暴的独夫民贼。就连始终以蜀汉为正统而诋毁曹操的《三国演义》作者也说,曹操得知关羽离营而去时,急忙上路追赶,"特具路资相送",并赠"锦袍一领,略表寸心"(《三国演义》第二十七回),表明曹操具有光明磊落的胸怀。

《三国志·魏书·武帝纪》中有一段文字很能说明曹操并非嗜杀成性,当吕布袭击刘备,攻取下邳,刘备投奔曹操后,程昱劝曹操及早杀掉刘备,并说:"观刘备有雄才而甚得众心,终不为人下,不如早图之"。曹操则认为:"方今收英雄时也,杀一人而失天下之心,不可"。由此可见,曹操在对待敌对势力方面,在对待政敌时,在杀与不杀之间,是很注意影响和讲究策略的。这一点,在《三国演义》里,也不乏例证。

曹操的宽宏大量,还表现在他不计较个人的恩怨上。根据《三国志·魏书·武帝纪》记载,建安五年(200)的官渡之战时,袁绍的军队溃败,袁绍及其子袁谭渡河逃走,曹军"追之不及,尽收其辎重图书珍宝,虏其众"。曹操在收得袁绍的图书中"得许下及军中人书,毕焚之"。《三国演义》也说,曹操从缴获袁绍的图书中"检出书信一束,皆许都及军中诸人与绍暗通之书"。曹操左右的人主张"可逐一点对姓名,收而杀之"。曹操不同意这种做法,他认为"当绍之强,孤亦不能自保,况他人乎?"遂命尽焚之,更不再问。

这里也可说明,曹操在处理具体问题时,总是根据实际情况,实事求是地解决。对于曾经同袁绍暗中来往的人,不加追究,既表明曹操的开明和自信,又团结了更多的人,壮大了自己的力量,有利于促进统一事业。

曹操重视人才,还表现在他多次下的求贤令中。例如:官渡之战以后,曹操的统治区域扩大了很多,为了牢牢地掌握住地方政权,便从军队中选拔了一批有战功和有才能的人,担任地方行政首脑。但有人反对,认为"军吏虽有功能,德行不足堪任郡国之选"。针对这种论调,曹操于建安八年(203)发布的《论吏士行能令》指出:"未闻无能之人,不斗之士,并受禄赏,而可以立功兴国者也"。他明确提出"不官无功之臣,不赏不战之士"的原则。于是建立了较为安定和清平的政权。

又如,赤壁之战,曹操遇到刘备与孙权的联合抗击,惨

203

遭失败,受到严重挫折。为了急于完成统一大业,他于建安十五年(210)下《求贤令》,提出"唯才是举"的原则。他说:"自古受命及中兴之君,曷尝不得贤人君子与之共治天下者乎!"为了广招人才,曹操提出"今天下得无有被褐怀玉而钓于渭滨者乎? 又得无盗嫂受金而未遇无知者乎? 二三子其佐我明扬仄陋,唯才是举,吾得而用之"。

再如,曹操为了网罗人才,提出"唯才是举"的方针,并于建安十九年(214)发出《敕有司取士勿废偏短令》。要求主管人事的部门注意选拔有作为的"进取之士"。不要因为这些"进取之士"在品德上有这样或那样的缺点而被摒弃、被冷落,他说:"士有偏短,庸可废乎? 有司明思此义,则士无遗滞,官无废业矣"。如果真能做到这一点,有才能的人就不会被遗弃而受不到重用,官府中也就不会有旷废而不务事业的了。

曹操为了能及早完成统一大业,进一步招聘人才,于是,继《求贤令》、《敕有司取士勿废偏短令》后,于建安二十二年(217)又发了第三道求贤令,即《举贤勿拘品行令》,更为突出地反映了他求贤若渴的急切心情。他举了伊尹、傅说、管仲、萧何、曹参、韩信、陈平、吴起等人为例,这些人有的出身微贱,有的品行方面有这样或那样不好的名声,但并没有妨碍他们各为其主而建立了不朽的功绩。所以,他在命令中说:"今天下得无有至德之人放在民间,及果敢不顾,临敌力战;若文俗之吏,高才异质,或堪为将守,负污辱之名,见笑之行,或不仁不孝而有治国用兵之术;其各举所知,勿有所遗"。在曹操看来,只要能"治国用兵",即使有不好的名声或"不仁不孝"的人,也要全部推荐上来,给以适当的职务,以发挥所长。

由于曹操在人事方面,制定、贯彻、执行了"唯才是举"的方针,得以统一北方,形成三国鼎立之势,最终为司马氏统一全国,建立晋朝而奠定基础。

从来读《三国演义》的人,总认为"天时"、"人和"、"地利"三者、魏、蜀、吴三国各占其一,这种说法当然有一定的道理,就"天时"来说,曹魏具有极其有利的条件,曹操"挟天子以令诸侯",始终保留汉献帝这个傀儡皇帝,对于稳定北方,准备最终统一全国,是一个很高明的策略。建安二十四年(219),孙权上书曹操,劝其称帝,表示自己愿意臣服其下。曹操一眼看穿了孙权的险恶用心,当众出示孙权书信,说:"是儿欲踞吾著炉火上耶?"明白指出,这是孙权想把曹操放在炉火上煎烤,以此激怒天下的一种把戏。《三国志·魏书·武帝纪》引《魏氏春秋》说:夏侯惇也劝曹操称帝,因为"天下咸知汉祚已尽,异代方起……(曹操)即戎三十馀年,功德著于黎庶,为天下所依归,应天顺民",应该称帝。曹操认为"施于有政,是亦为政"。就是说,只要能够施行德政,就是从事政治,明确表示"若天命在吾,吾为周文

王矣"。由此可知,曹操虽已位极人臣,绝不愿意自己称帝而破坏他进一步统一天下的部署。他对统一大业,一直抱有坚定的信念,《步出夏门行·龟虽寿》一诗中,他说:"老骥伏枥,志在千里;烈士暮年,壮心不已",正是他这种抱负的写照。

综观以上所述,曹操不愧为封建时代一位伟大的政治家和军事家,他不信天命,不信鬼神,因而禁断淫祀。他又是一位很有才华的文学家,所谓"建安文学",就是由曹氏父子开创的。曹氏父子是"建安文学"的主力军,曹操则是主将。曹氏父子对于发展中华民族的文化,作出了重要贡献,起了很大作用,对后世产生了深远影响。

我们阅读和研究《三国演义》等历史小说,就要从中吸取教益(包括成功的经验和失误、失败的教训),特别是要从像曹操这样一位政治家的身上,从他的所作所为中,吸取经验,作为借鉴,"以人为鉴,可明得失",就是这个意思。

我国现在正处于社会主义初级阶段,中国共产党领导全国人民建设有中国特色的社会主义,基本路线就是:领导和团结全国各族人民,以经济建设为中心,坚持四项基本原则,坚持改革开放,自力更生,艰苦创业,为把我国建设成为富强、民主、文明的社会主义现代化国家而奋斗。也就是说,在社会主义初级阶段,党的基本路线就是以经济建设为中心,坚持四项基本原则,坚持改革开放。一个中心,两个基本点,就是这条总路线的核心,要完成这条总路线所赋予的使命,是非常艰巨的,必须动员和团结全国各族人民共同努力,才能实现这一伟大目标。

中国共产党从来就重视和爱护人才,在选拔干部时,总是强调德才兼备。换句话说,党的干部政策,归纳为一句话,就是"任人唯贤"。所谓"贤",既包括一个人的道德品质,也包括其知识才能。我们不同于封建时代的统治者,只考虑才能,不管人的品德如何。封建社会的统治者往往也讲"任人唯贤",但他们所谓的"贤",在很大程度上只是就"才"而言。

在党的十一届三中全会以后,党中央更加响亮地提出"尊重知识,尊重人才"的口号,要求全党、全国人民要重视科学技术和教育,提出科学技术也是生产力的著名论断。这就为我们建设有中国特色的社会主义,奠定了理论基础。我们中华民族要自立于世界民族之林,就必须建设成为强大的、现代化的社会主义国家。

作于 1988 年 4 月

"汉寿亭侯"辨析

　　《三国演义》(人民文学出版社 1983 年 12 月北京第 3 版,1985 年 3 月北京第 18 次印刷本)第二十六回说:"且说曹操见云长斩了颜良,倍加钦敬,表奏朝廷,封云长为汉寿亭侯,铸印送关公"。

　　对于关羽被封为"汉寿亭侯"这一爵位,本来不应该有任何疑义、误解或曲解。然而,长期以来,许多典籍常常把关公称为"寿亭侯",如元代刊行的"全相平话五种"之一的《三国志平话》中"华容道"一段说:"曹公寻华容路去行,无二十里,见五百校刀手、关将拦住,曹操用美言告云长:'看操与寿亭侯有恩'……"借曹操的口,把关云长称之为"寿亭侯";又如元代大剧作家关汉卿在其杂剧《关大王单刀会》中,在写鲁肃与司马徽对话时,又借这两人的口,一齐称关羽为"寿亭侯"。这样,以讹传讹,流传所及,无论在口头上或是在书刊上,使关羽的封号发生了混乱。因此,我们应该进行认真的辨析,加以澄清。

这里,涉及了两个问题:一个是封号本身的问题,另一个是封号所涉及的地点在何处。

（一）

造成关羽封号的混乱,关键在于对"汉寿亭侯"如何理解。《三国志·蜀书·关羽传》:"建安五年(笔者按:即公元200年),曹公东征,先主奔袁绍。曹公擒羽以归,拜为偏将军,礼之甚厚。绍遣大将颜良攻东郡太守刘延于白马,曹公使张辽及羽为先锋击之。羽望见良麾盖,策马刺良于万众之中,斩其首还,绍诸将莫能当者,遂解白马围。曹公即表封羽为汉寿亭侯"。

无论《三国志》还是《三国演义》,都明白无误地说,关羽被封为"汉寿亭侯"。然而,有人就是要穿凿附会,或任意曲解。把"汉寿"二字拆开,于是"汉寿亭侯"便成了"汉"之"寿亭侯"。这种说法是毫无根据的,因而也是完全站不住脚的。

"汉寿"本为地名,"亭侯"是所封的爵位。在汉代官制中,皇族同姓子弟中,太子是未来的皇帝,其馀都可被封为王或诸侯;而异姓功臣则可被封为列侯或关内侯。《后汉书·百官志》："列侯,所食县为侯国"。汉"承秦爵二十等,为彻侯,金印紫绶,以赏有功。功大者食县,小者食乡、亭,得臣其所食吏民。后避武帝讳,为列侯"。又说:"关内侯,承秦赐爵十九等。……无土,寄食在所县,民租多少,各有户数为限"。其注释引《汉官仪》说:"设十里一亭、亭长、亭侯",又引《风俗通》说:"汉家因秦,大率十里一亭。亭,留也,盖行旅宿会之所馆"。因此,列侯则以其所封民户数目而分为县侯、乡侯、亭侯。而其侯爵名称,又多以其所在地 的名称而称呼。亭侯的爵位很低,当然俸禄也不会很高。

在东汉、三国时代,被封为"亭侯"的人很多。如刘备的先祖刘贞,被封为涿县"陆城亭侯",刘备也曾于建安元年(196)被曹操表封为"宜城亭侯";曹操的祖父曹腾,被汉桓帝封为"费亭侯",等等。冠在这些"亭侯"前面的字如"陆城"、"宜城"、"费",同"汉寿亭侯"中的"汉寿"二字一样,都是地名。如果说,关羽是汉室之"亭侯",所以要加一"汉"字,那么,刘贞、刘备和曹腾的"亭侯"爵位,也是受到汉室所封,为什么前边就不冠以"汉"字呢?况且,《三国演义》第二十七回回目中的两句,为了对仗,后一句把"汉寿亭侯"简称为"汉寿侯"而并未简为"寿亭侯"。这就说明,《三国演义》的作者罗贯中,并未沿袭《三国志平话》的错讹,也未受关汉卿的影响,仍称关羽为"汉寿亭侯",表明"汉寿"二字是地名,不能拆开。

清人赵翼在《陔馀丛考·汉寿亭侯》一文中说:"关壮缪斩颜良,曹操表为汉寿亭侯……先主即位(笔者按:指建安二十四年秋,群下劝刘备为汉中王)时,《劝进表》列名汉寿亭侯关羽,新亭侯张飞,更可证也"。又说:"汉寿本地名,后人误以为汉字属上,但称寿亭,是以《洪容斋随笔》力辨其非。王敬哉《冬夜笺记》,亦谓'汉寿'二字不宜拆开"。所以,"汉寿亭侯"绝对不能称为"寿亭侯"。因为"汉寿"是地名,"亭侯"是爵位,说明关羽被封为"汉寿"那个地方的"亭侯"。

(二)

　　既然"汉寿"是地名,那么它又在哪里呢?
　　《解州全志》引明人程敏政在《爵谥考》中的话说:"考之史,汉寿本县名,在犍为,史称费祎遇害于汉寿。唐人诗亦曰:汉寿城边野草春。又昭烈《劝进表》前列衔曰:前将军汉寿亭侯关某。若以汉为朝代名,不当错置于职名之下"。黄希声说:"篁墩(笔者按:程敏政号篁墩)此论有见。但蜀有汉寿,属梓潼郡,乃昭烈入益州后所改葭萌之地,今四川保宁府广元县也。侯以建安五年在许受封,何得预指地乎?东汉顺帝阳嘉(132—135)中,改索阳县为汉寿县,在今常德府武陵县北,封时独有此耳"。

211

黄希声肯定了程敏政说"汉寿"是地名的正确意见,他又指出,认为关羽被封为"汉寿亭侯"的汉寿在犍为的说法是错误的。黄希声进一步指出:"昭烈劝进时,侯已遇害二年,若进汉中王,群下上天子表,有曰:"荡冠将军汉寿亭侯臣关某,顾不引此,何也?"很清楚,当曹丕废掉汉献帝而自立称魏帝,刘备得知后遂亦称帝,正式建立蜀汉政权,改元章武元年(221),而关羽战败被杀,时在建安二十四年(219),也就是说,在刘备称帝前二年,关云长已死,若指刘备进汉中王时,群下给蜀汉皇帝上的表中列衔者有:荡寇将军汉寿亭侯臣关羽一事,则在建安二十四年秋,关羽尚未被杀。

《陔馀丛考·汉寿亭侯》也说:"吴青坛(笔者按:即吴震方,字青坛,清浙江石门人,康熙年间进士)读书质疑,并称汉寿县在犍为,史称费祎被害于汉寿是也。然青坛亦未详考,按汉寿县本有二,费祎被害之地在蜀中,郭璞《尔雅》注云:有水从汉中沔阳县南流至梓潼汉寿,此本广汉葭萌县,建安二十五年,蜀先主改名汉寿者。曹操表封关公,则在建安五年,固无由预立此名。《续汉郡国志》:"武陵属县有汉寿,乃汉顺帝时改名,关公所封,盖即此地"。赵翼又举例说:"《三国志·吴书》有潘浚,武陵汉寿人,《晋书》有潘京,亦武陵汉寿人,是武陵之有汉寿明甚。而熊方《后汉书年表》异姓侯内有"汉寿亭侯关羽",其下格注云武陵,此犹关公所封汉寿在武陵之明证也"。赵翼在这一段文字后边加了一个小注,说:"寿亭上少一汉字,盖传写脱误"。他又举出"刘禹锡有《汉寿亭春望诗》,自注在荆州刺史治。《名胜志》亦云:荆州有汉寿城,是曹操表封关羽处,则似荆州又有一汉寿。按汉末武陵郡亦荆州所属,然刺史治所则不在此"。他认为"此盖后人因关公曾镇荆州,而筑城建亭以志遗迹耳"。由于以讹传讹,甚至连官方的文书也误称关公为"寿亭侯"。赵翼在其注解中说:"明初鸡鸣山建庙,止称寿亭侯。嘉靖十年,太常卿黄芳奏,改称汉前将军寿亭侯"。

综上所述,已经非常明确,关公受封为"汉寿亭侯",就是"汉寿"(地名)的"亭侯"(爵位),而绝对不是"汉室"的"寿亭侯"。

赵翼在考证、辨析了"汉寿亭侯"的封号以后,对于长期以来误解、曲解关公的封号,发出慨叹说:"知世俗之讹公本号已久矣"!

我们阅读和研究古籍(包括《三国演义》在内)时,一定要鉴别其真伪,不要为各种误解与曲解所迷惑而继续以讹传讹。

作于 1988 年 8 月

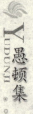

略论关云长的"忠义"
对后世的影响

　　长期以来,关云长的"忠义"在中国人民的心目中,有着牢固的地位,因而对关云长顶礼膜拜。造成这种情况的原因,应该说,《三国演义》的渲染,起了重要作用。

　　三国故事在我国可以说家喻户晓,这是因为《三国演义》一书的广泛流传,以及根据本书改编的各种文艺作品,对人们起着直接的灌输和潜移默化的作用,以致把关云长从人捧到神的地位,而历代的统治者对关云长的"忠义"大肆宣扬;对关云长的亡灵,更是屡加封谥,并在全国各地广建"关帝庙",岁时祭祀。

　　关云长的最初封号,只是汉寿(今湖南省汉寿县)地方的"亭侯"。这是一个很低的爵位。关羽被曹操俘获以后,于汉献帝建安五年(200),在阵前为曹操斩袁绍的大将颜良而解白马之围。为了表彰关羽的战功,曹操向汉献帝上表,请封为"汉寿亭侯"。

《三国志·蜀书·关羽传》说:建安五年,曹公东征,先主奔袁绍。曹公擒羽以归,拜为偏将军,礼之其厚。绍遣大将颜良攻东郡太守刘延于白马,曹公使张辽及羽为先锋击之。羽望见良麾盖,策马刺良于万众之中,斩其首还,绍诸将莫能当者,遂解白马围。曹公即表封羽为汉寿亭侯。

由此可见,虽然关羽是"万人之敌",但因初立战功,只能被封为"亭侯"这样等级很低的爵位。当关云长得知刘备的下落,毅然封金挂印,离开曹营,投奔刘备而去。有人提出要追杀关羽时,曹操对关云长的忠义非常敬佩,因而说:"彼各为其主,勿追也"。

正因为关云长对刘备忠心耿耿,以"随先主周旋,不避艰险",深受刘备的信任,成为与刘备患难与共的心腹。"先主与二人(即关羽、张飞)寝则同床,恩如兄弟"。三人既有君臣之分,又有手足之情,始终如一,自古至今传为佳话。

建安二十四年(219),关云长败走麦城,被俘遇害。关云长至死不背其主,以壮烈殉职而维护了对刘备的"忠义"。为了表彰关羽的"忠义",蜀汉后主景曜三年(260),追谥"壮缪"。以后的历代王朝对关云长的封号,屡有追谥。如宋徽宗崇宁元年(1102),追封为"忠惠公";三年(1104),又封"崇宁真君";大观二年(1108),加封"武安王";宣和五年(1123),加"义勇"二字。南宋高宗建炎二年(1128),封"壮

215

穆武安王";孝宗淳熙十四年(1187),加"英济王"。元文宗天历元年(1328),加封"显灵义勇武安英济王"。明太祖洪武元年(1368),恢复东汉献帝建安五年"汉寿亭侯"的故封;武宗正德四年(1509),赐庙曰"忠武";神宗万历十年(1582),封"协天大帝",庙曰"英烈";四十二年(1614。一说为万历二十四年,即1596),又敕封"三界伏魔大帝神威远震天尊关圣帝君",又封其夫人为"九灵懿德武肃英皇后",封其子关平为"竭忠王"、关忠为"显忠王",周仓为"威灵惠勇公";并对关云长赐予左丞相一员,为南宋陆秀夫;右丞相一员,为南宋张世杰;继又崇为"武庙",与文庙(孔庙)并祀。

清兵入关,抵定中原,建立大清帝国的王朝。从汉民族的角度来看,大清帝国的统治者是所谓"异族",必然会遭到朱明王朝的遗老、遗少及广大汉人的普遍反抗。为了对全国人民,主要是对汉人进行笼络,清王朝把关云长抬到新的高度。顺治元年(1644),清王朝定每年五月十三日(农历)为关羽诞辰,遣官致祭;九年(1652),敕封"忠义神武关圣大帝";雍正三年(1725),封关云长的曾祖为"光昭公",祖为"裕昌公",父为"成忠公",置神牌妥奉后殿,于五月致祭。外增春、秋二祭,又以后裔之在洛阳者,授翰林院五经博士,世袭罔替;四年(1726),又以关云长原籍山西解州,后裔照洛阳世袭之例,亦授翰林院五经博士;七年

（1729），定直省岁三祭，皆用太牢。乾隆二十五年（1760），易原谥为"神勇"；三十三年（1768），加"忠义神武灵佑关圣大帝"封号；四十一年（1776），又将《三国志》内本传原谥改为"忠义"。嘉庆十九年（1814），加"仁勇"二字封号。道光八年（1828），加"威显"二字封号；咸丰四年（1854），加"护国保民"四字封号，升入中祀，颁发祝文乐章，舞用干戚，馀仪并同文庙；五年（1855）加封三代：曾祖为"光昭王"，祖为"裕昌王"，父为"成忠王"；同治、光绪年间，屡次加封为"忠义神武灵佑仁勇威显护国保民精诚绥靖翊赞宣德关圣帝君"。

从前边引述的历代王朝，特别是清王朝建立以后，给予关云长的追谥加封，长达二十六字之多，用"捧上了天"来比喻，犹不足以说明统治者的用心，正是由于历代王朝对关云长的大加推崇，对他的所谓"忠义"大力褒扬，在漫长的岁月中，在人们的头脑里，关云长成了"忠义"的化身，而关云长当然也就从"凡胎"升华到了神的地位。

千百年来，封建社会的缓慢发展，不但禁锢甚至窒息了人们的思想，使人们对关云长顶礼膜拜；对于其"忠义"，更视为立身处世的最高准则。于是，忠孝节义就成了对遵守封建礼教者的旌表内容。宣扬关云长的"忠义"，适应了封建统治阶级的需要，也完全符合儒家的思想。实际上，关云长的"忠义"只不过为一人、一家、一个小集团的私利而服务,实在没有值得歌颂的价值。但是,两千年来,尽管政权嬗递,而儒家思想的统治地位未变,关云长的"忠义",就更成为对儒家思想笃信并身体力行的理想代表。于是,统治者便大力提倡以"君为臣纲,父为子纲,夫为妻纲"的所谓"三纲"和"仁、义、礼、智、信"的所谓"五常",以及"父子有亲,君臣有义,夫妇有别,长幼有序,朋友有信"的所谓"五伦",还有"礼、义、廉、耻"的所谓"四维","忠、孝、仁、爱、信、义、和、平"的所谓"八德"等等封建道德不一而足。在这些封建道德中,无不包含着"忠义"的内容。

在这种"忠义"思想的熏陶下,在中国封建社会的两千年历史长河中,当国家、民族处于危急存亡的关头,在抵御外侮的时候,确曾涌现出一批坚贞不屈之士,成为后世赞颂不衰的民族英雄,如抵御金人的岳飞;抵抗蒙古军队而被俘后坚贞不屈、视死如归的文天祥;抵抗清兵南下,殉难于扬州的史可法;驱逐红毛国(荷兰)人保卫台湾的郑成功;反对英国进行鸦片侵略的林则徐以及在甲午海战中重创日军后而英勇牺牲的邓世昌等,历来被视为民族的精英、不朽的英雄而歌颂。这些民族英雄的成长,无一不是以"忠义"为重要内容的儒家思想的忠实履行者、实践者。可惜的是,这些英雄人物所为之奋斗牺牲的是一个个不值得捍卫的政权,是一个个腐朽的、完全失掉人心的政权。当然,丝毫不应该否定这些民族英雄的历史功绩和爱国精神。但是,这些民族英雄的爱国思想,是同"忠君"分不开的。因为在封建社会里,"朕即国家","忠君"与"爱国"几乎是同义语,"忠君"就是"爱国",要"爱国",就必须"忠君"。正因为如此,每当朝代更替以后,总有一些遗老、遗少为前朝的灭亡而殉道。

事情总是一分为二的。在封建社会的"忠义"思想熏陶下,曾经培育出一些大义凛然、忧国忧民的忠臣、义士,无论从政、无论从军,都是恪尽职守的贤臣、良将。然而,也正是由于"忠君"与"爱国"浑然一体,不可分割,致使许多大权在握的文武官员,成为一家一户的私臣,成为镇压人民反抗剥削、压迫的刽子手。这些充当封建王朝家犬的文武重臣,在镇压人民的过程中所表现出的凶残,除了他们本身的品质以外,也不能不说是由于包括"忠义"为重要内容的儒家思想在作祟。

二十世纪过了第一个十年以后,中国历史上的最后一个封建王朝被推翻,似乎封建社会已经结束,"忠义"等儒家的封建思想就不复存在了,但是,两千多年的封建遗毒不可能在一天之内清除,儒家思想的长期统治也不是一朝一夕就会退位的。尽管我们今天进入了社会主义初级阶段,然而封建的遗毒远未肃清。回想一下"史无前例"的十年,这种"忠义"又被充分利用,作为林彪、"四人帮"篡政篡国、践踏人权的根据、把忠于一个人,说成是忠于党、忠于人民、忠于国家、忠于民族的最高表现形式;对于一个人稍有微词,即是十恶不赦的坏蛋,必将遭到残酷的批斗。由此可知,在社会主义初级阶段,封建思想在全民族的意识中,并不仅仅是残馀而已,它仍是浓厚地存在于人们的头脑中。

中国封建社会的漫长历史,熔铸了根深柢固的封建思想,而关云长被历代封建王朝屡加封谥以来,就成了"忠义"的化身,而"忠义"也就成了检验人们的道德品质的最高准则。这当然是关云长本人及历代帝王始料不及的。

过去总是说,历代的统治者执行的都是愚民政策。其实,并不尽然。愚民,只是某些政策的部分内容。就以把关云长捧为关圣帝,也就是把人捧为神,并不完全是为了愚弄广大人民群众,实际上,统治者何尝没有迷信思想?我们看看历代的统治者, 哪一个人不既是愚民政策的制定者、执行者,又是愚民政策的被愚弄者。统治者把一个人捧为神,是利用人民群众的愚昧对其顶礼膜拜;而统治者也同样愚昧落后,对一个神化了的亡灵,硬是要晨昏三叩首,早晚一炉香。不是也成了神的奴隶吗?

总之,关云长的"忠义",对后世的影响非常深远,包括"忠义"在内的儒家思想统治了两千多年,形成了中国独特的思想体系;进入社会主义初级阶段,这种思想体系的馀威未灭,不时在左右着人们的行为。因此,这一影响至今仍然有值得我们深入研究的必要,以便从中吸收其有益的成分,并发扬光大;抛弃其糟粕,使对国家、对人民的"忠义",能够成为我们的"民族之魂"。

作于 1998 年 5 月

随想杂议

《三国演义》中的酒文化

　　酒文化在中国的历史长河中,占有独特的地位。自从传说中的杜康发明造酒术以后,酒文化就逐渐遍及了华夏大地。因此,完全可以说,中国是酒的国度,是酒文化的发祥地。酒在中国有着广阔的市场,酒文化也就广被神州大地。从中国的古籍记载中可以看出,自从有文字以来,就有了关于酒的记载。中国的酒文化,源远流长,其见于《易》、《诗》、《书》、《礼》、《春秋》及其他史书、典籍者,不胜枚举。酒文化广泛存在于各种社会活动中, 从奴隶社会到封建、半封建社会,直到今天的社会主义社会,都离不开酒的参与,从最高统治者及上层社会,到庶民百姓及社会最底层的奴仆,概莫能外。人类文明进入 21 世纪的今天,随着时代的前进,酒文化的发展,也进入很高的阶段,不仅使酒类的品种、规格名目繁多,日新月异,而且饮酒的人数有增无减。由此可以看出,酒在人们的日常生活及社会活动中的作用,是非常巨大的。

我国几部著名的古典文学著作, 如《红楼梦》、《水浒传》、《西游记》及《三国演义》中,酒文化的存在,随处可见。就《三国演义》而言,酒伴随着各种人物的出现、表演,并且捉弄了许多人。《三国演义》在一开始的"卷头词"中就说:"滚滚长江东逝水,浪花淘尽英雄。是非成败转头空:青山依旧在,几度夕阳红。白发渔樵江渚上,惯看秋月春风。一壶浊酒喜相逢:古今多少事,都付笑谈中"。事实上,在《三国演义》一书中,各个军事集团、各种政治力量以及各方面人物在较量时,往往要利用酒为媒体,纵横捭阖,折冲于樽俎之间。这些风云人物,不管他们在得意还是失意时,往往通过酒来表达自己的思想抱负。如第二十一回"煮酒论英雄"时的曹操,趾高气扬,不可一世,而内心却有些空虚。他对于当前群雄割据的局面深感不安, 想一一击破对手,以图称霸中原,进而统一全国。然而,在眼前就有一个韬光养晦的刘备,很可能将来成为自己的劲敌。为了探明刘备的心境及其志向,曹操特请刘备对酌。酒至半酣,曹操坦露心机,以纵论天下英雄为话题,窥测刘备的动向,刘备则装痴卖傻,漫不经心地胡扯了一大堆当代的风云人物,但都不合曹操的心意。于是,曹操指着刘备和自己说:"今天下英雄,惟使君与操耳"。曹操的话一出口,直吓得刘备心惊胆

223

战，魂飞魄散，因而手中的匙箸，不觉落于地下。只是在当时由于大雨将至，雷声大作，才把刘备的惊惶失措掩盖过去。由此可见，这样一出戏完全是由酒力的作用而导演的。

与曹操的踌躇满志相反，刘备屈居曹营，不仅是寄人篱下，而且是身陷虎穴，他必须以百倍的警惕，防备曹操对他进行暗算。同样是在用酒，刘备则尽量伪装成碌碌无为的庸人，使曹操产生错觉，认为他胸无大志，放松对他的戒心。正如刘备自己所说："吾之学圃，正欲使操知我无大志；不意操竟指我为英雄，我故失惊落箸，又恐操生疑，故借惧雷以掩饰之耳。"

曹、刘二人对酌时，都在酒力发作的掩饰下，各自表白心迹，而又互相虚与委蛇。不论正在春风得意中的曹操，还是身陷虎穴、伺机展翅高飞的刘备，都是由于酒的作用，显现其精神面貌。

酒与色，从来就有不解的情结。人们往往在酒酣饭饱之馀，产生色情的欲望。所以，在各个对立的政治集团进行明争暗斗之时，为了达到政治目的，常常用"美人计"，或刺探对方虚实，或软化敌手的神志，或麻痹对手的思想使其失去警觉，疏于防范。而运用"美人计"时，又需伴以旨酒，于是酒色之徒便自投罗网，被牵着鼻子步入陷阱。《三国演义》第八、九两回中，写"王司徒巧使连环计"、"除暴凶吕布助司徒"，就是司徒王允使用"美人计"成功的例子。王允挑拨离间，使本为义父、义子的董卓、吕布这两个酒色之徒，为了争夺一个美女貂蝉而发生火并。王允又恐吕布杀董卓的决心不够坚决，于是用激将法，晓以利害，坚定了吕布斩杀董卓的决心，终于如愿以偿，董卓被吕布一戟直刺咽喉而死。在司徒王允采用激将法促使吕布刺杀董卓时，将吕布延入密室，置酒款待，晓以大义："若扶汉室，乃忠臣也，青史传名，流芳百世"；"若助董卓，乃反臣也，载之史笔，遗臭万年"。很明显，在施用"美人计"时，酒作为媒体，起了极其重要的作用。

大凡人们在得意的时候，忘乎所以，特别是在事业上认为即将有所成就或胜利在望的时候，往往骄傲自满，自然就要开怀畅饮，多少有点才华的人，又要赋诗述怀，以表达对胜利的憧憬。《三国演义》第四十八回，"宴长江曹操赋诗"就是一个典型的例子。在"赤壁之战"前夕，曹操屯兵长江北岸，舳舻千里，志在一举消灭孙吴政权。然而，此时尚未开战，更谈不上胜利，曹操错误地估计了形势，以为稳操胜券，更是袒露色胆，急欲在破吴以后，虏得二乔，置于铜雀台上，以娱暮年。由此可见，此时的曹操已经被胜利的幻影冲昏了头脑。扬州刺史刘馥对其"横槊赋诗"中所作"月明星稀，乌鹊南飞，绕树三匝，何枝可依"之句，提出善意的指正，曹操认为败了他的兴，手起一槊，刺死刘馥。这里，又是借酒力表现了曹操的骄横、颛顸和刚愎自用。

　　以上所举,都是在《三国演义》中以酒为媒体而表现人物本性的、最为人们熟知的几个故事情节。

　　实际上,一部《三国演义》,可以说是一部计谋与策略的总汇。各个政治集团及各方面的人物之间的明争暗斗,耍尽了各种阴谋诡计;当他们施展各种计谋的时候,酒在其中扮演着最活跃的角色。

　　酒作为交际场合中的宠物,在《三国演义》全书中,随处可见。除了前面提到的"曹操煮酒论英雄"、"司徒巧使连环计"、"除暴凶吕布助司徒"、"宴长江曹操赋诗"等章回外,几乎所有的社交场合,都会有酒这个最活跃的分子出现。义士相聚,自然离不开酒,如第一回"宴桃园豪杰三结义";成亲贺喜,酒当然是必备之物,如第五十四回"吴国太佛寺看新郎";出发征战,必以旨酒壮行色,如第五回:"发矫诏诸镇应曹公",在家喻户晓、妇孺皆知的"关云长温酒斩华雄"的故事中,曹操教酾热酒一杯,与关公饮了上马。关公让人先将酒斟下,提了华雄之头回来再饮。这杯酒对关公,既是壮行,也是助威;既是庆功,也是祝贺。曹操暗使人赍牛酒抚慰刘、关、张三人,则更是酬谢、赏赐和慰问。酒还是用以接风、洗尘和压惊之物,如第二十八回:"斩蔡阳兄弟释疑　会古城主臣聚义"中,张飞设宴贺喜,则是对关云长的庆贺,也是赔罪,更是对关公一路过关斩杀所付出的辛劳,给予应有的慰问和由于不了解情况而造成误会所做的赔礼。至于呼风唤雨、祭奠亡灵,都少不了美酒,如第四十六回中"用计谋孔明借箭"(即人们常说的"草船借箭"的故事),第四十九回"七星坛诸葛祭风",第五十七回"柴桑口卧龙吊丧"等,都是以酒为祭物,借以达到政治目的。

综览一部《三国演义》,几乎每一回都有酒的出现或酒的阴影。因此可以说,酒与《三国演义》有着解不开的情结。酒文化在中国的文明史中,占有重要的地位;而酒文化在《三国演义》中,更显现出特殊的魅力!

作于 2000 年 5 月

武则天的"无字碑"之谜

我国历史上唯一的女皇帝武则天,于唐中宗神龙元年(705)病逝。此时,中宗(李显)复位,武则天退位,被尊为则天大圣皇帝。武则天在病逝前,曾立了一通碑,碑高七点五三米,宽二点一米,厚一点四九米。按通常情况,碑文首先要说明碑中记载的主人是谁,然后少不了歌功颂德的文字。然而,武则天的碑上却无有唐代刻上的一个字,所以被人称为"无字碑"。就是后人所加刻的文字,也漫漶不清了。

武则天为什么要给自己立一通"无字碑"呢?历来众说纷纭,归纳起来不外三种意见:一、武则天知道自己从政以来,包括从被选为皇后就参决朝政,到自己称帝后亲自执政共五十多年中,从封建社会的角度看,她篡权改制,另立国号,滥杀无辜,宫廷淫乱,无功可歌,无德可颂,与其贻笑甚至被唾骂于后世，干脆一字不镌，倒也省心。于是，立一块碑石，只是作为她的坟墓所在的标记而已。二、武则天自视很高，在她临终时仍然踌躇满志，特别是称帝以后，扶植寒弱，打击豪门贵族，奖励、发展农桑，政绩可彪炳史册，对于承接贞观之治、后启开元盛世，起了承前启后、继往开来的作用。因此，武则天认为，自己的功德绝非小小的一块碑石所能容纳，不如树一空碑，让后人去尽量填写。三、武则天睿智聪敏，精明强干，她不愿自作盖棺定论；千秋功罪，任凭后人去评说。

　　我们把武则天的文治、武功及其他政绩放在封建社会向前发展的进程中去考察，在她参政和当政的五十多年中，贞观之治的社会经济仍在向前发展，在经过她参与和直接治理的五十多年后，紧接着出现了开元之治的封建社会的全盛时代。在处理唐高宗（李治）逝世前后出现的错综复杂的政治局面，武则天表现了非凡的才干。她在"纳谏"和选用人才方面，表现了封建社会政治家的风度，她打击门阀贵族，提拔普通地主做官的政策，完全符合当时社会发展的需要，是起了积极作用的。在巩固封建国家的疆域、抗御外族的骚扰方面，也做了不少工作。因此说，武则天上承贞观之治，巩固并发展了盛唐的社会、政治；下启开元之治，为李隆基（唐玄宗）即位以后的盛世提供了保障。所以，武则天在其参政和当政期间，无论对唐朝历史，还是对中国的历史,都起了重要的推动作用。

当然,武则天作为封建社会的统治者,无论在政治、经济、还是文化、社会方面,都存在着严重缺点和错误,而其消极面也是十分突出的。武则天为了巩固个人的统治地位,特别是她当政的后期,任用"酷吏",奖励告密,滥杀无辜;她崇信佛教,立颂德天枢,筑明堂,造天堂,铸九鼎,建三阳宫、兴泰宫等,耗费了大量的人力、物力、财力,加重了人民的负担。特别是她统治的后期,朝政日趋腐败,形成一支由武则天支持的新的特权贵族,这些新的特权人物作恶多端,残民以逞,对社会的向前发展,起了阻碍作用。

至于武则天在统治阶级内部的斗争中,钩心斗角,玩弄阴谋、权术等各种手段,充分暴露了封建统治阶级的本性,也为后世的野心家、阴谋家纵横捭阖,提供了榜样。至于宫廷淫乱,更为后人所诟病。

总的说来,武则天的一生所作所为的是非功过,后世学者见仁见智,各有论述,唯独于武则天留下的"无字碑",议论纷纭,莫衷一是,谁也无法证明自己的说法符合武则天的原意,因而成了千古之谜。

作于 2000 年 8 月

质疑"杯酒释兵权"的真实性

　　宋朝的开国皇帝赵匡胤，是靠玩弄权术、搞阴谋登上皇帝宝座的。他十分害怕他的部下也仿照他在陈桥驿兵变中的做法，如法炮制，夺取他的皇冠。所以，在他夺取政权以后，首要的任务，就是把军权牢牢掌握在自己手中，以加强中央集权。于是，就有了"杯酒释兵权"的说法。

　　"杯酒释兵权"的故事，说的就是赵匡胤独揽军事大权的事。故事说，赵匡胤为防止"陈桥兵变"、"黄袍加身"的重演，在某一天宴请重要的将领，在宴会上，赵匡胤借着酒意，问高级将领们：如果有一天，你们的部下，也像你们对我一样，黄袍加身于你们时，你们将如何办？高级将领如石守信、王审琦等人，诚惶诚恐地将军权交给了赵匡胤。

　　实际上，"杯酒释兵权"的故事，纯属捏造。赵匡胤收回高级将领的兵权，不会也不可能靠一杯酒。宋人的记载主要收集丁谓的《丁晋公谈录》、王曾的《王文正公笔录》记述的赵匡胤同赵普关于兵权的一次谈话。在这次谈话后,赵普坚持认为高级将领掌握军权,实在靠不住,赵普终于说服了宋太祖赵匡胤,解除了石守信、王审琦等人的兵权。但是,解除兵权与宴会是两码事,根本连不在一起,而后人硬是牵强附会,把解除兵权和宴会扯在一起,制造"杯酒释兵权"的故事。这个故事的不可信,首先在于丁谓的《谈录》只提到解除石守信、王审琦二人的兵权,并无宴请二人的情节。而王曾的《笔录》记载被解除了兵权的除石守信、王审琦二人外,还有慕容延钊等人,并增加了赵匡胤宴请宿将"道旧相聚"的情节。后世有"杯酒释兵权"的传说,概源于此。司马光的《涑水纪闻》中则说,石守信、王审琦等皆被解除兵权,以散官就第,而又大事渲染太祖设宴叙旧的情节,绘声绘色,宛如亲自参与其事。奇怪的是,时间相隔越久,记载倒反而越详。这是为什么?其次,前引三书都提到石守信等人被解除兵权,赵普起了很大作用。但三书的说法又不尽相同,使人产生不少怀疑,无法肯定它的真实性。

像"杯酒释兵权"这样一件大事,在官修的宋朝的正史中,不会没有记载。但在《太祖实录》、《三朝国史》中,却丝毫不曾提及此事。到元朝末年,脱脱等人主持修订的《宋史·太祖纪》中,对"杯酒释兵权"一事,无半点叙述。如果真有这样一件重大事件发生,《太祖实录》、《三朝国史》是绝对不会漏掉的。

如果说，真有"杯酒释兵权"这回事，那么，它又发生于什么时候？南宋李焘撰写的《续资治通鉴长编》中，肯定为宋太祖赵匡胤建立宋朝政权的第二年，即建隆二年（961）七月初。而李焘的说法是根据司马光的《涑水纪闻》而来的，且比《涑水纪闻》还要详细。李焘出生于北宋徽宗政和五年（1115），死于南宋孝宗淳熙十一年（1184），比司马光（1019—1086）晚一百年，为什么当时就没有记载，时间越晚倒越详细呢？况且，建隆二年六月甲午（初二），杜太后（赵匡胤的生母）病逝，六月至七月正是"国丧"期间，按当时的制度，"国丧"期间，朝廷上下不许娱乐和宴会。赵匡胤怎能在此期间宴请文臣、武将呢？特别是《丁晋公谈录》记述了宋太祖赵匡胤与赵普关于"杯酒释兵权"一事的谈话。由于赵普的反复陈述，赵匡胤终于被说服，解除了石守信、王审琦的兵权。查赵普第一次担任宰相是在乾德二年（964）；建隆二年（961），赵普只是赵匡胤的一名普通幕僚，这么重大的人事变动，皇帝怎会同一名普通僚臣商量呢？况且，建隆二年七月以后，石守信等人仍在担任重要军职。由此可见，所谓"杯酒释兵权"一事，纯属捏造，不足为信。

作于 2001 年 3 月

光绪皇帝命归西天之谜

　　光绪皇帝（爱新觉罗·载湉）之死，在中国近代史上，一直是一个谜。有人传说，慈禧太后（叶赫那拉氏）知道自己病危，即将死去，派人送去毒药将光绪帝害死；也有人说，是贴了袁世凯送去的膏药后死亡的；还有从光绪帝的病历脉案中考证出，是因光绪皇帝身患多种疾病而寿终正寝的。

　　这种传说纷纭的由来，是因为光绪皇帝和慈禧太后在接连两天之内先后死去，因而使人们疑窦大生。

　　光绪三十四年（1908）十一月二十四日，光绪皇帝突然"驾崩"，不到一天，次日，慈禧太后便一命呜呼。由于皇帝和太后在两天之后相继死亡，人们便从各种传说中，对死因（主要是光绪皇帝的死因）寻找答案。

　　叶赫那拉氏本为咸丰皇帝（清文宗，也就是爱新觉罗·

奕詝）之妃，后被封为西宫，封号为慈禧。咸丰十一年（1861），咸丰帝死，历经同治、光绪两朝，被尊为太后，垂帘听政，实际掌握着控制清王朝的大权。

在光绪朝的一代，特别是光绪朝的中后期，相继发生戊戌变法、义和团运动及八国联军之役，形成了以光绪皇帝为首的帝党，和以慈禧太后为首的后党的严重对立；而帝党、后党的每次斗争，总是以叶赫那拉氏为首的后党占上风，戊戌变法，光绪皇帝被慈禧太后囚禁于瀛台，更加深了帝、太后之间的矛盾。慈禧太后唯恐在她死后，光绪皇帝又要搞维新的那一套，因此在她病危之时，首先用毒药把光绪皇帝毒死，使她能看到光绪皇帝死在前头，她就死也可以瞑目了。这种传说是有道理的，有根据的。

说光绪皇帝死于袁世凯送去的有毒膏药，也在情理之中，在戊戌变法时，由于袁世凯的叛卖，致使变法失败，并导致光绪皇帝被囚禁，变法的重要人物逃亡的逃亡，被杀的被杀。袁世凯为讨好慈禧太后，对光绪皇帝暗下毒手也是可能的。

另外一说，就是寿终正寝。

根据清廷中有关光绪皇帝患病的脉案看，光绪皇帝已病入膏肓，无可救药了。然而，实际情况并非如此。

据了解当时清廷宫内情况的人介绍，关于光绪皇帝病死，至少有以下几个疑问：

一、光绪皇帝"驾崩"的前一天,御医为光绪皇帝请脉时,还未发现什么重病,更没有"发抄"(病危通知)。怎么时隔一天,竟猝然死去?

二、按清廷规矩,皇帝驾崩,要传用为"请"遗体的"万年吉祥轿",而光绪皇帝猝死后,遗体由瀛台移到宫内,却没有这样排场,而是悄悄潦草从事。皇帝尸体入殓,按惯例,本应由内务府大臣操办,而光绪皇帝的遗体,则由太监"替差"入殓。这是为什么?

三、光绪皇帝死得非常突然,就在死的前两天,御医请脉时,皇帝还在外屋站着,只是脸色较平日灰白些,而且感到痰盛,让大夫设法祛痰。为什么只隔了一天,并无其他暴疾就死去了?

四、据熟悉清廷宫内情况的人说,光绪皇帝"驾崩"百日后,宫中照例分发死者的遗物作为纪念,纪念物品按品级高低发放。时任清廷内务府大臣的人物,只能得一件宁绸面皮袍,上半截为小紫羊皮,下半截为山羊皮,御寒还不如一件厚棉袄。同一等级的官员得到的纪念品,都差不多。这些穿着,同封建皇帝的身份是极不相称的。从这些"纪念品"的寒酸来看,就使这些知情者想到,光绪皇帝的居室寒冷,以致每当光绪皇帝亲祭"坛庙"时,鼻子上经常挂着清鼻涕。光绪皇帝在饮食上也受到限制,每次只有摆在前面的几样菜饭是新做的,其馀像供桌上的供品一样,从初一到十五,再从十五到月底,每次端上端下,有的甚至发霉腐臭,所以光绪皇帝一吃饭就闹气。

在戊戌变法后,慈禧太后曾经说过:"谁叫我不称心,我就叫他一辈子不称心";在宫中又内传这位太后的话:"我绝不能死在他(光绪皇帝)前头"。把这些话与在生活上受到的压制联系起来,光绪皇帝的猝死,不能不使人产生极大的怀疑。

作于 2002 年 3 月

随想杂议

李莲英为何身首异处?

　　李莲英的知名度很高,因为他是清朝末年赫赫有名的大太监,是慈禧太后的大总管。他生于道光二十八年十月十七日(1848 年 11 月 12 日),死于宣统三年二月初四日(1911 年 3 月 4 日),终年不足六十三周岁。清朝末年,在宫中受到慈禧太后的特别宠信,赏赐身穿黄马褂,领二品红顶大花翎,是自爱新觉罗氏入主中原后 260 多中,受此殊荣的第一个,也是唯一的一个如此受宠的宦官。

　　几十年来,人们对李莲英死后葬于何处? 一直流传着各种各样的猜疑和说法,成为近代史上的一个谜。"文化大革命"的风暴揭开了这个谜。

　　1966 年,在破"四旧"的狂潮中,红卫兵决定挖掘坐落在北京海淀区恩济庄六一学校内的、据说是李莲英的墓。他们用了很大的劲,经过几天的挖掘,终于把用蛋清、糯米浆掺着石灰、沙土、黄土混合筑成的坚固的墓葬和两道汉白玉石门打开了。挖掘者把棺椁撬开,证实了是埋葬李莲英的真墓。但是,棺材里只有李莲英的一颗脑袋,并没有他的肢体,而是用大量的珠宝堆积起来充替的。很明显,李莲英死时,头是被砍掉了,因而身首异处。那么,李莲英究竟是如何死的呢? 至今仍是一个不解之谜。

有人认为,李莲英死去多年,因而尸骨腐烂,肢体自然不复存在。这种说法是不能成立的。李莲英的尸体于1911年入葬,到1966年被挖掘,只有55年。如果尸体腐烂,脑袋何以能够完整?况且,即使尸体腐烂,难道连一小块骨头都不曾留下? 再以长沙马王堆出土汉墓对比,埋葬了2000年的死人,不仅尸体完整,而且清楚地可以辨清男女性别,那么埋葬了短短50多年的李莲英的尸体就腐烂得无影无踪了? 因此,可以说,李莲英是被人砍掉脑袋致死的,或者是被人杀死以后,又把脑袋割下,使其身首异处。

李莲英是被人杀害而死,是可以肯定了。但是,他被何人所杀? 又是为什么被杀? 这些问题,至今不得其解。

《纵横》1990年第2期登载颜仪民先生撰写的《李莲英身首异处之谜》一文,虽然仍未能说明李莲英"因何故,于何处,被何人所杀",但却提供了重要线索,供大家探讨、研究,有助于解开这个80多年的谜团。

颜先生的文长达一万馀字,现将要点简略转述一下:

一、慈禧太后宠幸李莲英，李莲英仗着慈禧太后的权势，不仅惹恼了朝中文武官员，也得罪了光绪皇帝及其周围的人，因而树敌太多。

二、贪污受贿，私敛财物，积怨太深，引起宫廷内部众人嫉恨。

三、光绪皇帝先慈禧太后一天而死，因此李莲英并未立即遭到杀身之祸。当李莲英出宫以后，深知仇人遍布，因而总是深居简出，以防不测。

四、光绪皇帝一死，三岁的溥仪登基，光绪皇帝的遗孀隆裕此时成为太后，对溥仪（即宣统皇帝）垂帘听政，小德张是隆裕太后的宠监，与李莲英是死对头，乘李莲英失宠势倒之机，联合众太监敲诈李莲英的财物。

五、李莲英为了保住身家性命及财产的安全，小德张为了致李莲英于死地，都奔走于当时任步军统领衙门统领、九门提督的江朝宗门下。江朝宗当时掌握着京中生杀予夺的大权。颜仪民听江朝宗的儿子江宝仓说：宣统三年二月初四日晚，江朝宗请李莲英到什刹海会贤堂吃饭。席散之后，李莲英路经后海，遇到土匪而被暗杀了。李莲英的家人闻讯，到后海河沿，只找到李莲英的头颅，而肢体却不知去向。

颜仪民先生的话是可信的。颜仪民的父亲颜玉泰，原为满姓叶赫颜札氏，与叶赫那拉氏慈禧是至亲。颜玉泰原名毓泰,是曾任山东巡抚、因义和团事件而被杀的毓贤的亲兄弟。因毓贤被杀,毓泰便改姓颜,名玉泰。颜玉泰曾任江朝宗的机要秘书,故颜、江两家交往甚为亲密。

李莲英死后,江朝宗表示要下令追查。李氏诸兄弟商量后,恳请江朝宗不要追查,以免引起更大的麻烦。所以,"李莲英墓葬碑文"中说:"太上孝饮显皇后升遐,公之退志决矣。退居之时,年已衰老。公殒于宣统三年二月初四日"。一点也不提李莲英被杀之事。可见李家对此讳莫如深的心情。

因此,根据颜仪民先生的分析:江朝宗、小德张了解内情,与此事有关则是真实可信的。

作于 2002 年 5 月

"赜"与"颐"风马牛不相及

字典,作为工具书,它所收容的单字的读音、含义及用法、属性的注释、应该准确无误。特别是供中、小学生使用的字典,更不允许有系毫差错。

然而,商务印书馆国际有限公司于 2005 年 1 月出版、由魏洛红主篇的"(全新版)《新华学生字典》"第 1066 页右栏,竟将"赜"当做"颐",其注音、解释,也完全是"颐"yí,而整个一本字典 10000 多单字,却未收入"颐"。笔者遍查所能找到的辞书(包商务印书馆早年出版的《辞源》),没有哪一本说"赜"通"颐"。

"赜"读 zé,意为"精微"、"深奥",如"探赜索隐"。这两个字,根本是风马牛不相及。

对于出版界的百年老店所编纂、出版的字典竟有如此错误,不能不感到遗憾,而它的影响所及,则贻害无穷。

作于 2010 年 10 月

Y

YUDUNJI

愚顿集

往事回忆

半个世纪的历程

　　1999年10月下旬,我随山西人民出版社离、退休老同志到北京旅游,欣逢师大附中(城固)在京校友集会,遂参与这一盛事。

　　我参与北京的附中校友聚会,尚属首次,遇见了许多既熟悉又陌生的老校友,真是感慨万千。本来是朝夕相处的同窗,乍一见面,还得互通姓氏,不禁愕然。有些老同学是在阔别50多年以后的首次相见,真是"他乡遇故知",怎能不令人欣喜若狂呢!

　　音信隔绝多年的老友相见,自然要互通款曲。然而,由于时间短促,难以尽情吐泻。今奉刘彦林学长之命,将半个多世纪以来,我个人的际遇及感触,略抒所怀,以答谢知我、爱我、关心我而又经常打听我的情况的老校友的关怀之情。

我于 1940 年暑期考入母校初中一年级,1943 年毕业后,免试升入本校高中。就在这一年,教育部令附中随西北师院迁往兰州(西北师院于两年前已在兰州建校招生),我们这一班就是迁往兰州的第一个高中班。既然已免试升入本校高中,我就先行赴兰,等候开学。到达兰州后约一个月左右,接城固校方电告:奉教育部令,本年暂缓迁兰,速返城固上课。接到电报,我便匆匆收拾行囊,启程返校。由于当时的交通不便,只得搭"黄鱼"车返陕,时在九月,适逢雨季,兰州到城固,不过千里,竟然走了 20 多天,返回城固,已是 10 月初了。

1944 年是国家处于最危急的时候,日寇的嚣张气焰达到极点,继打通粤汉铁路全线后,又窜向大西南,占领贵州省的独山,迫近贵阳,重庆震惊,谣传国民党政权考虑再次迁都。

就在这个时候,国民党政府发动"知识青年从军"运动。我出于抗日救国的激情,毅然报名从军,被编入"青年远征军"第二○七师,驻地在云南省昆明市。这已经是 1945 年年初了。1945 年 8 月 15 日,日寇宣布无条件投降。这年 11 月,第二○七师奉命开赴上海,不久即转调东北,投入内战。1946 年夏秋之间,青年远征军以抗战胜利而提前复员,我便于是年冬天进入清华大学政治系学习,第二年(1947),我又转入北京大学法律系学习。1948 年冬天,通过中共地下组织的秘密介绍，进入华北解放区的正定，入华北大学学习。

在大学的三年，正是国民党全面发动内战并使内战日益扩大的三年。由于国民党的一意孤行，蒋管区内民不聊生，民怨沸腾，以学生为主体的反蒋民主运动，此伏彼起，一浪高过一浪，预示着蒋家王朝的覆灭。就在这个时候，我觉得与其坐等胜利，不如起而迎接光明。这就是当时我投奔解放区的真实动机。

在华北大学学习结束后，等待北平的解放。1949 年 4月，我被分派到华北人民革命大学工作；1952 年初，我又被调到河北日报社（在保定市）从事编辑工作，从此便与文字工作结下了不解之缘。1954 年初，被调回山西，我又到了山西日报社继续从事编辑工作。1957 年夏季，风云突变，政治气候诡谲莫测，本来是共产党进行整风，却一变而为反击右派进攻。我直言不讳，触犯了某些戒律，被定为"右派"，从此埋下了祸根，在历次的政治运动中，成为"职业运动员"。从反右运动以后到七十年代末，两次到农村改造，第二次接受"改造"，长达 72 个月（整整 6 个年头），两次都和原单位脱离关系，与农业社社员共同劳动，共同评工计分，靠工分吃饭。

1978 年底，中共第十一届中央委员会第三次全体会议（十一届三中全会）后，才得到彻底平反，重新返回工作岗

247

位,被调到山西人民出版社。1987 年离休。

离休以后,实际上是离而未休。山西省新闻出版局又聘我为"审读员",经常抽查本省各出版社所出图书的编校质量,各出版社也不时送来一些书稿,要求帮助审阅、把关。因此,我仍然很忙。只不过是没有上、下班的时间限制了。

回顾自参加工作至离休,四十年来历经坎坷,但我的心情却十分坦然,我本来就淡泊于名利,贫困又能奈我何!40 年的断断续续的政治审查,从我身上始终找不到能够上纲上线的问题;虽然"欲加之罪,何患无辞",但我坚信:身上没病,就不会死人。当 1957 年给我定案为"右派分子"时,让我表态。我当时就说:"我相信历史将宣判我无罪!"以后我只有缄默不语而已。有人就指责我,说我要带着花岗岩脑袋进棺材。

回顾这段历史,我无悔无怨,只有一点遗憾,就是 20年的时间没有能够工作,而这 20 年从年龄上说,正是人生的黄金时代,精力充沛,却不能工作。人生能有几个 20 年?岁月蹉跎,时光白白流逝,这是最大的浪费。

我常常思忖:我何不幸而生于这个时代,又何幸而生于这个时代!说不幸,是因我出生于穷乡僻壤,从记事之日起,就是军阀混战,连年战乱频仍,紧接着就是日寇入侵,家乡沦陷,外出逃难,颠沛流离,饱尝了人间的苦难。盼到日寇投降,庆祝胜利的欢声笑语尚未消散,内战的烽烟又起。国民党统治集团的横征暴敛,特务的残酷迫害,迫使人们奋起反抗。为了反蒋、反内战,我以赤子之心投奔解放区参加革命,反而招致更大的猜疑。在历次政治运动中,除了"三反""五反"未受牵连,其馀的大大小小的运动,或为主角,或为配角,总会有戏可唱,一直到"史无前例"的十年,发展到了登峰造极的程度,使我享受了与贫下中农同吃、同住、同劳动、同评工分的待遇。这些不幸的遭遇,在我身上都得到了体现。

说幸运,是因为上述这些动荡,都是百年甚至几百年不遇的事件。人生不过百岁,如果不是生在这个时代,恐怕一生也不会有如此的经历。我们生在这个时代,而又在动荡中度过漫长的岁月,增加了阅历,经受了考验。这又是多么幸运的机遇!

总之,自离开附中,半个多世纪过去了,半生坎坷,历尽艰辛,到现在处境宽松了,但我也离休了,不可能有什么作为了。半个多世纪的风风雨雨,撇开经济生活不说,不曾使我有任何损失,反而增加了不少阅历。我们纵观古今,横考中外,冤、假、错案何其多也!那么,究竟应该落在谁的身上呢? 总要有人受害,这也是必然中的偶然。想通了这一点,心胸也就豁然开朗了。

作于 2000 年 2 月

"启迪有方"与"启迪有冯"

——回忆我的中学生活中一段佳话

　　上世纪三十年代末,由北平西迁的国立北平师范大学及其附属中学,分别改名为国立西北师范学院、国立西北师范学院附属中学(简称西北师院附中)。在这以后的几年中,西北师院附中高中毕业生在全国高等学校招生入学考试中,被录取率连续数年都为全国之冠。当时的教育部给附中颁发了一块书有"启迪有方"的大型匾额,予以表彰。

　　对于"启迪有方"的"方"字,应该如何理解?见仁见智,广大校友可以各自作出解释。田际昌校友在《"启迪有方","方"是什么?》(见北京师大附中〔城固〕在京校友会编印的《校友简讯》第十四期)一文中,从多方面、多角度作了阐述。我想,不管怎么说,"启迪有方"是当时的教育部对附中表彰的高度概括。总之一句话,人们赞扬附中,说附中好,那就是说:附中的教师好,学生好,校风更好。教师好,是说教师的师德高尚,学识渊博,教学经验丰富;学生好,是说学生一经进入附中,便孜孜不倦地、如饥似渴地努力学习,使自己在德、智、体、美、劳诸方面得到全面发展,将来为国家和社会做出贡献。由于这两方面的好,自然就形成了好的校风。

如上所说,"启迪有方"四个大字,是教育部对附中的特殊褒奖。但是,对我们附中的全体师生来说,这"启迪有方"的含义,应该包括我们有一位德高望重的方永蒸(字蔚东)校长。方校长一生热心于教育事业,为办好附中,为附中的发展,日夜操劳,费尽了心血,才取得了众所瞩目的优异成绩。方校长对附中的成长、发展所作出的贡献,无论怎样估计,都不会过高。方校长大公无私的襟怀及其清苦的生活,给附中广大师生树立了良好的榜样。作为一校之长,如果安排自己的一个孩子在自己所领导的学校读书,实在是无可非议的。然而,因为他的孩子考试成绩不佳,不能进入附中读书,只得到私立文治中学就读。众所周知,在抗战期间,凡进入国立学校读书的学生,不仅不要缴纳学费,而且吃、住都享受公费;入私立学校,不仅吃、住两项完全自费,还得缴纳学费。仅此一点,与现在的一些当权者相比,形成强烈的反差。

因抗日战争爆发、平津沦陷而西迁陕南的附中,继承了北平师大附中的优良传统,仍然声誉广被,莘莘学子无不慕名远道而来投考,然而总是少数佼佼者得以如愿。地方各界人士都希望自己的子女能够进入附中学习,想方设法寻找门路。但是,附中招生录取的标准只有一条——考试成绩。真可以说是在考试面前,人人平等。即使权重一方的地方军政长官、封疆大吏,其子女要想进入附中学习也必须通过考试,根据其成绩优劣而定。附中在招生考试中,坚持录取原则,谢绝一切说情,保证了学生的质量,保持了优良的校风,创造了优异的成绩。这种情况,与现在的某些当权者利用职权,进行权钱交易、托人情、走后门等不正之风相比,则更体现出以方校长为首的附中教职员工正正堂堂的本色。

由此可知,"启迪有方"的"方",除了表明附中的办学成绩斐然,还蕴涵着方校长的领导。这是我们的理解,当然不是教育部颁匾的本意。这种一语双关,是一种巧合,然而却非常自然,顺乎人情,也合情合理。

这就是我对"启迪有方"中的"方"的双重理解。

无独有偶,继"启迪有方"之后,又出现了"启迪有冯"的赞语。

"冯",古音通"凭"(凭 píng)。"启迪有冯"这句话,出自艾弘毅(字任远)老师之口。

我在附中读高一的时候,《国文》课由陈鸿秋老师讲授,并兼任我班的级任导师。1944 年暑假后,陈老师奉调赴兰州西北师院附中。当时,方校长的主要精力也放在兰州的附中,城固的附中,则由冯成麟(字书春)老师代行校长职务。冯老师便将在文治中学任教的艾弘毅老师请到附中,接替陈鸿秋老师的任务,给我们讲授高二的《国文》课,并兼任我班的级任导师。

艾老师来校后,在新学年的第一次"总理纪念周"(每星期一上午全校学生的第一节共同课)的集会上,冯老师向全体师生介绍了艾老师后,艾老师即席讲话。他说:教育部颁奖给附中"启迪有方"的匾额,一是因为附中的成绩突出,二是因为附中有个方校长。他又说:应该再补上一句,叫"启迪有冯"(píng)。他解释说:"冯",古音通"凭"(凭píng),附中所以能取得优异成绩,是有凭恃的,那就是因为有优秀的教师队伍,优良的校风;除了有德高望重的方校长的领导外,还有矢志于教育事业的冯代校长(指冯成麟老师)的辛勤耕耘。

这也是一语双关。他说:附中办得好,是因她既有优良的传统,又有坚实的基础和正正堂堂的校风,这是有冯(凭píng)有据的,再加上现在又有冯代校长的领导。所以,除了"启迪有方",还应该加上一句"启迪有冯"(凭píng)。

当时听起来,觉得艾老师的话似乎有一些近于阿谀。可是,仔细想来,艾老师的话不无道理。冯成麟老师对附中的贡献,有口皆碑,无需我再多言。仅以冯老师的个人操守来说,也是非常值得大家崇敬、景仰和学习的。

　　卢沟桥事变后不久,平、津沦于日寇之手,冯老师随同附中师生,跋涉千里,辗转到达陕西城固,立即筹建校舍,恢复附中的教学。这种凛于民族大义,不事仇敌、不畏险阻的精神,实在令人敬佩。抗战期间,通货膨胀,物价飞腾,公教人员的生活非常清苦,而教师尤甚。冯老师的子女多,生活异常俭朴,即使节衣缩食,有时亦难以果腹。但,冯老师一直安贫乐道,坚守教学岗位,矢志不移,真可以说是"一箪食,一瓢饮,在陋巷,人不堪其忧",而冯老师则不改其乐。

　　总之,无论"启迪有方",还是"启迪有冯",都是对附中赞誉的高度概括,都是附中所以能成为享誉全国的中等学校楷模的根本原因。

作于 2003 年 4 月

四维戏剧学校始末

抗日战争末期,在国民党军队"青年远征军"第二〇七师中,有一个儿童京剧团,这就是"四维剧团"。

在抗日战争期间,有些流浪在湘、桂、黔一带的孤儿,由于生活无着,在著名的戏剧活动家、剧作家田汉的倡导、支持下,由京剧界一些热心人士组织、收容,并进行培养、训练,成立了一个儿童京剧团。这个剧团定名为"四维剧团",因而被收容的孩子们,不论男女,一律以"维"字排名,如"张维×"、"王维×"、"李维×"、"赵维×"……剧团的职员则是原来一个剧团的人员,团长名叫冯玉昆,副团长兼导演是张玉甫,其他如音乐、大衣箱、道具、检场等工作人员,也都来自同一剧团。尽管有田汉等人给予道义上的支持与关怀,业务上的指导与帮助,但在当时国民党统治区的所谓"大后方"百业凋敝,生民涂炭,物价腾涨有如脱缰之马,广大人民群众的生活非常困苦,再加上日寇的铁蹄践踏,流亡者更陷入颠沛流离的苦难之中。由于社会萧条,作为剧团,营业性演出的收入,无法维持剧团的生存。

　　就在这个剧团的经济濒临绝境的时候,经过田汉的穿针引线,四维剧团归附了"青年远征军"第二〇七师。当时,第二〇七师师部及师直属部队驻在昆明,其所属的三个团,即第六一九团、六二〇团、六二一团则驻扎于滇东的曲靖县。田汉所领导的"南国剧社"正在昆明活动,而四维剧团则远在贵阳。于是,第二〇七师遂派师政治部政治工作队第一分队队长张秘,前往贵阳接"四维剧团"全部人员到达昆明,正式编入"青年远征军"第二〇七师,定名为"青年远征军第二〇七师四维戏剧学校"。这是因为剧团的孩子们的年龄最大的不过十六、七岁,最小的只有七、八岁,不仅要学习京剧,更需要学习文化知识,因而定名为"四维戏剧学校",也称"四维剧团"。实际上是一个单位,一套人马,两个牌子。在平日,按年龄、文化程度,分班学习国语(现在称为语文课)、数学等基础文化课,就称为"四维戏剧学校";在部队内部进行慰问演出或对外公开演出时,则称"四维剧团"。起初,"四维戏剧学校"校长由师政治部主任葛建时挂名兼任,后来葛建时被调走后,由继任的师政治部主任谢嗣升担任,原剧团老板冯玉昆任副校长。师政治部派张秘任教育长,派政治工作队队员范锤仁为教务组组长,分管学生的文化课学习,后又增派陈锡昆任教务员;吴永昌为训导组组长,分管学生的思想、品德教育及日常的生活管理;郭槐年(本文作者当时的名字)担任总务组组长,分管整个学校(剧团)的粮油、被服等生活保障及事务性工作,总务组另设一名事务长,由原剧团的一名职员郑聚宝担任,具体负责每日的伙食工作。师政治部又派一名政工队员邹丽芬(女)来校任经理员,主管会计兼出纳。实际上,这个学校(剧团)的大权完全操在教育长张秘手中,因为他是代表师政治部执行任务的。至于副校长冯玉昆(原剧团老板),只负责学生们的日常业务学习,如练功、吊嗓子、排练、演出等事项。

另外,四维剧团征得师政治部的同意,聘田汉为顾问,军衔定为上校。

四维戏剧学校(四维剧团)隶属于青年远征军第二〇七师后,第二〇七师供给剧校全体工作人员及学生的粮油、被服和薪饷;四维戏剧学校(剧团)对第二〇七师所属部队进行定期巡回慰问演出。第二〇七师在编制上并没有剧校(剧团)这个单位,无法上报。但,第二〇七师下属各单位并不都是满员,有些单位甚至空额很多。于是,四维戏剧学校全体人员,除师政治部派去工作的教育长、教务、训导、总务三个组长及教务员、经理员外,其馀全部寄名于师直属部及其他三个团(即第六一九、六二〇、六二一团)中。

每月发饷时，剧校向各单位领回所寄名人员的薪饷后，除发给学生少量零花钱外，统一由剧校内部对其职员按所定薪金数额发放。因为这些职员还要养活妻儿老小，只靠剧团的收入是不够的。就是剧校本身只靠部队的供给，也是无法维持的。因此，在对部队巡回演出的间隙，经常对外公开演出，用票房的收入来维持剧校（剧团）的日常开支，并弥补职员们的薪饷。因为职员与学生们虽都寄名于部队各单位，但大都顶充的是士兵的名额，每月从各单位军需部门领回的薪饷，远不够支付职员们的工资。

由于在田汉的指导下，并受田汉的影响，剧团的目标在于进行戏剧改革，同时也要改造剧团本身。因此，在对部队慰问演出或对外公开演出中，总是以新编历史剧（京剧，当时称"平剧"）为主，如欧阳予倩编写的《武松与潘金莲》、田汉编写的《江汉渔歌》、《葛嫩娘》等。当然，间或也演一些传统剧，如全本《玉堂春》，或其折子戏如《苏三起解》、《三堂会审》等，全本《王宝钏》，或其折子戏如《寒窑》、《武家坡》、《算粮》等；有时也演一些武打戏，如《三岔口》、《挑滑车》等。剧校的学生们在平时练功比较认真，专业教师在教戏时也很严格，所以在演出时能取得较好的效果，获得社会的普遍好评。如1945年春夏之间，租用昆明市昆华女中礼堂，轮替演出《武松与潘金莲》与《江汉渔歌》两剧，在一个多月的30多场演出中，场场满座，使社会对于戏剧改革有了一定的认识。

四维剧团曾有四条口号：创造剧界新的生命；铲除剧界一切恶习；提高剧员文化水平；砥砺剧员人格道德。四维剧团自归附第二〇七师后，其一切工作、学习及日常的生活管理，都是根据这四条口号行事，没有当时戏剧界的那些恶习，无论教职员，或是学生，都显得朝气蓬勃，整个剧团具有一种新的不同于旧剧团的气象。

田汉是中共地下党员，长期从事戏剧改革运动。他的目的就是想把四维戏剧学校（剧团）作为戏剧改革的试点和基地，把戏剧改革运动逐步推广，取得经验，为将来条件成熟时，在戏剧界进行全面改革。

1945 年 8 月，日寇无条件投降，抗日战争取得胜利。青年远征军第二〇七师奉命移驻京（指当时国民政府的首都南京）沪一带，执行卫戍任务，四维剧校当然要随第二〇七师行动。第二〇七师先头部队于 11 月下旬开拔，四维剧校随该师第六二一团，于 11 月底从云南曲靖出发，由辎重汽车第十六团（简称"辎汽十六团"）担负输送任务到长沙，然后改乘江轮到武汉，再顺长江直流而下，于 1946 年 1 月中旬抵达上海。

就在四维剧校随军出发前夕，田汉又为剧校写就了校歌，由作曲家林路谱曲。校歌全文如下："我们是烈火里锻炼的钢条，我们是风雨中生长的新苗；我们踏遍了千万重山海，我们忍受了七八载的辛劳。我们要为新时代歌唱，我们要替老百姓呼号！同学们，这是艰难的工作，但也是伟大的创造。进步的必须学习，腐败的必须丢掉。我们要把锈铁磨成针，我们要在逆水里撑篙。同学们，我们虽然幼小，将使人民夸耀。坚持改革的旗帜，走向光明的大道。"

从四维剧团制订的四句口号和田汉写作的四维剧校校歌中，不难看出田汉对中国戏剧改革的良苦用心，及对四维剧校（剧团）寄予的莫大希望。

四维剧校从曲靖出发，共乘辎汽十六团四部大卡车，两天后抵达贵州省贵阳，在贵阳休息三、四日后继续东行，在行抵黔东玉屏县城外之太平桥时，满载30多名男生的一辆十轮卡车翻入桥下水中。由于车行在"天无三日晴"的贵州省境内，经常细雨濛濛，大卡车罩着厚厚的帆布篷，而且捆绑得很牢固，车翻桥下水中，轮胎朝天，车上的人很不容易逃出。在这辆车上坐着教育长张秘及其未婚妻邹丽芬（经理员）、训导组长吴永昌等，张、邹在驾驶室内，吴永昌与男生们都在车槽内、篷布下。车翻后，驾驶兵（司机）企图逃跑，刚跑出十几米外，吴永昌因坐在边上，从帆布篷中钻出，提起冲锋枪向正在逃跑的司机射出一梭子弹，击中司机右腿，司机立即倒下，被抓住。后面的几辆车上的人们立即下到河中解救，发现当场死亡12人，计有经理员邹丽芬（女）、大衣箱李德山和另一名保管员和九名学生，其中包括很有表演前途的须生沈维志、陈维红和小丑×维×（忘其名字）；受轻、重伤者近20人。教育长张秘受内伤，一时未发现伤势。这是四维剧校的一次非常惨重的损失。

既然发生车祸，就得料理后事。我们这个行军梯队，由第六二一团少将团长彭克负率领，在玉屏滞留三日办理丧事。玉屏本是黔东一个小县，县城也不大，一下子要买十二口棺材，实在不易，除将县城几个木匠铺的棺材买来，仍不够用，只好出高价向县城三户居民购买为其老人预备的寿材，这样才凑够十二口，将十二名死难者掩埋在玉屏县城外的荒地上。伤者则由随行军医给以包扎、护理。至于肇事司机，则交给原部队辎汽十六团处理。

处理完车祸后事，从玉屏继续东行。在行军途中，时行时歇，直到1946年1月中、下旬，才抵达目的地——上海。

在上海，四维剧校以四维剧团的名义准备正式公演，广告、海报、戏票都已准备就绪，演出戏场已接洽妥当，突然接到命令，青年远征军第二〇七师要开赴东北的内战前线，投入反人民的内战中，四维剧校必须随军进退。就这样，在上海停留一个月左右，于1946年2月初，乘美军登陆艇由上海启程，经东海、黄海、渤海，在海上航行七昼夜，抵达秦皇岛，随即出山海关，到达锦州。

由于前述行军途中发生车祸，张秘受内伤，请准赴北平就医，因而辞去四维剧校教育长一职，空缺由原师政治部政治工作队副大队长夏闲允接替。同时,总务、教务、训导三组组长调回师政治工作队,由夏闲允带去的三名政工队队员吕颖川、张方田、郭如镜,分别接任总务、教务、训导组组长。1946 年 4 月中旬,四维剧校随第二〇七师进入沈阳。不久,吕颖川升任四维剧校教育长,在沈阳公开演出,颇有声誉。

1946 年秋,青年远征军提前办理复员手续,我便离开沈阳,到了北平,进入大学读书,关于四维剧校的具体情况,就不甚清楚了。只知道这个学校又吸收了不少学生,学校也扩大了。由于四维剧校的声誉较好,除留在第二〇七师的四维剧校外,又分出了几个分校,一个归第十一战区司令长官部,学校住在北平西城平安里,另一个归青年远征军第二〇八师,住在北平西苑。

几个四维剧校当所在地解放后, 由当地人民政府接管。全国解放后,四维剧校的工作人员及学生分散到各地,大部分都继续从事戏剧工作或其他文艺活动。而在北平的两部分则随中国人民解放军第四野战军南下,最后到达广西,改为广西壮族自治区京剧团。

至于田汉, 早在四维剧校离开云南以后便失去联系,所谓"顾问"一职,也就自然脱钩。

作于 1987 年 5 月

回忆《晋祠志》出版的漫长历程

　　1979 年春夏之交，我被调到山西人民出版社工作，一报到就接手编辑《晋祠志》书稿。这一任务，对于责任编辑来说，实在是一颗"烫手山芋"。因为要出版这样一部书，既无原稿，更无版本可据以排版。本书稿的作者刘大鹏（1857—1942）系太原市晋祠堡赤桥村人，早已作古。其所撰《晋祠志》从未付梓刊行，一直秘藏于家中。中华人民共和国成立后，山西省图书馆以高价从刘大鹏后人手中购得此书稿，作为珍品秘藏于馆中。

　　1978 年，作家慕湘来太原续写小说《晋阳秋》之末集《汾水寒》，住在晋祠宾馆，发现《晋祠志》手稿之踪迹，遂兴点校出版之意，并伙同山西省文联干部吕文幸进行点校。但是，要排版必须有书稿，而书稿又秘藏于省图书馆内，不肯外借。那时，印刷厂仍以铅排为主，铅排对原稿必然会造

263

成污损。几经周折、磋商,最后决定由山西省图书馆雇内部人员照原稿誊抄,而誊抄费用则由山西人民出版社支付,然后按誊抄稿发排。

　　排版用的书稿问题解决以后,接踵而来的是校对问题。如前所述,作者的原手稿不准出馆,而誊抄稿发生错讹和缺漏在所难免,因此必须根据原手稿进行校对。同样,校对人员也必须聘用省图书馆的内部人员。校对费也由出版社支付。理由是:这样做可以确保图书馆本身的安全和防止手稿的遗失与污损。

　　排版的底稿和校对问题解决了,还有一个用什么字体的问题。刘大鹏的《晋祠志》写作于二十世纪的最初几年,其他有关晋祠的著作,也产生于以后的二、三十年,当然全部是繁体字,而且有许多生僻字。本书点校者和出版社领导一致认为,为了使《晋祠志》一书出版后,能保持原稿的原汁原味和晋祠文物的原貌,决定全书采用繁体字排印。然而,我省各大印刷厂的繁体字架都已撤除,繁体字模也全部入库,不再铸字,省内无法排版,只得求助于北京新华印刷厂为本书稿排版。这样,一百多万字的书稿所需的三次校对,都得由省图书馆组织人员进行。作为责任编辑,我不可能整天坐到省图书馆参与校对,因为我还有其他书稿的审阅、编辑任务。我只能对每次校后的清校进行一次通读,改正一些明显的错字,间或到省图书馆查对一些语义不妥或文字欠通之处，予以核对或改正。为了与北京新华印刷厂沟通、联系，我曾多次往返于太原、北京之间，终于完成了这部巨著的出版任务。

回顾《晋祠志》一书的出版历程，我不禁感慨系之。前面说过，我于 1979 年到山西人民出版社工作后，接手的第一部书稿就是《晋祠志》，经过 8 年的漫长历程，于 1986 年正式出版，而我于 1987 年年初也就离休了。真可以说，在山西人民出版社，我与《晋祠志》的出版共始终。在山西人民出版社的出版史上，《晋祠志》一书的出版历程，可能是最长的了。

尽管《晋祠志》一书的出版，经历了"马拉松"式的漫长岁月，但仍未能尽如人意。点校者的治学态度不够严谨，随意性很大。有些较为明显的错误，我在审读时予以纠正了，如在《流寓·刘先生大櫆传》中，有一句"姚姬传实从其游，世遂有桐城派之目"，被标点为"《姚姬传》实从其游，世遂有桐城派之目"。这实在是一个大笑话。点校者没有弄清"姚姬传"是一个人名，是姚鼐的字，是刘大櫆的弟子、桐城派的领袖人物之一。将"姚姬传"三字加上书名号（《》），就变成一本书名了。这个错误，关键在于一个"传"字：人名"姚姬传"，"传"读 chuán，如变成书名《姚姬传》，"传"则读 zhuàn。应该指出，从古至今，根本没有这样一部书；况且，一本书能够随从一个人外出游历吗？此外，点校者在点校过程中还有许多句读不分的地方，虽经尽力改正，仍不免挂一漏万。

对于《晋祠志》出版后发现的一些错误，作为责任编辑，我负有无可推卸的责任。本拟在重印或再版时能够予以纠正，但却没有这个机会。

进入本世纪，随着改革、开放的进一步深化，太原市的旅游事业也得到很大发展。为适应旅游事业发展的需要，太原市晋祠博物馆与山西人民出版社协商，决定重印《晋祠志》，并由原来的大三十二开本改为十六开本，字号也相应放大。

此时，我已离休达 10 馀年，新的责任编辑也未曾与我通气。重印后，我粗略地翻阅了一遍新版本，发现有些旧版本中的错误没有改正，反而将正确的字、句改错了，并不像太原市晋祠博物馆在《再版〈晋祠志〉序》中所说："经多次阅读、查询史料，对原《晋祠志》之古字、怪字、异体字进行之查对更正；对漏字、错字进行之补充、纠正；……使之再版《晋祠志》更为完整，更为详实，更为全面"。顺便指出，这段序文本身就欠通。其中，中间两个"之"应为"了"，后边一个"之"，则是多馀。实际上，第一版书中有些错讹并未改正，倒是将一些正确的字改错了。例如：慕湘在《晋祠志》出版序言中，多次用到"幸"与"倖"二字。此二字原义并不相同，只是在汉字简化后，"倖"被简化为"幸"。"倖"，意为"侥倖"、"宠倖"等，"倖"可以简化为"幸"，"幸"指"幸福"、"幸运"、"庆幸"等等，但该用"幸"字的地方则不能写成"倖"。更奇怪的是将点校者之一的"吕文幸"被随便改为"吕文倖"。在另一处，将一个蒙古人的名字"孛术"擅自改为"孛術"。"术"是一种草，古代蒙古族、女真族人的名字中，经常带有"术"字，如金兀术，术赤(成吉思汗之长子)。这里"术"读 zhú，不能读成"shù"。"術"是指"技术"，"手术"、"权术"等，简化为"术"shù，但不能完全等同于"术"zhú 字。这些错误，完全是由于审稿者没有分辨清楚繁体字与简化字的异同所致。希望如果再重印时，能够加以改正。

附注：2003 年新本《晋祠志》，本为改版重印，或可称为"修订再版"。然而，在"版权页"上却注明为"第 1 版"。这是错误的。

作于 2011 年 9 月

怀念柏年五哥

2005 年 3 月 21 日,我的五哥走了。他走得那样从容,那样平静,又那样安详。尽管如此,他却没有给我留下一句话,使我这个最小的弟弟感到无限怅惘。

回首 80 多年的往事,不禁感慨万千。

郭姓是大族,全村郭氏俱为同宗,在邑中也是望族。同宗也罢,望族也罢,同样有贫富之分。远支的不说,就是在近亲的伯叔中,贫富也很悬殊,而我家则是家徒四壁,赤贫如洗。从我记事时起,家中生活多靠外祖家接济。这种情况,五哥当更知之甚稔。

父亲早逝,给家中带来重大灾难,父亲只有 47 岁便离开我们而去。当时,大哥刚从太原国民师范学校毕业,由学校出资派赴杭州参观;三哥则在太原打工,收入仅足糊口;在家中,除姐姐已出嫁外,就只有我们最小的三个兄弟,即四哥、五哥和我，我们小弟兄三人，比肩相差三岁，四哥12岁，五哥9岁，我只有6岁。家中的艰难困苦，可想而知。由于外祖家的接济，在母亲的抚育下，我们度过这段最艰难困苦的日子。

天无绝人之路。父亲辞世之日，正是大哥从师范学校毕业之时。当大哥毕业后谋得一个职业，收入虽然低微，但毕竟使家庭经济状况得以初步改观。那时，就读师范学校是穷苦的青年学子的唯一选择，考入师范学校，吃、住完全享受官费，学校还适当地发给一点零用钱，以资购置必要的学习用品。所以，家庭虽然贫困，大哥坚持读完了6年的师范学校。郭氏世代以耕读传家，所以，当大哥毕业以后，经济稍有好转时，即培养我们几个小兄弟读书。随后，我们跟随大哥就读于太原。

1937年夏，五哥与我分别从初中、小学毕业，并同时分别考入山西省立太原中学（现今太原第五学的前身）的高中、初中，准备暑假以后开始新的学程。7月7日，卢沟桥事变发生，抗日战争爆发，接着日机轰炸太原，我因开学尚早，避免空袭，且思念母亲，便返回故乡，意欲于开学之时再到太原；五哥因患眼病，滞留太原诊治。从此，我与五哥暂时分别。时局难以逆料，随着日寇的大举进攻，太原不久即沦于敌寇之手。当时，大哥供职于太原绥靖公署，随着阎锡山所部军政机关南撤，最终西渡黄河，到达陕西宜川。五哥因眼病未愈,遂与太哥同行,撤退途中,更得不到医治,左眼终成残疾。到达陕西以后,人心暂时安定。五哥求学心切,大哥一本培养小兄弟们的初衷,遂令五哥奔赴陕南,于1939 考入迁往城固县的原北平师范大学附属中学, 即改名为国立西北师范学院附属中学的高中一年级。此时,我的家乡亦被日寇占领。敌寇所到之处,奸淫烧杀,无恶不作。我为了逃避敌人的屠杀,不愿在日寇刺刀下当亡国奴,毅然告别母亲,只身逃亡到陕西省宜川县,投奔大哥所在地, 大哥又令我到城固投考中学, 以便与五哥相互照护。1940 年 3 月,我又只身到达城固,在阔别三年以后,我与五哥重新相聚在汉水之滨的城固。

是年秋季,我考入西北师院附中初中一年级,五哥已经升入高中二年级,一直到 1942 年夏天,五哥从附中高中毕业并考入西北师范学院,负笈就读于兰州。在这短短的两年中,五哥与我相依为命,互相照顾。确切地说,是五哥给予我更多的呵护。因为家乡沦于日寇之手后,音讯隔绝,大哥、三哥、四哥都远在千里之外,五哥与我流浪在外,举目无亲,尽管依靠当时政府给予的公费,使我们食宿无忧,但穷学生的艰难困苦,毕竟是个现实问题。五哥总是鼓励我抖擞精神,勤奋学习,使我体验到温馨的手足之情的无比珍贵。

1946 年,五哥从西北师范学院毕业后,即回太原担任中学教师。不久,他又应西北师院附中校长张建侯老师之邀,重返兰州,到西北师范学院附属中学任教,为母校服务。

中华人民共和国成立后,五哥于1950年暑假返回太原。此时,我正在华北人民革命大学工作。我与北京市教育工会取得联系,推荐五哥到北京市第二中学任历史教员。

五哥自到北京市二中执教后,以渊博的历史知识、严肃认真的作风,和蔼可亲的态度,勤奋工作的行动,对学生循循善诱、谆谆教导,获得学校领导及上级的好评,赢得了广大学生的爱戴。由于五哥在二中工作,既教书,又育人,成绩卓著,不久被选为二中教育工会主席,后又连续被任命为教导副主任、主任、副校长、校长等职,直至退休。三十多年来,他始终没有离开北京市第二中学,他对二中一往情深。本来有几次迁升的机会,可以调往高等学校任教,五哥都婉言谢绝,他舍不得离开二中,二中也离不开他。五哥热爱教育工作,忠诚于教育事业,毕业于高等师范院校,又一直在教育战线服务,可以说学用完全一致。五哥把一生的精力完全献给了教育事业,特别是对北京二中,更是全身心地投入,倾注了全部心血,多所建树。不敢说五哥的桃李满华夏,至少可以说,弟子遍京都。

五哥性格开朗,情绪乐观,大度能容。他于上世纪八十年代中期因患胃癌,切除了三分之二的胃,顽强地与癌症斗争,竟能持续健康地生活达二十年。所以,王朝璋校友赞誉他为"抗癌英雄"。2004年五一长假期间,五哥与我相约去郑州看望四哥, 这是在世的我们小弟兄三人又一次团聚。见面之后,五哥面部清癯,身体稍显瘦弱,但精神矍铄,毫无病态,无论到嵩山游览少林寺,还是嵩阳书院,或到洛阳参观白马寺、龙门石窟,五哥仍然步履矫健。五哥和我相约,到2006年再到郑州为四哥祝贺九十大寿。岂料时隔不到一年,这句话竟成了永远不能实现的美好愿望。

我得悉五哥患病住院,正值今年春节期间,本想迅速奔赴北京探望,然而由于春运繁忙,车票紧张,一直到元宵节后,才去看望。此时,五哥已处于弥留之际,时而清醒,时而昏迷。即便在清醒时,已不能言谈。五哥握着我的手,久久不愿放开。我想五哥一定有几许心中事要与我交谈;无奈已无法用言语叙述,只能用紧握我手来表达我们弟兄之间八十多年的亲密无间的亲情。此时此刻,我不禁黯然伤神!

我在守候五哥几天以后,看到病情稍微稳定,便返回太原,不料,刚过一周,得悉五哥的病情急遽恶化,我急忙再次赴京。我于3月20日到京,五哥于翌日即溘然长逝。对于五哥的病逝,虽在预料之中,而心脏迅速停止跳动,却在我的想像之外。五哥病逝,使我真有椎心泣血之感。一母同胞兄弟五人,已走其三,现在只有四哥与我,尚在人间。

然而，四哥与我都已进入耄耋之年，且分居异地，不能长相厮守。五哥病逝，使我更加思念兄弟之间的情谊。兄弟如手足，我们兄弟之间，相互关爱，相互呵护，堪称手足情义的典范。当然，更多的是兄长们对我这个最小的弟弟的关怀。工作以后，我命途多舛，历遭坎坷。兄长们对我总是关怀备至，特别是五哥从精神上、经济上帮助我度过难关，使我倍感温暖。

现在，五哥走了，永远地走了。我呼天唤地，顿足捶胸，也无可挽回了。所可告慰五哥于九泉之下的，是在他临终之时，三个儿子和儿媳及孙儿、孙女都守护在侧，其馀四个弟兄的子女们都赶来为他送行。如果五哥地下有知，当可含笑瞑目了。

作于 2005 年 3 月

回忆良师益友高毅民同志

老高走了，走得太急促了。

当王景同志来信告我这一噩耗时，我有点懵了，真不敢相信我的眼睛，是否看错了信，清醒过来，真真切切、白纸黑字，老高真的走了。更何况，信是老高的半个多世纪的伴侣写给我的，哪还能有任何怀疑吗？

2001 年春节，我与老伴到北京过节，2 月 3 日（农历正月十一），我俩专程到北京市委党校去看望高毅民、王景夫妇。当时，我觉得他的气色很好，毫无患病的征兆。我们告辞时，他们夫妇二人把我和老伴一直送出党校大门外，还相约到今年 11 月初，我再来京参加北京师大附中百周年校庆时，一定再来看望他们。不想，这次会面，竟成了我们最后的诀别。这使我感到突如其来。

我与老高相识已有半个多世纪了。1949 年初，我从正定华北大学(中国人民大学的前身)学习结业,被分派到北平华北人民革命大学工作,学校安排我在第二部第十二班当班干事,高毅民同志任班主任。当时,我们对共产党及共产党领导的中国新民主主义革命的认识很肤浅,政治理论水平很低,基本上不懂得什么观点、立场,所以在工作中困难很多,老高同志总是及时地对我们加以指导、帮助,使我们尽快提高认识。

北平解放之初,社会上流散着大量的失业、失学人员及旧政权的军政人员,接受并安置好这些人员,不仅是一个严重的社会问题,而且是一个严重的政治问题。另一方面,随着革命胜利后各方面建设事业的发展,国家急需大量的建设人才。在这种形势下成立的华北人民革命大学的任务,就是通过对社会上闲散人员的培训、教育、改造,为国家建设输送人才。华北人民革命大学的学员成份极其复杂:从年龄上讲,有五六十岁的老人,也有弱冠青年;从文化程度上讲,有大学毕业生(还有些曾在国外留学),也有仅具小学文化程度或粗通文字的城市平民;从政治面貌上讲,有原国民党、三青团的骨干分子(有些人还有血债),也有出身很好、本人从未参加过任何社会活动的青年学生。具体到我们班的学员情况,也大体相似。面对这样文化程度参差不齐、政治面貌和思想意识非常复杂的情况,要对学员进行革命基本教育并让他们初步掌握马列主义、毛泽

东思想的基础理论,其难度是很大的。高毅民同志对学员们在学习和生活中反映出来的问题,总是认真地、细致地分析、研究,对不同的问题做出不同的答复,用不同的方法加以解决;对相同或类似的问题,更要根据学员不同的思想、经历,进行具体的分析,用具体的方法加以解决。当时,我们班上有一名学员的社会经历复杂,有较严重的历史问题。这名学员在入学后,对自己的问题总是躲躲闪闪,避重就轻,不敢彻底交代。本着对党、对人民负责任的精神,同时也是出于对这名学员的关怀和爱护,遵循党的政策,高毅民同志对这名学员做了细致的思想工作,对他晓之以理,动之以情,循循善诱,终于使这名学员提高了认识,相信了党的政策,彻底交代了问题,因为这名学员没有血债,也没参与特务活动,结业时给他分派了工作,这名学员一再感谢共产党对他的关怀,使他能够重新做人,表示绝不辜负党和人民的期望,永远为人民服务。

老高对全班学员进行讲课或解答问题之前,总要先在班务会议上向全体班干部简要地说明他所讲的内容及其看法,这样,一方面可以征求大家的意见,从而统一全体班干部的认识;另一方面也是更重要的一面,就是从认识论和方法论上,教育我们这些新参加工作的青年知识分子,树立起正确的世界观和革命人生观。

1949年夏末,华北人民革命大学第一期学员结业后,我被调到校部担任文化教员。因此,同高毅民同志朝夕相处并在他领导下工作的时间不长,只有短短几个月,但老高同志对我的教诲和帮助,使我受益良多。我到校部担任文化教员,虽然不在老高直接领导下工作,但仍住在一个大院,每当节假日或休息时间,总喜欢去找老高聊天,并聆听他的教诲。

1952年初,华北人民革命大学的历史任务即将完成,机构也将逐步缩编,我被调到河北日报社工作;1954年,我又被调到山西日报社工作。此后,我一直在太原。自离开北京后,我与老高同志虽然不能经常见面,但不论因公或私事,总是每隔一、二年就会到北京一次,每次到北京,只要时间来得及,总要去看望高毅民夫妇,受到他们的热情招待。我同他们促膝谈心,得益匪浅。在1957年的反右派运动中,我被错划为右派分子,从此被下放到农村进行改造,一直受到不公正待遇。然而就在这种处境下,我每次去看望老高,他对我总是以诚相待,帮助我正确对待问题,正确认识形势,使我感到非常温暖。

老高同志还有一个最大的特点,也是最大的优点,就是耿直不阿。他对错误的思想、错误的认识,从来都是毫不留情地指出,哪怕争得面红耳赤;但事情过后,同志之间的友情依然如故,因为老高同志对每一个问题的是非曲直,只是对事而不是对人,因此,他赢得了同志们的谅解、尊重，更赢得了大家的敬佩。我在他的直接领导下工作，虽然只有短短不到半年时间，但我们之间的深情厚谊却存在了半个多世纪。毅民同志如果九泉有知，也会同意我的说法。

高毅民同志是我的良师益友，我失去这样的良师益友，怎能不悲痛呢？下面吟成四句，以寄托我的哀思。

> 京华初逢五十春，
> 谆谆教诲记犹新。
> 益友良师乘鹤去，
> 我向何处哭英灵？

2001 年 10 月

忆王介山校友的
《白沙河畔》出版经过

　　由北岳文艺出版社(山西)出版、发行的《白沙河畔》一书,是王介山校友的一部力作。这是一部叙事体的纪实小说,记述了作者的一位本家堂兄一家的错综复杂的兄弟姐妹关系,也记述了这一家在将近半个世纪里的悲惨遭遇:骨肉离散,痛失亲人,生活艰难,颠沛流离,饱受欺凌和压迫。

　　要对本书作出全面评价,有待于校友们及广大读者阅读后再进行评估。作者与全书的内容无涉,但可以看出,作者对书中主人公的悲惨遭遇,寄予深切的同情;对于主人公一家的一连串不幸,感同身受。

　　这也难怪。在上世纪的五十年代初,作者刚刚跨出北京大学校门不久,风华正茂,正是施展英才的时候,突遭1957年反右风暴的袭击,成为政治斗争漩涡中的无辜受害者。在那个政治运动连续不断的年代里，作者的处境异常艰难。特别是在"史无前例"的"十年动乱"中，全国人民遭受了灾难性的浩劫，在极"左"思潮路线的指导下，作者的心灵受到了严重的创伤，身体受到了奴役（劳改）。在这种情况下，作者很自然地会对受苦受难者寄予无限的同情。我想，这大概就是本书创作的动力。

　　2001年春节过后的一周，北大校友在北京市委党校聚会，我与介山校友又一次碰面，他托我联系出版社出书的事。我返回太原后，向山西的几个出版社询问，最后找到北岳文艺出版社，以最低的补贴，为作者出版这部著作。因为我同省内各个出版社的领导及大部分的编辑人员都很熟，所以没有签订书面协议，只是口头上说好由作者交付一万五千元，出版社将交付作者500本书。出版社是事业单位，但又是企业化经营管理，不仅自负盈亏，而且还得上缴利税。出版社在出版各种读物时，在保证社会效益的前提下，必须考虑经济效益。在经济效益没有把握的时候，就向作者提出了自费出书或补贴出书。通常情况下，40万字的书稿要自费出版，大约需要四万元左右。王介山校友经历近半个世纪的坎坷，经济拮据，这是实际情况。经过再三磋商，达成口头协议如上。介山是山西夏县人，据说中国的夏朝开国之君——大禹，就建都于夏县。所以，本书作者署名:禹乡。

当年 7 月,介山把书稿寄来,并附有一封恳切的信,要求本书出版时写明"王介山著　郭平凡校订",或"王介山、郭平凡合著"。对介山的心意,我很理解,并表示谢意。但,这种作法是不可取的。首先,这是一个职业道德问题。我怎么能乘人之难(不要说乘人之危),窃取别人的果实呢? 其次,我同介山又是双重校友(除西北师院附中校友这层关系外,我们又是北京大学校友。我是法律系学生,他比我晚一年考入东语系)。不管怎么说,我还是谢绝了他的好意。

本书原分两部,第一部为"晋南农村人家之一"《白沙河畔》,第二部为"晋南农村人家之二"《稷王山下》。由于部头过大,相应地要出更多的钱。考虑到介山的经济情况,决定先出第一部,第二部留待以后再说。这样,我便将"晋南农村人家之一"改为"晋南农村人家散记"——《白沙河畔》。以后想再出第二部时,可以重新处理。

王介山校友在寄来书稿时,就已发现自己患有食道癌,但并不严重。我知道他已患病,不管怎样,我一定要抓紧时间,催促出版社能够尽快付印、出版。经过紧张的工作,该书终于在 2002 年 5 月出版。此时,介山的癌症已经处于晚期,而且医院已下病危通知书,终于在 8 月 20 日凌晨停止了呼吸。在介山病逝之前,我急急忙忙从出版社要了一本"样书"先给他寄去,尽管他已不能阅读,但在他弥留之际,终于看到了自己的作品已经问世,总算得到了一

点安慰，辞世也可以瞑目了。

王介山校友才华横溢，在北京大学东方语言文学系学习期间，主修梵文，成绩优异，是金克木教授得意的高足。他不仅对自己的专业课程潜心学习，而且英语成绩也非常出众。

王介山校友受到不公正待遇的时间长达近半个世纪，对于他历经坎坷，我不仅深表同情，而且感同身受。不过最后总算得到了平反，王介山校友也是在舒了一口气后才走的，也算得到了一点安慰。

作于 2002 年 9 月

太原市"国师街"名称的由来

　　城市街道的名称,凡是冠以方向性的字眼,一般地说,有南就有北,有东就有西。例如:太原市有东缉虎营,同时就有西缉虎营;有并州北路,同时就有并州南路。北京天安门前东西方向的大街以天安门为中点, 往东为东长安街,往西为西长安街,等等。太原市有新民东街,然而却没有新民西街,是不是原来就没有亲民西街? 不是的,原来的新民西街就在新民东街的西边,即现在的国师街。

　　那么,什么时候将新民西街改称国师街? 又为什么要改名呢?要回答这个问题,就得追溯到七十多年前的一段历史。

　　现在的国师街,在 1936 年以前叫新民西街,正好同东边的新民东街对称。当时,在新民西街有一所小学校,名叫"山西省立太原国民师范附属小学校",简称"国师附小"。它是山西省立太原国民师范学校(简称国师)的附属

283

小学校,校址就是现在的太原十八中及对面的国师街小学二校。民国二十五年(1936),国民师范奉令停办,改为职业学校,作为国民师范的附属小学校就失去了依托,当然就不能再称"国师附小"了。但是,国师附小在当时是太原市的小学校中首屈一指的好学校,不论是当时的省、市主管当局,还是学生家长及社会各阶层人士,都不愿意让国师附小因国师的停办而随之关闭。于是,将国师附小改名为国师小学,继续存在。

随着国师的停办,国师附小便改名为国师小学,为了给太原市留一永久性纪念,遂将国师小学所在街道的新民西街改名为国师街。这一情况,即使是久居太原市的 70 岁以下的居民,也未必清楚。不管是在八年抗战期间,日寇占领太原;还是抗战胜利后,阎锡山集团从晋西返回;或是在解放以后,这条街道的名称仍叫国师街,再未改变。

笔者是当年国师附小的学生,就在 1937 年"七·七"事变时,刚好从高小毕业(即现在的小学六年级毕业),年龄已是十四周岁。所以,虽然时隔半个世纪以上,对于这一街道名称的由来是非常清楚的。

因与友人闲谈时,友人向我提问:"为何只有新民东街,而无新民西街?"遂作此简短叙述,以答友人。

作于 2010 年 10 月

Y YUDUNJI

愚顿集

附录

新编名贤集

前　言

在我国长期的封建社会里，人们十分重视对儿童的启蒙教育。这些启蒙教育的教材，真可以说是汗牛充栋。但是，就其内容来说，其中心思想则是以儒家的学说为正统，希望通过修身、齐家，达到治国、平天下的目的。为适应蒙童的特点，启蒙教材的形式是多种多样的，如《百家姓》则是把汉民族的成百上千个姓氏连缀在一起，编成四言口诀，让儿童熟知汉民族的姓氏。《三字经》则是以三字的句式，将人伦道德、天文地理、古今人物、历朝更迭、数字计算等等，编入书中，真可以说是包罗万象，成为一本综合性的启蒙读物，从它问世以来，一直传授不绝。

287

继《百家姓》、《三字经》以后，相继问世的有《千字文》、《弟子规》、《幼学琼林》、《名贤集》等等，不一而足。就《名贤集》而言，顾名思义，是选辑名人、贤哲的箴言、格言和座右铭之类而成的一本通俗读物，其中也间有俗言、谚语。原书所辑内容，绝大部分是关于为人处世的所谓"诀窍"。在这些做人的"诀窍"中，雅俗杂陈，精华与糟粕并存，已经不能适应今天的潮流和发展的需要。因此，对《名贤集》重行选编，以便去芜存精，使这本传诵多年的启蒙读物重新发挥一点教育作用。

由于年代久远，《名贤集》的成书时间及作者姓氏已不可考。但是，作为幼儿的启蒙教材，最迟从明代以来就开始采用、流行、推广开了。随着时间的推移，文人、学者每每有所增删。不论怎样增删、改编，万变不离其宗，其中心思想还是维护和宣扬孔孟之道和封建礼教，以巩固封建秩序。此外，原书还有大量的唯心主义的因果报应论和宿命论的内容，以及赞颂封建礼教的语句。因此，在重新选编时将这些封建性的糟粕尽量予以删除，增补了一些积极的、健康向上的名言，俾便对人们的思想认识能有所提高，成为正确指导人们的行为的准则。

此次改编，仍然按照《名贤集》原来的形式，即用对偶句式。在语句排列上，作了一些调整，按内容分了十二组，即：理想抱负、坚守节操、勇于实践、辩证思维、勤奋学习、自我修养、行为规范、增强团结、待人接物、善择师友、持家之道、保健延年等。这只是粗略的分类,并不十分准确,仅仅为了读者查找方便而已;每类中,又按语句字数由少到多排列。对语句中的字词,尽量加以注释,使读者能够更好地领会每句话的本意及其精神实质。有些一看就懂的语句,则不再饶舌。为了帮助读者更好地理解每一句话,在注释以后,再译成口语式的完整句子,编者把它叫做"解说"。解说以后,又作了简短的述评,使读者对每一句话,能够有一个全面的、完整的理解。

我国历史悠久、文化蕴藏很深,成语、典故、箴言、格言、谚语及座右铭之类的词语浩如烟海,这里只是选辑了极少极少的一些,做为人们日常待人接物、立身处世的准则,藉以规范其行为,促进社会的长治久安,为改革开放、发展经济,创造良好的内部环境,为使国家早日繁荣昌盛而发挥一点微小的作用。

由于编注者的水平有限,视野不宽,增、删是否适当,注释、解说、述评是否确切,希读者不吝指教。

编注者谨志

1995.7

理想抱负

天下兴亡,匹夫有责。

【注释】天下:指国家,全国,泛指中国或世界。匹夫:指普通人,泛指每一个人。

【解说】国家的兴隆或衰亡,每个老百姓都有不容推卸的责任。

【述评】国家兴旺发达,或衰落,甚至灭亡,对全国的每一个人说来,都关系到自己的切身利害。国家兴旺发达,每个人都感到光荣、骄傲,而且能安居乐业;反之,国家衰落,甚至灭亡,老百姓必然感到耻辱,受人欺凌,生活也陷于困苦的境地。所以,每个公民对于国家的兴衰存亡,有着不容推卸的责任。

学好如登,学坏如崩。

【注释】登:登山,往高处攀登。崩:倒塌,坍塌,崩溃,败坏。

【解说】学习好的习惯,好的作风,好的行为,好的道德品质,如同登山一样困难、费力。模仿坏的习惯、毛病、行为、作风以及缺德的事,如同岩石崩落一样很容易形成。

【述评】要想学习好的生活习惯、思想行为、道德品质,必须具有坚强的毅力和决心,如同登山一样,要克服重重困难。而学坏则容易得多,只要稍不检点,有些坏习惯、坏思想,便要侵蚀人们的思想、灵魂,且速度之快,危险之重如同山体滑坡、崩塌,只发生在眨眼之间。

人生不满百,常怀千岁忧。

【注释】百:一百岁(指人的寿命)。千岁:千年,年代久远。

【解说】人的一生,通常超不过一百岁,但应该怀有长远的忧患意识。

【述评】人生在世,虽然仅仅有几十年的寿命,但对于家事、国事应该有长远的忧患意识,以天下、国家为己任,使家庭兴旺发达,国家安定、团结、富强。有长远的忧患意识,就可以防患于未然,永远立于不败之地。所谓"先天下之忧而忧,后天下之乐之而乐",就是这种忧患意识的具体体现。

将相本无种,男儿当自强。

【注释】将相:指高级文武官员。自强:自己努力向上。

291

【解说】将相并不是天生下来就是将相的苗子,男子汉、大丈夫应当努力向上,才能出人头地。

【述评】在封建社会里,总是提倡"学而优则仕"。一个人有无出息,总是以能否做官为标志,官越大,地位越高,就越有"出息"。但是,真正有出息的人,应该为国家、为人民多做贡献。从这一点说,能否做贡献,或做出的贡献大小,并不是天生注定的,而是要靠刻苦学习,并努力提高自己的道德修养才能做到。

生当做人杰,死亦为鬼雄。

【注释】人杰:人中的才能杰出者。鬼雄:百鬼之英豪。

【解说】人在活着的时候,要做人中的杰出者,死后也要做鬼中的英雄。

【述评】这两句话,向人们指出了做人的道理:活着的时候,必须做堂堂正正的人,干出一番轰轰烈烈的事业;死后成为鬼魂(当然不会有鬼,这是一种形象的说法),也要成为英雄。这两句话可以作为激励人们努力向上、奋发图强的座右铭。

行行出状元,事事在人为。

【注释】行行(háng háng):各行各业。状元:科举时代考试时,殿试第一名称为状元。比喻在本行业中成绩最好的人。

【解说】各行各业都有出色的工作者,每一件事的好坏,都是由人的所作所为决定的。

【述评】职业没有高下之分,只是分工的不同而已。在我们的社会主义国家里, 所有的工作都是为人民服务,都是为了建设社会主义祖国。在各行各业做出突出成绩的,都是社会主义劳动英雄,都是该行业的状元。因此,工作在各行各业的人,都有出人头地的机会,关键在于个人必须奋发努力。

学者非必为仕,为仕者必如学。

【注释】仕:做官。如学:应当学习。

【解说】求学的人不一定是为了做官,而做官的人则必须努力学习。

【述评】在封建时代,"学而忧而仕",几乎成了读书人追求的唯一目标。今天,时代变了,我们求学的目的是为了更好地为人民服务,为社会主义建设贡献力量,而不是为了追求高官厚禄。但是,一旦成为国家的各级领导官员,首要的任务就是学习:向人民群众学习,学习业务,学习所需要的科学知识。总之,做官不学习,必然会因为跟不上时代的潮流而被淘汰。

庸人苟且偷生,伟人改造环境。

【注释】庸人:平常人,见识短浅的人。苟且:只图眼前安逸,得过且过。伟人:伟大的人物,有大功绩的人。

【解说】目光短浅的人,只图眼前,没有长远打算,马马虎虎过日子;有远大志向的人,总是不断改造环境。

【述评】庸人与伟人的区别,就在于:一种人是鼠目寸光,没有任何理想与抱负,过了一天算一天,这种人对于人民和社会不可能有什么贡献。只不过是行尸走肉而已。另一种人有着远大理想和宏伟抱负,而且脚踏实地地去实现理想,并做出很大的成绩。这就是伟人,就是我们要学习的榜样。

望梅不能止渴,画饼不能充饥。

【注释】望梅:看见梅树上结的梅子。画饼:画在纸上或地上的饼子。

【解说】望见梅树上的梅子而没有吃到嘴里,是止不了口渴的。在纸上或地上画一个饼子并不能用以充饥。

【述评】世上总有一些人不愿意脚踏实地地工作,老是以空想来安慰自己,到头来,只是徒有虚名而无任何实绩。奉劝那些寄希望于渺茫的人,还是勤勤恳恳地学习、踏踏实实地工作为好。幻想终将破灭,望梅无法止渴,画饼终究不能充饥。

苟利国家生死以,岂因祸福趋避之!

【注释】生死以:生死以之,即不管生死,都要去做。趋避之:趋福避祸。

【解说】只要有利于国家的事情,不管生死都要去做,岂能趋福避祸?

【述评】这是在鸦片战争失败后,林则徐被遣戍伊犁时所作《赴戍登程口占示家人》一诗中的两句,道出了林则徐的立身行事,关怀国家命运的坦诚襟怀。一百多年来,这两句诗一直激励着爱国志士,为国家的兴旺昌盛而奋斗。

没有血色人苍白,没有理想人无彩。

【注释】苍白:灰白色。彩:文采,光彩。

【解说】人没有血色,脸上就呈现苍白色;没有理想的人,身上没有任何光彩和神采。

【述评】人如果没有理想,也就失去了奋斗的目标,其一切行动如断线风筝,飘忽不定。人的头脑中没有理想,如同人身上没有血色一样。没有血色,人必然苍白无力;没有理想,人失去了生气、活力,也就暗淡无光了。所以,我们要树立远大理想,并为实现自己的理想而奋斗。

一家仁,一国兴仁;一家让,一国兴让。

【注释】仁:仁爱。兴仁:振兴仁德。让:谦让。兴让:兴

起礼让之风。

【解说】每一个家庭都讲仁爱,整个国家就会使仁德振兴;每一个家庭都能谦让,整个国家就会兴起礼让之风。

【述评】家庭是组成社会和国家的细胞,是组成社会和国家的最基本的单位。社会的良好风气,是建筑在每个家庭的良好风气的基础上的。每一个家庭都能仁爱、礼让,整个社会、整个国家,就会成为礼仪之邦。

先天下之忧而忧,后天下之乐而乐。

【注释】天下:指全国,即全国的人民群众。忧:忧虑,担忧。乐(lè):欢乐,高兴。

【解说】在全国人民感到忧虑之前,自己早已有忧患意识;在全国人民享受到安居乐业的欢乐后,自己才去享受这种欢乐。

【述评】仁人志士总是以国家和天下为己任,因而经常具有忧患意识,在某种微小的危险苗头出现之前,就已考虑到了这种情况,因而在天下人尚无忧虑之前就已担忧了。当全体人民过上安居乐业的日子后,自己才会感到无限欢乐。只有胸怀远大志向的人,才能有这样的精神境界。

心欲小而志欲大,智欲圆而行欲方。

【注释】欲:需要,应该。

【解说】思想应该谨慎小心,而志向则需要远大;知识需要丰富、广博,而品德行为则应该刚正不阿。

【述评】人的能力有大小,才学有高低,但不论做什么,都要小心谨慎,而志向则要远大。小心谨慎,可以避免祸患;志向远大,则能胸怀全局。博学多才,才有能力应付和解决各种各样的难题;刚正不阿,就能直道而行,永远保持清白的本色,处逆境而不变节,处顺境而不骄纵。

到处青山埋白骨,何必马革裹尸还!

【注释】青山:树木青翠的山。马革裹尸:比喻志在四方,英勇作战而死于沙场。

【解说】到处都有树木翁郁的青山,可以埋葬自己的尸骨,即使为国战死沙汤,又何必一定要用马皮包着自己的尸体返回故乡呢?

【述评】一个人应该有远大的志向,为了国家和人民的利益,既可以远戍边疆,也能够服务于他乡异域。应该学习历史上的仁人志士,以四海为家,不计较个人的生死,为国家和人民的利益,就是死于异国他乡,也无悔无怨。

勿以薄而志不壮,勿以贫而行不高。

【注释】薄:轻微,薄弱。壮:宏大,宏伟。行:行为,品德。

【解说】不要因为能力薄弱就没有宏伟的抱负。不要因为生活贫困而导致品德、行为不高尚。

【述评】一个人的能力有大小,能力小的人也能做出伟大的事业,关键在于要有远大的志向,宏伟的抱负。生活再苦,也要有骨气,不能因为生活贫困而导致行为不检。不管怎样,一定不要失掉做人的起码行为,所谓"穷且益坚,不坠青云之志",就是这个意思。

劳苦之事则争先,饶乐之事则能让。

【注释】饶乐:富饶、富裕和欢乐。

【解说】对于既劳累又吃苦的事,要争先去做;对于有利而欢乐的事,要尽量让给别人。

【述评】人生在世,总是要有一点精神的,这种精神就是"奉献",也就是平常人们常说的"吃苦在前,享受在后",或者说"见困难就上,见荣誉就让"的精神。这是中华民族的优良品德之一,是应加以发扬光大的。

志士不忘在沟壑,勇士不忘丧其元。

【注释】沟壑:山野的深沟。元:指人头。

【解说】有志之士,从来不害怕自己死在荒山野沟中;勇敢的人,从来不怕丢掉自己的脑袋。

【述评】具有崇高理想和远大抱负的人,永远是勇敢无畏的,崇高的理想激励着人们自强不息。为了实现远大的志向,不惜抛头颅,洒热血,甚至战死在他乡异域,葬身于荒山沟壑,马革裹尸,也在所不计。

有学无才,如愚商操金不能殖货;
有才无学,如巧匠无木不能成室。

【注释】有学无才:有点学识,但无能力。有才无学:有点能力,但无学识。操金:经商。殖货:增殖财货,盈利,赚钱。

【解说】有知识而没有能力,如同痴呆的买卖人经商一样,不能够盈利;有点能力而没有知识,如同灵巧的木匠没有木料,也盖不成房子。

【述评】一个有益于人民的人,除了具有高尚的道德,还需要才、学皆备。只有这样,才能为人民、为社会作出尽可能多的贡献。我们既不当那些做买卖不能盈利的愚商,也不要成为没有木料盖房子的巧匠。

坚守节操

富贵一时,名节千古。

【注释】富贵:富有和显赫,也就是有钱有势。名节:名声和节操,指名誉和德行。

【解说】有钱财、有地位,只不过是一时的荣耀而已;而好的声誉和德行,却可以千古流芳。

【述评】金钱、地位、声誉、德行等,经常纠缠着人们,伴随着人们的言行。一个人追求什么,反映着他的价值观、世界观。人不应该成为金钱的奴隶,而应该是老老实实为人民服务的老黄牛。人们永远不会忘记而怀念的是一个人的声誉、节操。

无功受禄,寝食不安。

【注释】禄:报酬,官吏的薪俸。

【解说】没有功劳而享受优厚的待遇,不论睡觉或是吃饭的时候,心中总是感到不安。

【述评】不论在什么情况下,一个人不应该获取非分的报酬。没有建功立业,没有做出特殊的贡献,而享受着特别优厚的待遇,就会使人时时感到不安,睡觉不踏实,饮食没味道。一个人应该有自知之明和自觉的行动,绝不接受和随意索取非分之财。

公可生明,廉能生威。

【注释】公:公正无私。明:明察事理。廉:清正廉洁而有政绩。

【解说】公正无私的人,不偏不倚,就能明察事理。清正廉洁而有政绩的人,在群众中就会有威信。

【述评】一个人不论处理什么问题,只有公正无私,才能明察秋毫,不会被各种表面现象所蒙蔽。特别是作为领导人来说,"公"是非常重要的,只有不偏不倚,才能光明磊落,因而获得群众的信任。领导者清正廉洁,并做出成绩,在群众中的威信,自然就树立起来了。

生于忧患,死于安乐。

【注释】生于忧患,死于安乐:意思是说,由于存在忧患,就得奋发图强,因而得以生存。只知道安乐享受,不知道振作精神,往往会遭到灭顶之灾。

【解说】人因忧患而时时考虑应付的策略,所以能够生存;在安乐环境中,滋长了怠慢思想,最后导致死亡。

【述评】人应该经常保持忧患意识。有忧患意识,就会奋斗,就能生存。缺乏忧患意识,在安乐中一味尽情享受,渐渐走向堕落,直至死亡。所以,孟子说:"无敌国外患者,国恒亡",就是这个道理。

鞠躬尽瘁,死而后已。

【注释】鞠躬:向前弯着身躯,表示恭敬。尽瘁:竭尽劳苦。

【解说】不怕任何劳苦,竭尽一切力量,贡献全部才能,万死不辞,直到生命的终结。

【述评】一个人应当为自己的国家,为自己所从事的事业,兢兢业业、勤勤恳恳地工作,竭尽自己的全部才能与智慧,做出尽可能多的贡献。在生死关头,应该有赴汤蹈火、万死不辞的精神去奋斗、牺牲,直到心脏停止跳动。

内修则外理,形端则影直。

【注释】内修:内心修养。理:条理,有条有理。形端:形体端正。

【解说】内心修养的工夫深,外表行为就有条不紊;形体端正,影子自然是正直不斜的。

【述评】外理是内修的表现,影直是形端的反映。要想外理,就必须加强内修;要使影直,必须注意形端。那些不愿意在内心修养上下工夫, 而只注意在外表上粉饰的人,最终会露出丑恶的原形。当然形端影直的人,也有被误会的时候,但那只是暂时的。"站得正,不怕影子歪",是颠扑不破的真理。

志骄于业泰,体逸于时安。

【注释】骄:骄傲,踌躇满志。逸:安逸,放纵。

【解说】志向远大的人,当其事业取得一些成就的时候,往往踌躇满志,产生骄傲情绪。在安定、平静的环境中,往往会使生活放纵、淫逸。

【述评】人人都希望自己的事业一帆风顺,人人也都愿意在安定、平静的环境中生活。然而,事业的顺利发展,生活的安定、平静,不仅不能磨砺坚强的意志,反而会使人产生骄傲情绪,诱使人的生活逐渐放纵,甚至糜烂。我们不可不戒。

立志而无恒,终身事无成。

【注释】恒:恒心,持久不变的意志。终身:一辈子,一生。

【解说】一个人虽然立定志向,但如果没有持久不变的意志,不论做什么事,一辈子也没有成功的希望。

【述评】一个人立定志向,就要坚持下去,勇往直前,奔向既定目标,胜利的果实,挂满枝头,等待着矢志不渝的人们去摘取。如果意志不坚定,对任何事情往往浅尝辄止,遇一点小小的挫折,就灰心丧气,半途而废,那就什么事情也做不成了。

临财毋苟得,临难毋苟免。

【注释】毋:同"勿",不要。苟:随便。难:危难,灾难。

【解说】面对钱财或其他物质财富时,不要随随便便贪图便宜,占为己有。当大难临头的时候,不要轻易逃避。

【述评】一个人应该有清廉自守的节操,更要有见义勇为的精神。千万不要见利忘义,随便贪占别人的财物;处于困难,甚至危险的时刻,绝对不应该畏缩不前,进而逃避以保全自己。只有迎着困难奋勇向前的人,才是一个真正的人。

无以欲失性,无以忿轻生。

【注释】性:本性。忿:同"愤",愤怒,愤恨。轻生:不爱惜、不重视自己的生命。

【解说】不要因为自己的私欲而丧失做人的本性,不要因为遇事忿忿不平而伤害自己的生命。

【述评】人都应以理智克制自己的非分之想。人的私欲是没有止境的,如不加以克制,必然丧失本性,做出伤天害理的事;不要因为某些不如意的事而忿忿不平,甚至产生怨恨情绪。为了发泄怨恨,铤而走险,结果害了别人,也害了自己。

贫而无怨难,富而无骄易。

【注释】怨:怨恨,埋怨。骄:骄傲,骄纵。

【解说】要让贫贱的人没有埋怨和怨恨的情绪,是很困难的。富贵的人没有骄奢淫逸的行为,却是比较容易做到的。

【述评】贫贱与富贵,并非命中注定,而是由于人的因素造成的。确切地说,由于统治者的剥削、压迫,造成两极分化,出现了贫富的差别。要想让贫贱者服服帖帖地忍受贫困而毫无怨言,是很困难的。富贵者养尊处优,只要稍微克制,收敛一下自己的骄纵行为,还是比较容易的。

年老心未老,人穷行莫穷。

【注释】行:指行为。穷:困窘,贫困。

【解说】人上了年纪,老了,但思想不应该老化。人尽管贫穷,但其思想行为不应困窘。

【述评】人由青少年到壮年、老年,这是不可抗拒的自然规律。人老了,但思想不能老化,要永远跟着时代的潮流不断前进,要永葆青春的活力。人在生活上尽管手头拮据,但思想上一定要豁达、开朗,不因贫困而潦倒。

自古皆有死,民无信不立。

【注释】信:诚实,不欺骗。

【解说】从古至今,任何一个人都是要死的。但是,人一定要守信用。如果不守信用,如何做人呢?

【述评】生死是自然规律,既然有生,就会有死,是谁也逃避不了的。但是,一个人必须有正确的生死观,即正确的人生观。南宋的民族英雄文天祥说过:"人生自古谁无死?留取丹心照汗青"。因此,我们立身处世一定要有做人的信念,最重要的就是诚信不欺。如果不讲信义,不守信用,就丧失了做人的资格。

捐躯赴国难,视死忽如归。

【注释】捐躯:献出生命。

【解说】牺牲自己的生命去解救国家的危难,把死的事情看作如同回家一样平常,一样愉快。

【述评】一个人必须摆正自己同国家的关系,才能成为一个爱国者。"爱国",并不是空洞的口号,而是要看行动,看具体表现。要把个人利益同国家利益联系在一起,为了国家的利益,必须牺牲小我,服从大我,要有大无畏的精神,为了大我,虽赴汤蹈火,在所不辞。只有这样,才能临危不惧,视死如归。

忠臣不怕死,怕死不忠臣。

【注释】忠臣:忠诚之臣,过去是指忠于君主的官吏;现在指的是忠于国家、忠于人民的国家干部。

【解说】凡是忠诚于国家的文武百官,没有怕死的;那些怕死鬼,绝对不可能是忠臣。

【述评】国家的文武百官,只要是赤胆忠心,为了国家和人民的利益,虽赴汤蹈火,在所不辞。而有些胆小如鼠的怕死鬼,在严峻的考验面前,在生死关头,或者变节投敌,或者临阵脱逃,成为可耻的叛徒或逃兵。这些人信奉保命哲学,绝对不可能成为忠臣。

义士不欺心,廉士不妄取。

【注释】义士:忠义之士,维护正义的人。廉士:清正廉明、奉公守法的人。

【解说】忠义之士不会干违心的事,廉洁奉公的人不会随便谋取非分的财物。

【述评】不欺世盗名、不自欺欺人,这是有正义感并维

护正义的人的本色。廉洁奉公的人，从来不谋取非分之财。所有这些，都体现了高尚的道德情操。做一个正直的人，一定要在思想上筑起防微杜渐的长城，把一切邪念消灭在萌芽状态。

不为穷变节，不为贱易志。

【注释】穷：贫穷，困窘。节：节操。易志：改变正确的志向。

【解说】一个人绝对不要因为物质上的贫穷或处境困难而改变坚贞的节操，也不因为地位卑微而改变远大的志向。

【述评】每个人都应该保持高尚的节操和宏伟的志向。那些因贫穷或处境困难而变节的人，都是没有骨气的懦夫。因地位卑微而放弃远大志向，是意志坚定的人所不为的。所谓"时穷节乃见，一一垂丹青"，"穷且益坚，不坠青云之志"，都是要求我们做坚贞不屈的人。

家贫出孝子，国乱识忠臣。

【注释】孝子：善事父母的儿女。忠臣：忠诚于国家和人民的文武官员。

【解说】贫穷的家庭中，能够养育出孝顺父母的儿女；国家处于战乱的时期，方可识别文武百官的忠与奸。

【述评】富裕家庭不缺吃穿,赡养父母没有任何困难;只有在贫困的家庭中,子女们看到父母为养育儿女所受的艰辛,在儿女们成长后一定会报答父母的养育之恩。国家在承平时期,文武百官按部就班,各司其职,忠奸难辨;只有在国家处于战乱、危难的时候,文武百官是执干戈以卫社稷,还是苟且偷生,甚至投敌叛国?是忠还是奸就泾渭分明了。

君子喻于义,小人喻于利。

【注释】喻:明白,通晓,了解。

【解说】道德高尚的人,非常明白义理;缺乏道德修养的人,只晓得自己的利益,并想方设法满足自己的欲望。

【述评】义与利,本来是相对的。在义与利的选择上,君子与小人是泾渭分明的。"生亦我所欲也,义亦我所欲也,二者不可得兼,舍生而取义者也"。君子对于义比利看得更重要,而小人则把利比义看得重要。君子重义轻利,而小人则是利令智昏,见利忘义。

情胜欲者昌,欲胜情者亡。

【注释】情:感情,情理。欲:欲望,欲念。昌:兴旺发达。亡:失败,灭亡。

【解说】以理智战胜欲望的人,其事业就会兴旺发达。

如果欲望战胜理智，其事业必遭失败。

【述评】感情、欲望是与生俱来的东西，无论做什么事，往往是感情与欲望交织在一起，这就需要理智，需要克制。如果理智战胜欲望，事业就顺利，就会成功，并且兴旺发达。如果理智克制不住欲望，就会导致事业的失败，甚至身败名裂。

临义莫计利害，论人莫计成败。

【注释】义：正当、合理的事情或行为。利害：利益与祸害。成败：成功与失败。

【解说】遇到正当、合理的事，要勇敢担当，不要考虑个人的利害得失。评论人物的时候，不要从其成功或失败方面去衡量。

【述评】一个人要有牺牲精神，才能为群众、为社会、为国家做出贡献；如果斤斤计较个人得失，就将一事无成。对于人物的评论，主要看其德行与功绩，而不应以一时一事的成败论英雄。那种"胜者王侯败者贼"的观点，是十分错误的。

不为贫而易操，不为贱而改行。

【注释】易操，改变节操，或者叫变节。改行（xíng）：变更自己的行为。

【解说】不因为贫困而变节,也不因地位卑贱而改变自己的善良行为。

【述评】一个人的节守、行为是非常重要的,要真正做到"富贵不能淫,贫贱不能移,威武不能屈",必须有很高的觉悟和坚定的意志、坚强的毅力。因此,一定要加强自身修养,提高认识,即使在威胁利诱下,面临生死关头,也一定要坚持原则,毫不动摇。

附
录

三军可以夺帅,匹夫不可夺志。

【注释】三军:春秋时代,大国多设三军,如晋设中军、上军、下军;楚设中军、左军、右军;夺帅:劫取统帅。夺志:被迫改变原来的志向或意愿。

【解说】军队的统帅可以被劫持,但却不能强迫一个人改变志向。

【述评】一个人只要意志坚强,志向坚定,就可以战胜一切艰难险阻。三军之勇在于众人,一旦人心不齐,其统帅也要被对方劫持。匹夫之志则在自己,只要自己坚定不移,任何力量都无法改变其志向。如能改变,也就谈不上什么志向了。

苟非吾之所有,虽一毫而莫取。

【注释】苟:如果,假如。毫:毫毛,细毛,引申为细小的事物。

【解说】如果不是属于自己所有的东西,虽然是极其细小的东西,绝对不要贪占。

【述评】这是苏东坡在《赤壁赋》中的两句话,坦露了他对人与物的关系的看法。一个人不要陷于物质的诱惑之中,凡不属于自己的东西,则一分不取,真正做到两袖清风。如果真正能做到这一点,那就是一个廉洁奉公的人,一个正直无私的人。

患常生于无事,祸莫大于多欲。

【注释】患:祸患,灾难。欲:欲望,欲念。

【解说】祸患经常产生于无所事事的时候,灾难之大没有比无止境的贪占欲望更厉害的了。

【述评】谚语说:"饱暖思淫逸",俗话也说:"无事生非"。的确,饱食终日,无所用心的人,整天不是寻欢作乐,就是制造事端。因为没有正当的工作,精神也就没有寄托,所以就要寻衅闹事。贪得无厌的人,其欲望永无止境,所谓"欲壑难填",最后往往走上犯罪的道路。

廉者常乐无求,贪者常忧不足。

【注释】廉者:廉洁奉公的人。贪者:爱财如命的人。

【解说】廉洁奉公的人毋需向人索取,所以经常是快乐的;贪得无厌的人永远没有满足,所以经常处于忧虑之中。

【述评】廉洁奉公的人,没有贪占物质财富的欲望,所以心情开朗,永远是快乐的。贪婪的人,物质的占有欲非常强烈,永无满足之时。由于欲壑难填,经常在算计着别人,因而陷入忧虑之中,就不足为奇了。

吃了人家的嘴软,拿了人家的手短。

【注释】吃了、拿了:指白吃白拿,接受贿赂等行为。嘴软、手短:指说话软弱,处理问题时腰杆不硬。

【解说】白吃了人家的饭菜,自己的嘴被堵住了,就不好意思批评人家;白拿了人家的东西,自己就理屈了,就不敢处理人家的错误。

【述评】保持廉洁的节操,是作人的最高品德,自己不贪不占,就可以制止别人贪赃枉法;自己公正廉明,别人就不敢对自己阿谀奉承,乃至行贿收买。总之,自己清白无私,打击不正之风,就会坚决有力而无任何顾虑。

公道达而私门塞,公义立而私事息。

【注释】达:畅通。塞:堵住。息:停止。

【解说】只要为公的道路畅通了,为私的门路自然就被堵塞住了。树立起为公的道义,谋私的事也就停止了。

【述评】公与私,本来是对立的。为公或是为私,泾渭分

313

明,世人一看便知。一切为公的道路畅通无阻,并树立起一切为公的道义,什么"以权谋私"、"假公济私"也就行不通了,也就停止了,一切不正之风的根本原因,说到底,都是"以权谋私"、"权钱交易"。只要一心为公,一切不正之风都会烟消云散。

不以隐约而弗务,不以康乐而加思。

【注释】隐约:穷愁困窘。务:致力于……勉力从事。康乐:安乐。

【解说】不因为穷愁忧困而不去干所应干的工作,不因为生活安乐而胡思乱想。

【述评】穷愁忧困是对人的一种考验,能经得起这种考验的人,将会更加坚定地向前迈前。生活安定的人,很容易产生各种各样的胡思乱想,必须防止这种现象发生。所谓"富贵不能淫,贫贱不能移,威武不能屈",就是大丈夫的本色。

不廉则无所不取,不耻则无所不为。

【注释】廉:廉洁,不贪。耻:羞耻,羞愧之心。

【解说】贪婪的人,无论什么东西都要占为已有;不知羞耻的人,无论什么坏事都能干得出来。

【述评】这两句话出自顾炎武《日知录·后序》。他说:

"廉耻立人之大节"。就是说，廉、耻关系到人的节操。一个人如果寡廉鲜耻，就可以不择手段地贪占他人的财物，可以干得出任何卑鄙的勾当。所以，在进行品德修养时，要特别注意"廉"、"耻"二字。

望严雪而识寒松，观疾风而知劲草。

【注释】严雪：又大又厚的雪。疾风：猛烈的大风。劲草：坚韧不拔的草。

【解说】经过霜雪的考验，才能识别耐寒的青松；经过狂风吹袭以后，才能认识坚韧不拔的草木。

【述评】人的品质好坏，道德的高尚与否，在一般情况下，不容易分辨清楚。只有在关键时刻，经过严峻的考验，才能够泾渭分明地看出本质。但是，坚贞的品德并不是与生俱来的，是要靠平时的锻炼、培养而来的。

新松恨不高千尺，恶竹应须斩万竿。

【注释】新松：新栽的松树，寓意新生事物。恶竹：丛杂中的竹子，竹之质劣者。

【解说】新栽的松树恨不得能长到一百丈高，劣质的竹子哪怕有一万株，也应把它们铲除尽净。

【述评】新松代表着新生力量，恶竹比喻腐朽势力。这两句话表达了人们对新生事物的满怀希望，对腐朽事物的深恶痛绝。人们总是期待着代表新生事物的新松,能够快快成长,高入云霄,挺拔千尺;而对令人痛恨的恶竹,即使有万株,也要砍尽,彻底消除。

宠位不足以尊我,卑贱不足以卑我。

【注释】宠位:受到上级的宠爱而给以特殊的职位。

【解说】受到宠爱而得到很高地位,不能使我变得尊贵;处于卑贱的地位,并不能使我的人格卑贱。

【述评】一个人的尊卑贵贱,并不取决于其职位的高低,而是取决于其道德、能力。自己的言行、学识、工作、道德修养,在各方面都是大家学习的楷模,职位再低,也会受到尊敬;如果倚仗权势,则适得其反。

畏患而不避义死,欲利而不为所非。

【注释】患:灾祸,灾难。义死:为正义的事业而死。

【解说】人人都怕遭到灾祸,但为正义的事业,就不会逃避牺牲。人人都愿意获得好处,但不要为获利而做不应该做的事。

【述评】趋利避害,是人的本能,也是人的本性,在正常情况下,无可非议。但是避祸不等于怯懦,见义勇为就是真正的勇者。靠劳动所得,并不是贪求,见利忘义、不择手段地谋求非分之财,才是真正的蠹贼。我们应当区分正常的避害与怯懦的界限,分清靠劳动所得和非分攫取的界限。

横眉冷对千夫指,俯首甘为孺子牛。

【注释】千夫指:即千人所指的人,就是敌人。孺子牛:愿为人民大众服务的牛。

【解说】横眉怒目面对千夫所指的敌人,愿意俯首帖耳地做人民大众的老黄牛。

【述评】一个革命者必须分清敌我,爱憎分明。对于千夫所指的敌人,我们绝不能心慈手软,因为对敌人的仁慈,就是对人民的残忍;而对于人民大众,则永远要像老黄牛一样,服服帖帖地供人驱使。这就是我们应有的爱憎观。

人生自古谁无死? 留取丹心照汗青。

【注释】丹心:红心,忠贞不贰的心。汗青:指史册。古时在竹简上书写,要先用火烤青竹,使之出汗,叫做"汗青",既易于书写,又可防虫蛀。

【解说】人活百岁,终有一死,是谁也逃不脱的,但应使赤胆忠心照耀在史册上。

【述评】"人固有一死,或重于泰山,或轻于鸿毛"。为了国家、民族和人民的利益而死,其赤胆忠心就会彪炳史册,千秋万代,永远受到人们的崇敬。

人见利而不见害,鱼见食而不见钩。

【注释】钩:渔具,钓鱼的钩。

【解说】有些人往往只看到利的一面,而看不见害的一面。水里的鱼只看到诱饵好吃,而看不到挂诱饵的钩子正在等着它上钩呢!

【述评】事物无不具有两重性,利与害往往相伴而行。有些人见利忘义,为了眼前的一点蝇头小利,不惜身败名裂,甚至遭到灭顶之灾。鱼也是一样,为了贪吃诱饵,结果上钩,成为人们盘中的佳肴。这两句话对于只图眼前利益而殒命丧生者,是一面镜子。

良将不怯死以苟免,烈士不毁节以求生。

【注释】怯:怯懦,害怕。苟免:苟且求免,只图眼前免于祸患。烈士:古时泛指有志于功业或重义轻生的人。节:节操。

【解说】能征善战的将领不怕牺牲,不会因怕死而苟且偷生。有志于功业的人,不会毁掉自己的节操以换取生存。

【述评】人在生死面前,能否做出正确选择,关系到节操问题。良将、烈士不怕死,不苟且偷生,正是为了保持节操,为了伸张正义。

岁不寒无以知松柏,事不难无以知君子。

【注释】岁:年,指一年中的气候。

【解说】一年中的气候如果没有寒暑之分，人们就不会知道松树、柏树是耐寒的常青树。如果没有难办的事，就显不出君子的能耐和本事。

【述评】岁寒而后知松柏之不凋；事情难以解决，方显出英雄本色。在风平浪静的时候，不易显露一个人的才能，正如在风和日丽的天气中，松柏同其他树木一样，人们无法知道其耐寒的特性。只有在大风大浪中，君子同小人的本色，才会显得泾渭分明。

勇于实践

他山之石，可以攻玉。

【注释】石：普通的石头。攻：磨砺、治理。玉：玉石，指温润之物。

【解说】借用别的山上的石头，可以把自家的玉石雕琢成美好的器物。

【述评】借助外力为自己服务，是一个很值得重视的问题。我们吸收外资、引进国外的科学技术，为我国的社会主义建设服务，就是很好的办法。对于个人来说，借助朋友的帮助，可以克服自己的缺点和补正不足之处。

世上无难事，只要肯登攀。

【注释】难事：不容易办到的事。登攀：双足踩地，两手攀援，逐步向上提升。

【解说】世界上没有什么难于办到的事,只要不断地努力向上,如同爬山一样,最终总可以到达山顶。

【述评】严格地说,天下事没有什么难易之分。肯于钻研,不懈努力,勤于思考,难办的事也可得到解决;反之,饱食终日,无所用心,即使不费吹灰之力的事也难以完成。这两句话在于勉励人们:奋发向上,知难而进,勇攀高峰。

铁杵磨成针,功到自然成。

【注释】铁杵:用作舂米的铁制棒槌。

【解说】把又粗又长的铁棒磨成又短又细的绣花针,谈何容易?但只要用到功夫,自然就成功了。

【述评】这两句话勉励人们:要有耐劳苦、锲而不舍的精神,哪怕像把粗笨的铁杵磨成灵巧的绣花针那样,只要功夫用到了,也会达到目的。但是,必须付出艰苦的劳动和极大的耐久力。我们干任何工作,都应该有这种韧性和不怕困难的精神。

登高必自卑,行远必自迩。

【注释】登高:攀登到高的地方。卑:低下之处。迩:不远,近处。

【解说】要想攀登上高的山峰,必须从低的地方开始;想要到达远处,必须从脚下(近处)起步。

321

【述评】这两句话告诫人们：凡事都要循序渐进，不可躐等。只有按部就班，脚踏实地，有次序地一步一步向前迈进，才能达到顶峰，到达目的地。那种侥幸飞跃的思想，是不可取的，也是要失败的，切记不要有任何不切实际的幻想。

见博则不迷，听聪则不惑。

【注释】见博：见识广博。听聪：听觉灵敏。

【解说】见识广博就不会迷失方向，听觉灵敏就不会感到困惑。

【述评】人到了十字路口，往往不知该走向何处，从而迷失方向。在政治生活中也是这样，常常因为辨不清政治风向，而走上错误的道路。这都是因为见识少，没有经验造成的。听觉不灵敏的人，因为耳朵闭塞，不了解事物的真相。所以，我们应具有广博的知识，明辨事理，兼听各种不同意见，作出判决时，就不致困惑。

博学而不穷，笃行而不倦。

【注释】博学：广泛学习，学识渊博，笃行：忠实实践，忠实履行。

【解说】不停地广泛探求学问，不知疲倦地忠实履行自己的职责。

【述评】广博的学识来自广博的、刻苦的学习。没有博览群书和勤奋学习,就不会有渊博的知识。踏踏实实工作而不知疲倦的精神,建立在对工作高度认识的基础上。只有博洽多闻,才能提高认识,增加知识。有了丰富的知识,就增添了笃行的力量。所谓"知识就是力量",才有意义。

循序而渐进,熟读则精思。

【注释】循:顺着,沿着,依照。序:次序。精思:精明的、精细的思考。

【解说】依照顺序,逐步向前迈进;把书熟读以后,要进行细密的思考。

【述评】不论做什么事情都要按部就班,循序而行,才会有坚实的基础。若躐等而进,往往因为基础不牢固,出现头重脚轻根底浅的情况。学习也是这样,一定要脚踏实地,一步一个脚印地去读书,熟读以后还要细细咀嚼,才能了解其真义。

书痴者文必工,艺痴者技必良。

【注释】痴:爱好到入迷的程度。文:文章。工:细致,巧妙。艺:艺术,技艺。技:技巧。良:良好。

【解说】痴爱读书的人所写的文章一定很精彩,痴爱艺术的人所表现的技艺一定很优美。

【**述评**】痴心于某种事物的人,对其所锺爱的事物必然投入最大的精力。最大的投入,必将有最大的产出(收获),这是必然的逻辑。不论写文章、搞艺术,或从事科学技术工作、研究学问,无不如此。

骄傲来自浅薄,狂妄出自无知。

【**注释**】浅薄:见闻不广,知识浅陋。狂妄:不明事理而自高自大。

【**解说**】一个人骄傲自满,是由于他的见识不广,知识浅陋的缘故。一个人表现狂妄,是因为他不明白事理而盲目自大。

【**述评**】俗话说:"一瓶子不响,半瓶子晃荡"。大凡骄傲自满的人,往往是因为自己胸无点墨,见识不广,偶尔获得一星半点知识,就自以为老子天下第一,目中无人了。狂妄则多半由于妄自尊大而不明白事理所致。要纠正这些毛病,就必须使骄傲者扩大视野,知道天外有天;狂妄者应该充实自己,关键都在于学习,使浅薄者变得深厚,无知者变得知识渊博。

观天下书未遍,不得妄下雌黄。

【**注释**】遍:全面,完全。妄:胡乱,不合理。雌黄:矿物名称,橙黄色,古时用来涂改文字;妄下雌黄,意思是乱改文字,或乱加议论。

【解说】没有读几本书,就不要乱改别人的文字,乱发议论。

【述评】世上的书籍之多,浩如烟海,任何人穷毕生精力也不可能读遍,何况只读了寥寥几本,就想擅自乱改别人的文字,乱发议论,那是非常危险的。所以,在评论是非、品评人物方面,要慎之又慎。

知而好问者圣,勇而好问者胜。

【注释】知:通"智",智慧,聪明。圣:圣明,英明,无所不通。

【解说】聪明而又喜欢向别人请教的人,就无所不通。勇敢而又喜爱求教的人,一定能战胜各种困难。

【述评】勤于学习的人,不耻下问的人,是最聪明的人,也是最勇敢的人。只有刻苦学习,才能获得更多的知识,使自己的见识更高明;也只有勇敢而又肯勤学多问的人,才能增添智慧,增强战胜各种困难的本领,最终取得胜利。

才高而不尚苟作,口辩而不好谈对。

【注释】尚:崇尚,注重。口辩:即口才,能言善辩。谈对:谈论答对。

【解说】学问很大,但不喜欢轻易写作;虽然能言善辩,

325

但不喜爱谈论答对。

【述评】真正有学问的人并不喜欢炫耀自己，虽然能言善辩，讲起话来口若悬河，但并不愿意同别人辩论。真正有学问、有才能的人，不是表现在口头上。真所谓"真人不露相，露相非真人"。

功者难成而易败，时者难得而易失。

【注释】功：通"工"，事业。时：时机，时势。

【解说】做什么事业，要想取得成功，比较困难；而遭受失败，却很容易。遇到良好的机会，比较困难；而失掉这种机会，则很容易。

【述评】凡事必须刻苦努力、脚踏实地、一丝不苟才能成功；而失败则是非常容易的，有时甚至是功亏一篑，失败于垂成之际。一生中碰着好的机遇很难，而失掉它却是很容易的，有时稍纵即逝。所以，要抓住机遇，奋发进取，争取事业成功。

牢骚太盛防肠断，风物长宜放眼量。

【注释】牢骚：抑郁不平。肠断：形容极度悲伤。风物：风光、景物。放眼：放开眼界。

【解说】当抑郁的情绪过于厉害的时候，要防止极度的伤感；对一切风光、景物，要放开眼界去看待。

326

【述评】一个人应该放开眼界,扩大视野,不要斤斤计较个人得失;而要从大局、全局出发去看待一切风光、景物,则个人的思想便会豁然开朗,伤感也就烟消云散了。

环境何曾困志士? 艰难到底助英雄。

【注释】困:陷在艰难痛苦里面,受窘,窘迫。

【解说】恶劣的环境哪里能使有志之士感到困窘?艰难险阻最终帮助英雄人物成就了大业。

【述评】这两句话多么豪迈! 在一般人眼里,恶劣的环境会束缚人的手脚;艰难险阻更会挫伤人的锐气。然而,在志士、英雄看来,恶劣的环境正是大显身手的天地;艰难险阻正好磨炼坚强的意志。正是由于艰苦卓绝和艰难险阻,帮助仁人志士、英雄豪杰成就了大功,建立了大业。

有关家国书常读,无益身心事莫为。

【注释】家国:指家庭和国家。身心:指身体和思想。

【解说】要经常读那些能使家庭和睦、国家兴盛的书籍,不要干那些有损身体健康和腐蚀思想的事。

【述评】读书要有选择,特别是在青少年时代,更要注意读些有关家庭和睦、国家兴旺发达的书籍,既是为了增长知识,学习本领,也可以提高道德修养。无论如何,不要去干那些诸如打架斗殴、酗酒、赌博等无益甚至有害于身体健康、有损于道德品质的事。

少则志一而难忘,长则神放而易失。

【注释】少(shào):年纪轻,与老相反。志一:专一,专心致志。长(zhǎng):年纪大,与幼、少相对而言。神放:精神涣散,思想不集中。

【解说】少年时期专心致志,记忆力强,所学知识很难忘记。年龄大了,精神就涣散,对一些事物很容易遗忘。

【述评】青少年时期精力旺盛,思想专一,学到的东西比较牢固。成年以后往往心猿意马,精力分散,不能专心致志,即使学到一点东西,也很容易忘掉。所以,要珍惜青少年时期的光阴,努力学习。

若把年华虚度过,到老空留悔恨心。

【注释】年华:时光,年岁。悔恨心:后悔、遗憾的心情。

【解说】人的一生如果让岁月白白地流逝,到了年老的时候,只能留下遗憾而后悔不及。

【述评】人的一生应该是为人民服务的一生,为社会创造财富的一生,特别是在青春年华,正是作出贡献的黄金时代,一定要抓紧学习,努力工作,不要辜负时代赋予的光荣使命。到了年老的时候,回首往事,不会因碌碌无为而悔恨,也不会因虚度年华而叹惜。

少年休笑白头翁,花开能有几日红?

【注释】白头翁:白发老人。

【解说】少年小伙子不要取笑白发老头子,一朵盛开的花能有几天的鲜艳夺目呢?

【述评】每个人都有从少年、青年、中年到老年的过程,这是不可抗拒的自然规律。少年不要笑话老年人的衰老、无所作为。要知道,如同花卉一样盛开时间极短,人处在朝气蓬勃的时间也不长。少年正该在黄金时期抓紧学习,以便更好地为社会作贡献而打好基础。

长江一去无回浪,人老何时再少年?

【注释】长江:我国的第一条大河。回浪:返回的波浪。

【解说】长江水势滚滚向前流动,后浪推前浪,但从来没有向后返回去的浪。人自出生以后,从幼年、少年、青年、壮年到老年,什么时候能返老还童呢?

【述评】人生不过数十寒暑,在青、少年时代,要努力奋发,不要蹉跎了岁月。岁月如长江流水一样,一去不复返,到了晚年再想努力,已经晚了。

一年之计在于春,一日之计在于晨。

【注释】计:计划,打算。

【解说】一年的计划,在春天就应该安排、决定;一天的

计划,在每天早晨就要安排好。

【述评】春天是一年的第一个季度,是一年的开始,也是人们开始新的生产、劳动的时候,全年的计划不在此时制订,必将使全年的生产、工作陷于混乱。比之于一天,也是这样。如果不在早晨把全天的工作安排好,全天的工作就毫无头绪。一个人如此,一个单位,一个国家,概莫能外。

人生稀有七十馀,多少风光不同居。

【注释】人生稀有七十馀:杜甫《曲江》诗中,有"人生七十古来稀"之句,后来人们便称七十岁为"古稀之年"。风光:风景,景色。

【解说】人活到七十多岁便是少有的高龄,但许多景色并不能同时伴随着生活。

【述评】在短短的几十年的生命历程中,人应该珍视宝贵的时光。美好的风光不可能一直伴随着一个人的一生。因此,在人生的旅途中,应该奋发图强,为社会做出尽可能多的贡献。

弗食不知其旨也,弗学不知其善也。

【注释】旨:味道鲜美。

【解说】不吃某种食物,就不知道它的味美;不学习,就不知道学习的好处。

【述评】一切真知来自实践，没有实践的知识是肤浅的。比如游泳，尽管把游泳的理论说得头头是道，如果不跳入水中实践，那就永远成不了游泳能手。同样，不学习的人，永远不知道学习的乐趣，当然也不可能获得知识。

难操而易纵者情也，难完而易毁者名也。

【注释】操：掌握，控制，驾驭。纵：放纵，听任，放任。完：完备，完美，保全。

【解说】难以控制而易于放纵的，是自己的感情；难以保全而易于毁掉的，是自己的名誉。

【述评】我们要时刻约束自己，不要放纵自己的思想感情，一旦失去理智，处理事情难免失于偏颇。我们要时时、事事、处处注意自己的言行，增强道德修养，始终保持自己的良好声誉。

读书不熟不足为虑，讲书不明终身无益。

【注释】熟：熟练，精审。讲：讲话，理解。

【解说】读书读得不够烂熟不要紧，不必忧虑；但对书本中的文字理解不清楚，便一辈子得不到好处。

【述评】过目不忘的人是很少的，只要善于思考，勤于翻阅，就能记得书中的大意。最可怕的是，对于读过的书不求甚解，甚至望文生义或断章取义，一辈子也弄不明白书中讲的深刻道理,当然也就很难得到提高,不会有什么成就。

道成于学而藏于书,学进于振而废于穷。

【注释】道:道理,规律。振:振作,奋发。穷:贫困,困窘。这里指没有志气。

【解说】道理是从学习中得来的,然而它却藏于书中;学业的长进在于振作精神,而荒废则是由于缺乏志气。

【述评】学如逆水行舟,不进则退。因此,学业上要有长进,必须振作精神。那些思想颓废、精神萎靡、不求进取的人,其落后是势在必然的。

知之者不如好之者,好之者不如乐之者。

【注释】好(hào):喜爱,如嗜好,好胜心。乐(lè):快乐,高兴。如安居乐业。

【解说】懂得道理的人,不如喜爱这道理并付诸实行的人;喜爱这道理的人,又不如深知其乐趣的人。

【述评】这两句话在于说明:人们学习知识、道理,不仅要知道它,还要喜爱它并脚踏实地地去实践它,更要以能学到这些知识、道理为乐,并且对学习、实践,提高自己的品德修养,永不停息,乐此不疲。

世有老少年,也有少年老;不落时代后,年老才可宝。

【注释】老少年:具有少年精神和气象的老年人。少年老:年龄是少年,却老气横秋。

【解说】世上有充满少年气象的老年人,也有年龄不大但却老气横秋的少年。只要能跟着时代前进,年老才是可宝贵的。

【述评】有些人虽然年龄已老,但不减少年英气;有些还是小孩子,却已老气横秋。关键在于人的精神面貌。只要精力充沛,精神振奋,始终保持着蓬勃朝气,虽老犹少;如果萎靡不振,未老先衰,虽小犹老。不论年龄老少,只要永远跟上时代的步伐,越老才越成了社会财富。

盛年不再来,一日难再晨;及时当勉励,岁月不等人。

【注释】盛年:精力旺盛的年华,精力充沛的岁月。

【解说】人的壮年时期一过,精力旺盛的岁月就一去不复返;一天的早晨过去,这一天,就不可能再有一个早晨。岁月无情,从不等人,所以要及时自勉。

【述评】岁月如白驹过隙,瞬即逝去。人在壮年时期,正是精力充沛、大显身手的时候,应该抓紧学习,充实自己;盛年一过,精力衰退,再要奋斗,已感到力不从心。人的年华如此,日月何尝不是这样,一个早晨过去,一天之内再也没有第二个早晨,怎能不抓紧学习呢?

辩证思维

良玉不雕,美言不文。

【注释】雕:雕琢。文:掩饰,修饰。

【解说】良玉不用雕琢,也是良玉;教人为善的美言,不用华丽的辞藻修饰也是美言。

【述评】一切事物的美、丑,决定于内在的因素,而不决定于外表。良玉就是因为它的本质是美好的,所以不用雕琢,也不失其美。鼓舞人奋发向上的语言,用不着什么华丽的辞藻修饰,也是美好的。所以,我们看问题要看它的本质,而不要被其外表所蒙蔽。

白石似玉,奸佞似贤。

【注释】奸佞:奸邪谄媚。

【解说】白色的石头,好像玉石一样;奸邪谄媚而又溜须拍马的人,好像贤慧而又德才兼备。

【述评】所有奸诈刁顽的人,都善于观颜察色,窥探方向,看风使舵。对有权势者,竭尽巴结、阿谀之能事;对一般人、职位低下者,又乱施淫威,骄横跋扈,一副十足的官老爷嘴脸。为了骗取信任,可以不择手段,显示出忠心耿耿的样子。所谓"大奸若忠",就是对这种奸佞者的高度概括。

信言不美,美言不信。

【注释】信言:诚实的话。美言:美妙的言词。

【解说】诚实的话语并不一定悦耳动听,美妙的言词并不一定真实。

【述评】要赢得群众的信赖,必须以铁的事实为基础,而不是以华丽的言词为手段。换句话说,诚实的言词以事实为后盾,才能得到人们的信任、拥护,而不是以华丽的言词来哗众取宠。事实胜于雄辩,有铁的事实存在,就用不着花言巧语去欺骗群众。与此相反,为了进行欺骗,就必须用美丽动听的谎言掩盖虚假或捏造事实。

顺天者昌,逆天者亡。

【注释】顺天:遵循天道,遵循客观规律。逆天:悖于天理,违背客观规律。

【解说】凡遵循客观规律办事,事业就昌盛,兴旺发达。

违背客观规律,事业就要失败。

【述评】在工作中,人们往往不注意具体情况,结果没有不遭受失败的。因为各种事物都有其内在的联系,是不以人的意志为转移的。所以,只有遵循客观规律,才能成功。

人无远虑,必有近忧。

【注释】远虑:长远的打算。近忧:眼前的灾难。

【解说】人如果不能深谋远虑,没有长远的打算,必然在短期内就会遭到灾难。

【述评】世上的事情是复杂的,在从事某项工作前,一定要从各方面去考虑。宁可把困难考虑得多一点,把时间考虑得长一点,然后下定决心,一往无前地去干,成功的把握也就要大一些。如果在事前对问题考虑不周,缺乏深思熟虑,那么潜在的隐忧和灾难可能在眼前突然出现。

盛名之下,其实难副。

【注释】盛名:名声很大。副:相称。

【解说】名声很大的人,其实际能力和德行、学识,与其名声很不相称。

【述评】名声很大的人,其实际能力、道德和学问往往同其名声很不相称。究其原因,多半是由于某些人出于各种不同的目的而吹捧起来的。这就提醒人们:对自己,要有清醒的头脑,要有自知之明,不要被不切实际的捧场冲昏头脑;对别人,切忌盲目崇拜。

桃李无言,下自成蹊。

【注释】桃李:桃树、李树。蹊:小路。

【解说】桃树、李树不会说话,也不曾向人打招呼,然而树下却被人们走出一条路来。

【述评】桃树、李树并不会说话,但由于它的花果吸引人,人们在这些树下自然走出一条小路。这就说明:一个人只要真诚、忠实,不必声嘶力竭地自我兜售,朋友自然会从四面八方走来,聚集在自己周围。

星星之火,可以燎原。

【注释】星星:犹点点儿,形容细小。燎原:火烧原野。

【解说】很细小的一点火苗,可以烧遍整个原野。

【述评】任何新生事物,都具有很强的生命力,其发展前途非常广阔,即使星星点点的火苗,也可以成为烧遍原野的熊熊烈火。中国共产党领导的革命运动,就是最好的证明:最初的力量虽然微小,或尚在萌芽时期,但由于具有旺盛的生命力和广阔的发展前途,经过艰苦卓绝的斗争,最终在九百六十万平方公里的中国大地上,建立了强大的

中华人民共和国。

尺有所短,寸有所长。

【注释】尺、寸:都是长度的计量单位,一尺等于十寸。

【解说】尺比寸长,但同更长的的东西相比,就显得短了;寸比尺短,但同更短的东西相比,就显得长了。

【述评】物体的长短、大小,永远不会相同,但是,各有长处,也各有短处,彼此都有可取或不足的地方。因为各有其用场,一定要扬长避短。比于之人,也是这样。每个人都各有短长,如果以自己的优点去同别人的缺点相比,就会产生骄傲自满情绪;如果以自己的缺点同别人的优点相比,又会产生自卑心理。因此,一定要领会"尺有所短,寸有所长"这个道理。

一叶障目,不见泰山。

【注释】障:遮蔽。泰山:东岳,号称五岳之首,在山东省境内,古时被认为是全国最高的大山。

【解说】由于一片小小的树叶子挡住自己的眼睛,就看不见泰山这个庞然大物。

【述评】人们由于各种原因,往往被眼前的一些细小事物所蒙蔽,或者由于主观认识上的错误,或者由于私心杂念,因而看不到事物的全貌、本质和主流。虽然是一片小小的树叶竟然挡住自己的视线,看不见高大的泰山。因此,我们必须认真学习,努力认识事物的本质。

见微知著,一叶知秋。

【注释】微:细小。著:明显。秋:秋天。

【解说】看到一点细小的苗头,就能看到事物的本质及其发展趋势。从一片树叶的凋落,就知道秋天到了。

【述评】要正确认识事物,就必须细心观察其细小变化。要从细微的迹象看出形势的变化,由现象或部分推知本质或全部。我们要认识事物,就必须刻苦学习,才能掌握这一观点。

月晕而风,础润而雨。

【注释】月晕:月光通过云层中的冰晶时,经折射作用而在其周围形成的光环。础:柱子底下的石礅。润:湿润。

【解说】月亮周围出现光环,就要刮风;柱脚石湿润了,就要下雨。

【述评】宇宙间的事物发生某种变化时,必有先兆。月晕就是刮风的预兆,础润就是下雨的前兆。这两句话都是比喻事故或事件发生前,必有征兆。它也提醒人们,要留心学习,善于观察事物的变化,就可以预测到某些事物变化的踪迹。

功崇惟志,业广惟勤。

【注释】功:功绩,功劳。崇:雄伟,高大。业:事业,业绩。广:弘大,普遍,多。

【解说】只有具有坚强的意志和毅力,才能建立崇高的功绩;也只有孜孜不倦的辛勤工作,才能在事业上多所建树。

【述评】坚定的志向和坚强的毅力,是建功立业的基础。没有坚定不移的志向和毅力,没有勤奋不倦的工作精神,要想建功立业,对社会有所贡献,只是一句空话。

为山九仞,功亏一篑。

【注释】仞(rèn):古代长度单位,古代尺寸小,一般说法,一仞为八尺。"九":表示多数。九仞,极言其高。亏:缺少,毁坏。篑:盛土的竹筐之类的用具。

【解说】堆积一座很高很高的山,就因为差一筐土而没有完成。

【述评】不论干什么事,越接近完成,就越感到困难。所谓"行百里者半九十",就是这个意思。因此,无论做什么事都要善始善终,千万不要半途而废。越到后来,越到困难的时候,越要集中精力,争取圆满完成任务。

创业维艰,守成更难。

【注释】创业:创立基业。守成:保持前人已有的成就和业绩。

【解说】开创基业很难，而保持、维护前人已经开创的基业则更难。

【述评】凡事起头难，创业也不例外。在创业之初，百废待兴，要在被破坏的、旧的废墟上，建立起新制度，新的秩序。所以，创业是很艰难的。但，这种艰难已成为过去。基业既已创立，就面临着守成的问题。基业创立以后，很容易产生骄傲自满情绪。骄奢生于富贵，祸乱生于所忽，再加上一代一代未曾经过艰难的创业时期，腐化堕落的败家子作风就容易滋生，因而守成也就更难了。

附 录

原清则流清，原浊则流浊。

【注释】原：通"源"，水源。

【解说】水源是清澈的，流出来的水也是清澈的；水源是浑浊的，流出来的水也是浑浊的。

【述评】事物的本质决定事物的属性。如同清澈的源头流出清澈的水或浑浊的源头流出浑浊的水一样，道德高尚、学识渊博的人，其一言一行都是人们学习的榜样；而道德败坏、不学无术之徒的言行，总是被人嗤之以鼻。反过来说：浑浊的源头不可能流出清澈的水，品质低下的人绝不会成为人们学习的榜样。

同欲者相憎,同忧者相亲。

【注释】欲:欲望,念头。忧:忧虑,忧患。

【解说】欲望相同的人,互相憎恨;忧患相同的人,互相亲近。

【述评】在社会生活中,每时每刻都存在着竞争。欲望(这里指的是非分的欲望)相同的人,为了满足贪婪的占有欲,往往不择手段,相互之间展开了激烈的争斗。另一种情况是,忧患相同的人,为了抗拒共同的灾难,拯救共同的命运,需要并肩战斗,同舟共济,所以相互之间非常亲近。

射人先射马,擒贼先擒王。

【注释】擒:捉拿,制服。王:首领。

【解说】两军作战,要想射杀敌人,应首先射杀敌人所骑的战马;要想制服敌人,就要先制服其首领。

【述评】这是一种战术,也是一种工作方法和学习方法。战马一倒,骑者无所凭恃,只好束手就擒;首领被制服,群龙无首,便成乌合之众,丧失了战斗力。比之于工作、学习,也是一样的:抓住要害,一切问题便迎刃而解。

野火烧不尽,春风吹又生。

【注释】野火:原野上的焚烧枯草时所点的火。尽:完,全。

【解说】在原野上纵火焚烧枯草,无论怎样也不可能烧尽,等到来年春天,和风吹拂,这些被烧的枯草又生出来了。

【述评】任何新生事物,都具有坚强的生命力,如同原野上长得茂盛的青草,在秋后枯萎了,虽被人纵火焚烧,但等到冬去春来,和煦的暖风一吹,嫩绿的新芽又冒出了地面,而且生机盎然。这就说明:任何压制新生事物的企图都是徒劳的。

祸兮福所倚,福兮祸所伏。

【注释】倚:倚赖,依仗。伏:隐藏,埋伏。

【解说】一切祸患是福祉的依托之所,一切福祉又是祸患的藏匿之处。

【述评】世界一切事物无不具有二重性,无不可以互相转换。"塞翁失马,焉知非福?"正好说明:因祸得福,坏事变成了好事。当然,事物的转换必须具备一定条件,不具备条件的时候,是不可能转换的。

欲穷千里目,更上一层楼。

【注释】穷:尽,达到极点。千里目:远望,往远处看。

【解说】一个人要想极目望远,必须上到更高的地方。

【述评】人常说,站得高,看得远。事实正是这样。当我们的视线被遮挡的时候,眼光短浅,视野不宽;要想拓宽眼

界,看得更远,就必须立足于更高的地方,思想也随之达到更高的境界,我们的工作也会取得更大的成就。那些鼠目寸光的人,只能看到周围的一些事物,永远看不到山外有山,天外有天。

真理无价宝,实践里面找。

【注释】无价宝:无法用金钱来标出其价格的宝物。

【解说】真理是无法用价格表现的、极其宝贵的东西,必须在实践中才能找到。

【述评】真理是客观存在的,不以某个人的主观意志来决定。检验真理的标准,只有一个,那就是实践。真理与谬误的区别,在于是否能正确地反映客观实际。人们通过实践而发现真理,又通过实践而证实真理和发展真理。所以说,真理是不能用钱买来的,也是无法用价钱表现的宝贝。

平日不烧香,急时抱佛脚。

【注释】烧香:迷信活动,烧上一炷香,祈求神灵保佑。抱佛脚:求佛保佑,比喻平时没有准备,事到临头才慌忙应付。

【解说】平常日子不烧香敬神,不做积德的事,急需得到神灵帮助时,才去抱住佛脚,祈求菩萨保佑。

【述评】一个人的德行是要靠平日的修养而积累的,不是急需时的表态。工作也是这样，平日无计划、无准备，急用时无论采取什么手法，都不能奏效。因此，我们平日就要"烧香"，急用时也就不必去抱"佛脚"了。

晴干开水道，须防暴雨时。

【注释】水道：水渠，河流。暴雨：一般指很急而量也大的雨。

【解说】在晴天或干旱的时候，就去开渠，以预防暴雨突然袭击。

【述评】凡事都要早作准备，以免临时措手不及。特别是对于灾害的预防，更不能有任何麻痹思想。暴雨造成的水涝和山洪暴发，往往都是因为平时不疏浚河道，致使地面积水无法排泄造成的。学习、工作也是同样的，平日就要作好各种应急措施，以应付突发事件。

工欲善其事，必先利其器。

【注释】工：指工匠，做工者。善其事：把事情办好。器：工具。

【解说】工匠要想做好活，一定要先使工具精良。

【述评】不论干什么活，必须有很好的工具，才能使所做器物臻于完善。俗话说："磨刀不误砍柴工"。只有把柴刀磨得锋利，才更利于砍柴，才能够事半功倍。

附录

舟循川则游速，人顺路则不迷。

【注释】循：顺着。川：水道，河流。

【解说】船顺着河水的流向航行，船速就快；人沿着大路前进，就不会迷失方向。

【述评】遵循客观规律，遵守一定的规则，事情就能办得顺当，并能取得预期的效果。如果背离了客观规律，就会使事情走向反面。船只顺流而下，速度就快；如偏离航线，不仅速度慢，而且会遇到急流险滩。路本来就是大家走出来的，它铺满了前人的经验、教训，顺着前人走出来的路前进，当然就不会迷失方向了。

愚者暗于成事，智者见于未萌。

【注释】暗：糊涂，不明白。

【解说】愚蠢的人，在事情结束以后，还不明白事情的来龙去脉；聪明的人，在事态尚未萌发的时候，就预见到它的发展、变化的趋向了。

【述评】任何事情的发展变化，都有它的客观规律。聪明人不仅能够掌握这种规律，而且在事态尚未萌发的时候，就能预见到它的前途；而愚昧无知的人，不仅没有预见性，就是事情全部结束后，仍不明白它是怎么一回事。智者和愚者的分野，就在于对事物能否正确认识和处理。

事实胜于雄辩,真理不怕批评。

【注释】雄辩:雄健有力的辩论。

【解说】客观存在的事实比任何雄健有力的辩解更有力量,更令人信服;真理是不怕批评的,越是批评,真理才越闪现它的光辉。

【述评】真理是对客观事物及其规律的正确反映,真理是客观存在的,而不是以人们的主观意志来判定的。人们通过实践而发现真理,又通过实践证实真理和发展真理。因此,任何想否定真理的诡辩,都将被事实所粉碎。

勤是无价之宝,学是明月神珠。

【注释】勤:勤劳。学:学识。明月神珠:意为明珠,光泽晶莹的珍珠。比喻为珍贵的物品。

【解说】勤劳是最宝贵的,无法用金钱计算。学识是非常珍贵的东西。

【述评】勤劳可以创造价值,可以创造无法估量的物质财富。只要生命不息,勤劳不止,物质财富就继续增长。学识本身也是宝贵的精神财富,它可以转变为物质财富。

与其临渊羡鱼,不如归而结网。

【注释】临渊羡鱼:到了深水潭的岸边,贪爱鱼类。渊:指深潭。

【解说】与其空手到了深水的池塘边贪羡(鲜美的)游鱼,不如赶快回家结网,再来捕鱼。

【述评】这两句话有力地鞭策着那些只是空想,不做实际工作的人们。不论干什么工作,只有好的愿望,只有空想,而不做踏踏实实的工作,终究于事无补。那些空手站在深水塘边,而又希望得到肥鱼的人,岂不是在白日做梦?奉劝那些喜欢空想的人,还是先把渔网结好吧,不然怎能捕得肥鱼呢!

宜未雨而绸缪,勿临渴而掘井。

【注释】绸缪:用绳索捆缚。这里指修缮门窗。未雨绸缪,比喻事前做好准备工作。

【解说】凡事应该在事前就做好准备,不要等到口渴时才去挖井;口渴了再去挖井,就来不及了。

【述评】有备无患,是大家都知道的道理。尽管如此,却有许多人做事无计划,杂乱无章,一旦发生问题,则手足无措。如同用水一样,应该早一点掘成水井,以备随时取用。如果感到口渴,才去掘井,那就无论如何也来不及了。所以,我们为了确保工作的顺利成功,就要做到常备不懈。

先谋后事者逸,先事后谋者失。

【注释】谋:商议,计划。事:做事情,从事。逸:安闲,安乐。失：差错，过失。

【解说】不论做什么事情，先做好计划再去动手，就显得安适、从容。如果不在事先做好计划就去动手，必然杂乱无章，发生差错。

【述评】"凡事预则立，不预则废"，按计划办事，就从容不迫。不作计划就办事，是盲目蛮干，鲁莽从事。这样的人，没有不失败的。我们从事任何工作，一定要先谋后事，避免先事后谋。

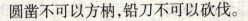

圆凿不可以方枘，铅刀不可以砍伐。

【注释】凿：榫眼，榫卯。枘（ruì）榫头，插入榫眼的木栓。

【解说】圆形的榫眼不能使方形的榫头插入，铅质的刀具不能用来割草伐木。

【述评】规格不同、标准不一的两个零件，是无法配合在一起的。从事任何工作，如不考虑实际情况，硬要把不能配套的事物撮合在一起，肯定是要失败的。铅质的砍刀，由于它的硬度不够，是不能用来砍伐草木的。

狗不以善吠为良，人不以善言为贤。

【注释】善吠：会叫；好叫。善言：善于讲话，娴于辞令，能说会道。

【解说】狗，并不因它会叫，就说它是好狗；人，并不因

为他能说会道,就说他是道德高尚、学问渊博的人。

【述评】一条好狗应当是忠于职守,为它的主人看好门,而不是因它叫得好听。贤明的人,德才兼备,不尚空谈,而不是因其善鼓如簧之舌,夸夸其谈。真正聪明的人不苟言笑,不经过深思熟虑,是不轻易言谈的。

先忧事者后乐事,先乐事者后忧事。

【注释】忧事:有忧患意识。乐事:对事情感到乐观。

【解说】在谋事之前,就有忧患意识而进行周密、细致的考虑,必能得到预期的结果,因而会感到欢乐;谋事之前,盲目乐观,结果碰壁,遭到失败,最后只能令人忧郁不乐。

【述评】"凡事预则立,不预则废"。从事任何事情,要想得到满意的结果,就必须在事前深谋远虑。事前盲目乐观,不作周密计划,往往会遭到始料不及的结局。先忧后乐,先乐后忧,两种工作作风,两种不同结果,可供我们借鉴。

假金方用真金镀,若是真金不镀金。

【注释】镀:以某种光泽较强的金属,涂在他种金属物体的表面。

【解说】只有假金子才用真金来涂饰它的表面,以显其珍贵;真金当然用不着涂饰。

【述评】假冒伪劣商品总是用名牌正品的商标、包装来装潢,以达到鱼目混珠、以假乱真的目的,以便于兜售。真金则无需进行掩饰,以自己的真实美赢得信誉。但是,假的就是假的,无论怎样乔装打扮,也改变不了它的本质,也不可能成为真的。所谓"真金不怕火炼",就是这个意思。

自古雄才多磨难,从来纨袴少伟男。

【注释】雄才:非常的才能。纨袴:细绢做的裤子,这里借指富贵人家的子弟。

【解说】自古至今,有非常才能的人总要经历很多的磨难;而富有之家的儿女,很少有所作为。

【述评】俗话说:寒门出贵子。穷苦人家的孩子,自幼经历生活的磨难,不仅获得生存与奋斗之道,而且获得真才实学,做出了卓越的贡献。权贵之家的子弟自小就养尊处优,过惯了骄奢淫逸的生活。在这样的环境中,又怎样能培养出才德出众的子弟呢?

道虽近,不行不至;事虽小,不做不成。

【注释】道:道路。

【解说】道路虽然很近,如果不去行走,还是到不了目的地;事情虽然不大,不动手去做,永远不可能完成。

【述评】有些人在大事面前干瞪眼,做不来,却爱放空

炮;对于小事,既不屑一顾,更不愿意去做。这样,最后将一事无成。譬如行路,虽近在咫尺,不起步将永无到达之时;事虽小,不开始干,也无完成之日。亲爱的朋友,着眼点可以放远点,但着手干时,还是要从近处开始。

明者远见于未萌,智者避危于无形。

【注释】未萌:尚未发生。避:防止,避免。无形:还没有形成。

【解说】聪明人具有远见,能预见到事态尚未发生前的情况。有见识的人,能把危险的事情防止在没有形成的时候。

【述评】聪明人比一般人高明的地方,就在于有先见之明,能够未雨绸缪,防患于未然。这种预见性不是凭空而来的,是建立在对事物的客观、正确的分析基础上的,是经过深入学习和调查研究以后才掌握了的。

文章合为时而著,歌诗合为事而作。

【注释】合:应当。时:时势,当前的形势,时代。

【解说】文章应当为适应时代潮流而著述,诗歌应当为有感于某种事件而写作。

【述评】无论写文章或创作诗歌,都应当有的放矢。那种无病呻吟和矫揉造作的作品,是不会为广大读者所接受的。一切有用的知识都能够经得起实践的检验,并经得起时间的考验。所以,要坚决抵制那些华而不实或哗众取宠的作品。

纸上得来终觉浅,要知此事须躬行。

【注释】纸上得来:从书本上得来的知识。躬行:亲身去干。

【解说】从书本上得到的知识,始终觉得肤浅;要原原本本知道事物的全部过程,必须亲身参与其事。

【述评】知识的问题是一个科学的问题,来不得半点虚伪和骄傲。从书本上得来的知识,没有经过实践的检验,无法判定是否正确,是否合乎科学。因此,总是感到肤浅。要使这种感性认识上升到理性认识,必须通过实践,通过自己的亲身参与。那些纸上谈兵的人遭受失败,就是因为他只知道空洞的理论,不懂得如何解决实际问题,只是空谈,无补于解决现实问题。

成立之难如登天,覆坠之易如燎毛。

【注释】成立:成就,成功。覆坠:倾覆,失败。

【解说】凡事要想成功,个人有所成就,如同上天一样困难;如果要使它倾覆、失败,却像火烧皮毛一样容易。

【述评】破坏容易建设难,这是人人都明白的道理。一座大厦不是三、五日可以建成的。而要摧毁它,顷刻之间便

可使之完全坍塌。因此,要牢记创业艰难,成功不易,而倾覆却不费吹灰之力。

冰炭不同器而久,寒暑不兼时而至。

【注释】炭:这里指燃烧的木炭。器:器皿,器具。兼时:同时。

【解说】冰和正在燃烧着炭不能长久地同放在一个器皿中;寒冷的天气和炎热的天气不会在同一时间来到。

【述评】两种对立的东西不能长久地共存,这是永恒的真理。冰为水,炭为火,水火是不相容的。寒冷的季节是冬天,炎热的季节是夏天,当然不可能同时到来。因此,我们要正确认识和掌握矛盾的性质,才能处理好各种事物的关系。

川源不能实漏卮,山海不能赡谿壑。

【注释】川源:同"川流",即水流。实:充实。漏卮(zhī):有漏洞的酒器。赡(shàn):供给,供养。谿壑:溪谷,沟壑。

【解说】不间断的水流也不能注满有漏洞的酒器,如山如海的土和水也填不满溪谷和深沟。

【述评】生财之道,不外开源、节流二端。开源固然重要,如果不知节流,开源也就毫无意义了。节流最重要的手段,就是堵塞漏洞。

却是平流无石处,时时闻说有沉沦。

【注释】平流:平缓的河流。沉沦:沉没,沦落。石:指暗礁。

【解说】正是那些水流平缓而又没有暗礁的江河中,却常常听说有翻船溺水的事件发生。

【述评】许多灾祸往往发生在人们意想不到的地方,这是因为人们放松了警惕,才使祸患发生。在陡峻的山坡、崎岖的道路、水流湍急的江河中行走,人们总是小心翼翼,就能够化险为夷。相反,在平坦的大道上,水流平缓的江河中,车覆船翻的事,却时有发生。这就提醒人们:任何时候都要谨慎从事,来不得半点麻痹大意。

圣人转祸而为福,智士因败而为功。

【注释】圣人:道德、学问超过常人的人。智士:道德、智能极高的人。

【解说】圣人能够把灾祸转变为福祉,聪明人可因失败而获得成功。

【述评】因祸得福或转败为胜,关键在于正确认识矛盾,解决矛盾。善于掌握事物发展规律的人,能及时使矛盾转化,变灾难为吉祥。"祸兮福所倚",就是这个道理。在失败之后,能总结经验教训,振作精神,继续前进,就会成功。"失败乃成功之母",一点不错。

锲而舍之,朽木不折;锲而不舍,金石可镂。

【注释】锲(qiè):用刀子刻画。镂(lòu):雕刻。

【解说】用刀刻画几下即停止,即使是朽木也不会被刻断;如果一直不停地雕刻,哪怕是钢铁、顽石,也会被雕琢成器皿。

【述评】干什么事情,只要持之以恒,不间断地去干,总会做出成绩。如果半途而废,或者三天打鱼两天晒网,那就什么事情也办不成。所以,必须有坚强的毅力,坚持到底,才能取得成就。

欲知平直,则必准绳;欲知方圆,则必规矩。

【注释】准绳:测定平直的器械。规矩:规,圆规;矩,画直角或正方形、矩形用的曲尺,泛指校正圆形和方形的工具。

【解说】要知道是否平直,就必须用准绳去测定;要校正圆形和方形,就必须用规和矩去检验。

【述评】任何工作都必须依照一定的规则、方法进行,才能臻于完善。这些规则和方法,就是"准绳"和"规矩"。离开准绳,无法检验平直;不用规矩,无法测定方圆。学习,也必须遵守这些原则。

塞一蚁孔而河决息,掩一车辖而覆乘止。

【注释】河决:河堤决口,堤坝崩溃。车辖:在车轴两头防止车轮脱落的小部件。覆乘:即覆车,翻车。

【解说】堵塞一个蚂蚁洞穴,就不会有河堤决口的事;插上一根车辖,就能防止翻车事故。

【述评】塞一蚁穴,掩一车辖,看起来好像是一件小事,然而不去处理,就要酿成大祸。防微杜渐,就是不要让小的毛病、缺点引发大的错误。同时,要意识到:堵塞蚁穴,插上车辖,就是防止河决、车覆的关键。抓住关键,就不致发生大的偏差。

【注释】见兔顾犬:看见野兔后,回头唤狗去追捕。亡羊补牢:羊跑失了,才去修补羊圈。

【解说】看见野兔后,回头呼唤狗去追捕,还来得及;羊已走失,再去修补羊圈,还不算晚。

【述评】在日常工作中,人们应该尽可能考虑周到,以免发生差错或有所失误。见兔顾犬,亡羊补牢,都是失误的例子。见兔顾犬的意思是提醒人们:事情虽然紧急,但如能及时采取措施还来得及。亡羊补牢的故事则告诉人们:发生错误后要及时纠正、补救,可以避免以后不再发生类似问题。当然,不管怎样,都不如未雨绸缪更妥当。

水性虽能流,不导则不通;人性虽能智,不教则不达。

【注释】导:疏导,引导,疏通。通:通达,通畅。智:聪明。达:练达,通晓,明白。

【解说】水的特性能流动,如果不疏导,水流也不会畅通。人的本性虽然聪明,如果不教育,也不会知书达理。

【述评】人在青少年时期具有很强的可塑性,关键在于教育。有的人可能很聪明,如果不加以教育,聪明有什么用呢?甚至聪明反被聪明误。那些耍小聪明的人,往往因为没有受到良好的教育,反而走上邪路。

真理在手,不怕风吹浪打;谬误缠身,微风也会吹倒。

【注释】谬误:错误,差错。

【解说】真理掌握在手中,任何风浪都不怕;如果自己满身都是错误,哪怕只有一点微小的风,也会把人吹倒。

【述评】掌握真理的人,将会永远立于不败之地,哪怕风吹浪打,真是胜似闲庭信步。而谬误则不然,它经不起任何实践的检验,不要说暴风骤雨的袭击,即使有一点点微风,便使它东倒西歪。真理是在与谬误斗争中发展的;而谬误在真理面前,不仅软弱无力,而且是一败涂地。

积上不止,必致嵩山之高;积下不已,必极黄泉之深。

【注释】积:聚积,积累。致:达到。嵩山:为我国五岳之一的中岳,在河南省登封县境内。这里是指高大的山。极:穷尽,到达。黄泉:地下的泉水,指很深的地方。

【解说】不停地向上积聚,必然能达到嵩山那样的高度;不停地向下挖土,一定能到达很深的地方。

【述评】无论从事什么工作,都必须有坚韧的毅力,像愚公移山那样,生命不息,奋斗不止,每天挖山不停,一定可以把山挖平。积上不止,积下不已,终可达到目的。

烛光虽小,却是自身发出光辉;
月亮虽亮,却是借用太阳光芒。

【注释】烛光:点燃蜡烛后发出的光亮。

【解说】蜡烛的光亮虽然很小,但这个光亮是从蜡烛本身发出的;月光的亮度虽然很高,可惜是借着太阳的光辉反映出来的。

【述评】这两句话对"自力更生"与"倚靠外力"作了对比。烛光虽小,却是燃烧着自己而发出光辉,照亮别人,体现了无私的奉献精神;月光虽亮,也只是倚靠外力而炫耀自己,离开了外力,自己便无所作为。在任何时候,我们都要自强不息,要靠自己的力量。

勤奋学习

前事不忘,后事之师。

【注释】师:效法,借鉴。

【解说】不要忘记过去的事情的经验、教训,这些经验、教训,可以作为以后效法或借鉴的模式。

【述评】"忘记过去,就意味着背叛"。这句话告诉我们:用血作为代价或作出巨大的牺牲换来的经验、教训,可以作为一笔宝贵的精神财富,用来教育后代,使之不致重蹈覆辙。比如:中国的抗日战争的胜利,就是以牺牲三千五百万人的生命和损失一千亿美元的惨重代价取得的。我们要把这一血的教训告诉子孙后代,记取这一段惨痛历史,不许它重演。

敏而好学,不耻下问。

【注释】敏:敏捷,聪敏,勤敏。好(hào)学:喜爱学习。不耻:不以为耻,不认为是耻辱。下问:向比自己学识差或职位低的人请教。

【解说】向那些学识不如自己,职位比自己低下的人请教,对于天资聪颖而又喜欢学习的人来说,并不认为是耻辱的事。

【述评】一个人如果想不断进步,就应当勤勉学习。毛泽东说:我们必须向一切内行的人学……不懂就是不懂,不要装懂。孔子说过:三人行,必有我师。韩愈说得更清楚:"无贵无贱,无长无少,道之所存,师之所存也"。这些话,都是对不耻下问的最好注脚。

师傅领进门,修行在个人。

【注释】修行:一般指为佛家语,即佛教徒依据佛说教义去修炼、实行。泛指修习一般的技艺、学问。

【解说】师傅把徒弟引导到学习殿堂的大门内,学习的成绩如何,那就看个人的努力程度了。

【述评】学习的好坏,固然有个方法问题,方法对头,就事半功倍,进步很快;反之,则事倍功半,进展缓慢。但是,归根结柢,还是决定于自己的努力与否。一切事物的变化,都是内因起着决定作用,外因只能起催化的作用。那些学习不好,工作没有进展的人,往往怨天尤人,埋怨环境不好……都是错误的;应该发挥自己的主观能动性,做

出好的成绩。

百里不同风，千里不同俗。

【注释】风：风俗，风气。俗：习惯。

【解说】在百里范围内，风俗不相同；在千里范围内，习惯有差异。

【述评】风俗是社会上长期形成的风尚、礼节、习惯等的总和。我国幅员辽阔、民族众多，风俗习惯差异甚大。所以要"入境问俗"或"入乡随俗"，就是要勤于学习，以免触犯本地的禁忌，造成不必要的损害。

读书破万卷，下笔如有神。

【注释】破：冲开，攻下，超过。有神：奇妙难测，如有神帮助。

【解说】读书能超过一万卷，写起文章来，如同有神帮助一样地奇妙莫测。

【述评】博览群书，不仅可以增长知识，而且能够扩大视野，在下笔写文章时，自然会左右逢源，得心应手，如有神灵帮助一样，洋洋洒洒，酣畅淋漓。然而，真正要做到读书破万卷，谈何容易？这就需要刻苦自励，坚韧不拔，要有头悬梁、锥刺股的精神，使自己对所读书籍能够融会贯通，下笔如有神，也就是很自然的事了。

花有重开日，人无长少年。

【注释】重（读 chòng 虫）：重复。长（读 cháng 常）：表示两端之间的距离，如空间或时间。这里指时间久远。

【解说】花儿有再开的时候，人却没有长久的少年时代。

【述评】花朵在盛开以后就要残败，但等到来年，还会有重新开放的时候。人的青春一去就不会再来，因而不会有永久的少年时代。这是告诫人们：趁少年时期精力旺盛，要努力学习，勿失良机；少年时期一过，后悔也就来不及了。

善学者尽其理，善行者究其难。

【注释】理：道理，义理。行：从事，工作。难：艰难，疑难，困难。

【解说】会学习的人，能够尽量研读其中的道理；会工作的人，能够追究其中的疑难之处。

【述评】不了解事物的原理，很难获得真正的知识；不穷根究底，很难把工作做好。所以，学习就一定要把道理弄清，才能领会其真谛；工作一定要探求事物的疑难之处，以求得彻底解决。那种在工作、学习上，不求甚解的态度，是不可取的。

想向别人传道，先要自己懂经。

【注释】传道：宗教界传授教规、教义，这里指传授知识。经：经书，经典著作。

【解说】想要向别人传授知识，自己首先要懂得这方面的知识。

【述评】要想当先生，必须先当学生。在当学生时，就要认真地学，恭恭敬敬地学，学下真实本领，才能去教别人。如果自己不学无术，以其昏昏，使人昭昭，不仅不能使受业者得到教益，就连授业者也是呓语连篇，不知所云。所以，要想使人昭昭，首先自己必须昭昭，才能教学相长。

非学无以广才，非志无以成学。

【注释】广：增长，扩大。才：才干，才能。志：意志，志向。

【解说】不学习就不能增长才干，没有坚强的意志就达不到学习的目的。

【述评】"玉不琢、不成器；人不学，不知义"。这就告诉我们：任何人都要学习，不学习就不能增长才干，也就无法工作。当然，学习是多方面的，不仅仅是向书本学习。要学习必须有坚强的意志，要不耻下问。只有这样，才能完成学习的任务，达到学习的目的。

日习则学不忘，自勉则身不坠。

【注释】习：复习，温习。勉：勉励，鼓励。坠：坠落，落下，落后。

【解说】天天温习学过的东西，就不会忘记；经常自我勉励,就不会落后。

【述评】《论语·为政》说:"温故而知新,可以为师矣"。由此可知,经常温习曾经学习过的东西,不仅不会忘记,而且可以悟出新的道理。孔夫子不是也一再强调"学而时习之"吗? 自己经常勉励自己,就可能使自己奋发上进,永远不会落后。

学而不思则罔,思而不学则殆。

【注释】罔:无所得。殆:危险。

【解说】只学习而不加思考,那就什么也得不到。只是苦思冥想而不用心读书,那是很危险的。

【述评】学习与思考要结合起来。只学习不思考,就是读死书、死读书,结果还是得不到书本上的精髓。只是想来想去而不认真读书,同样是很危险的。死读书不思考是书呆子,只空想不读书是无根的蓬草,随风飘荡。这两种人,都不可能有什么成就。

无志则不能学,不学则不知道。

【注释】志:志向,意志,抱负。道:道理。

【解说】没有远大的志向或抱负的人,不可能努力去学习,也不可能学好;不好好学习的人,就不能懂得道理。

【述评】一个人从小就应该立定远大的志向和抱负,没

365

有这种志向和抱负,就没有学习的动力,当然也就不会明白事理。要想为社会做出贡献,就必须加强学习,掌握知识。这是最基本的要求。

三更灯火五更鸡,正是男儿读书时。

【注释】三更灯火:更,为旧时的夜间计时单位,一夜分为五更,一更约为现在的两小时。三更即指二十三时至翌晨一时,正是半夜时分。三更灯火,意即在此时间,仍在灯下学习。五更鸡:五更约为凌晨三时到五时,正是鸡叫的时间。

【解说】这句话是勉励人们要废寝忘食地刻苦学习,在夜阑人静的时候,正是有志者学习的大好时机。

【述评】古人勉励我们要勤奋学习,特别是在夜阑人静的时候,没有任何干扰,思想集中,正是灯下读书的最佳时间。像头悬梁、锥刺股、囊萤、映雪等勤奋学习的故事,都应该成为我们的榜样。

少年辛苦终身事,莫向光阴惰寸功。

【注释】终身事:一生、一辈子的事业。惰:懒惰,懈怠。寸功:微小的功业。

【解说】年轻时辛辛苦苦学习、工作,是为了给一辈子的事业奠定基础,不要空对着时光,毁掉自己微小的功业。

【述评】"一寸光阴一寸金,寸金难买寸光阴"。时光一去,永远不再回来,要珍惜少年时期的宝贵光阴,努力学习,为一生的事业打下基础。千万不要懈怠,懈怠只能毁掉自己的一点微小业绩。

黑发不知勤学早,白首方悔读书迟。

【注释】黑发:黑色的头发,指人在年轻的时候。白首:头发白了,指人到了老年。

【解说】青少年时期,不懂得早早地勤奋学习;到了老年,才后悔没有好好读书或书读得太晚了。

【述评】青少年时期是人生的黄金时代,正是读书学习、增长知识的时候。然而,在这个时期,荒废了学业,虚度了光阴,到了老年才后悔自己没有及早读书,已经晚了。所以,奉劝青少年,"莫等闲,白了少年头,空悲切!"

旧书不厌百回读,熟读深思子自知。

【注释】旧书:有价值的经典著作。厌:厌倦,厌恶。回:量词,指次数、遍数。子:古时对男子的尊称(美称),即指对方(你)。

【解说】对于经典著作要不厌其烦地去阅读,把它们读得滚瓜烂熟以后,再去深思其道理,你自然就会明白了。

【述评】"温故而知新,可以为师矣"。这就是说,对读

367

过的好书再去重读,不要有厌倦情绪,每重读一遍,都有新的理解,新的提高。只要不厌倦地重读,自然就有了新的认识。

古人学问无遗力,少壮功夫老始成。

【注释】学问:学识,知识。无遗力:不遗馀力,少壮:年轻力壮的时候。

【解说】古人做学问是努力的,年轻力壮时下的苦功夫,到了老年才见到成效。

【述评】知识是慢慢积累的,不是一下子就成为饱学之士。古时的大学者都是用了毕生的精力,才取得成就。急于求成的思想,是学习的大敌。即使在学习上不遗馀力的人,其成就也未必能立竿见影。如我国的古典文学名著之一的《红楼梦》,作者死后数十年,才得到社会的重视。

熟读唐诗三百首,不会作诗也会吟。

【注释】《唐诗三百首》:这是一本唐诗选集,共选唐诗中脍炙人口之作三百馀首,因而书名《唐诗三百首》;这里是泛指三百首唐诗。吟:吟咏,引申为作诗推敲字句。唐朝卢延让在《苦吟》一诗中说:"吟安一个字,捻断数根须"。又如"吟成五个字,用破一生心。"

【解说】把三百首唐诗读得滚瓜烂熟,即使写不出成功的诗篇,也能随意凑合几句。

【述评】这两句谚语,长期在学者中间流传,至今不衰。对唐诗读得既多且熟,就自然会吟上几句,这与"读书破万卷,下笔如有神"一样,同样说的是熟能生巧的道理。实际上,任何事情只要非常娴熟,做起来就会得心应手。关键在于必须下苦工夫,才能做到这一点。

宝剑锋从磨砺出,梅花香自苦寒来。

【注释】锋:锋利,锐利。苦寒:严寒。

【解说】宝剑锐利,是由于磨砺的缘故;梅花芳香,是由于经过严寒的考验。

【述评】不吃苦中苦,难为人上人。在学业上、工作上,要想有很大的成就,就必须下很大的苦工夫。

剑虽利不厉不断,材虽美不学不高。

【注释】厉:通"砺",磨刀石或磨刀。这里是磨砺的意思(当动词用)。材:材料,通"才",指人的资质、才能。

【解说】剑虽锋利,不磨就不能斩断东西。一个人的资质虽美,不学习就不会提高。

【述评】"玉不琢,不成器;人不学,不知义"。人必须不断学习,才能不断提高。不学习,聪明也会变得愚蠢,不懂道理;璞玉虽俱有天然美质,但不认真地去琢磨它,也如同

附录

顽石一块。

业精于勤荒于嬉,行成于思毁于随。

【注释】业:学业,也泛指一切事业。嬉:嬉戏,玩耍。行:行为,做事。随:随意,不经心。

【解说】一切事业的精深造诣在于勤奋,荒废则是由于嬉戏、不严肃。做事能够成功在于深思熟虑,而失败则由于漫不经心。

【述评】要想在学业和其他事业上取得成就,就必须勤奋用功;如果一味贪玩,必将荒废学业。不愿动脑筋考虑问题的人,在工作上永远不会有成就。

书山有路勤为径,学海无涯苦作舟。

【注释】书山:堆积如山的书籍,意为知识的山林。学海:学问的海洋,比喻学问的广阔。无涯:无边无际。

【解说】要进入知识的山林,只有学习才是唯一的途径。学问像一望无垠的海洋,只有把刻苦用功当作渡海的舟楫,才能到达彼岸。

【述评】这两句话告诉人们:在学习上,只有勤奋向上,刻苦努力,才是唯一的途径,才是唯一可供游弋于学问海洋中的渡船。不愿艰苦努力的人,只能望山却步,望洋兴叹,永远登不上知识的顶峰,到不了学问海洋的彼岸。

书到用时方知少,事非经过不知难。

【注释】书:书本、书籍,这里指知识。少:不足。

【解说】在运用所学知识的时候,才感到知识贫乏,不足以应付;做任何事情,如不亲身经历,就不知其困难、艰辛。

【述评】"学无止境",知识永远没有满足的时候,只有勤于学习,才能积累较多的知识。处理棘手的问题,局外人是体会不到其艰辛的, 只有亲身经历的人才知道个中滋味。因此,一定要勤奋学习,增加本领。学习,永远是生活的重要内容。

一字千金价不高,会文会算谁能过?

【注释】一字千金:极言文章写得好,价值高贵。

【解说】一字值千金,价格也不算贵,这样能写会算的人,谁能比得了?

【述评】这两句话,在于鼓励人们努力学习,奋发向上,以便能写出千金难买一字的好文章。正是由于刻苦学习而获得高深的学问,才能写出这样的好文章。

雨里深山雪里烟,看时容易做时难。

【注释】雨里深山雪里烟:这说的是在雨中的深山和雪中的缕缕炊烟这样两幅风景画的画面。

【解说】雨里的深山、雪里的炊烟,这样的两幅风景画

371

的画面,看起来很简单,而要画出来并画好,却是不容易。

【述评】人们往往眼高手低,比如雨中的深山、雪中的炊烟这两幅画,并无浓墨重彩,寥寥数笔勾勒便成画卷。然而,这些看起来很简单的画面,没有刻苦学习和深厚的功底,是画不出来的。

寅时不起,误了一天的事;幼时不学,误了一生的事。

【注释】寅时:把一天分为十二个时辰,用地支的十二个字代表,每一个时辰为现在的两小时,寅时为早晨三时至五时,即黎明时分。

【解说】黎明时分不起床,就要耽误一天的工作;幼年时候不学习,就要耽误一辈子的事业。

【述评】古人说:黎明即起,洒扫庭除;一日之计在于晨。这些都说明,应该抓住一天之内最宝贵的时刻,为一天的工作打下基础。如同一天中的早晨一样,幼年时代正是开始学知识的时候,这时不学习,必将终身一事无成。真是"幼不学,老何为?"

自我修养

志不可满,乐不可极。

【注释】志:志向,志气,立志。乐:享乐,享受。

【解说】一个人应该有远大的志向,但不能自满。在生活上,不应追求过高的享受。

【述评】"人无志不立",这是颠扑不破的真理。志向一经确立,就要矢志不移,百折不挠;经过努力,取得一点成绩,也不要踌躇满志。"满招损,谦受益",不可不鉴。不要追求过高的享受,过高的欲求会导致贪婪,最终可能走上犯罪的道路。乐极生悲,不可须臾忘记。

玩人丧德,玩物丧志。

【注释】玩:戏弄,耍弄。

【解说】耍弄别人,是一种丧失道德的行为;玩弄自己

所喜爱的东西,并沉迷于其中,一定会丧失进取的志向。

【述评】高尚的道德,要靠自我修养才能具备;远大的志向,要靠刻苦磨炼而建立。如果把自己的快乐建立在他人的痛苦之上,那就是十足的缺德的表现。为了满足自己的享受而沉湎于酒色之中,必然会丧失进取的远大志向。这两种情况是非常危险的,不可不戒。

穷而不慑,达而不荣。

【注释】慑:害怕,卑怯。荣:荣耀,炫耀。

【解说】处于贫困或逆境时,不要卑怯、害怕;当显贵或处于顺境时,不要骄横、炫耀。

【述评】贫困的生活、坎坷的遭遇、不顺利的处境,不是不可以改变的,关键在于自己能不能努力向上,奋发图强。当生活优裕或工作上处于顺利的时候,也不要骄傲自满或炫耀于人,要知道顺境不是永恒的。

静以修身,俭以养德。

【注释】静:通“净”,清洁,洁净。俭:俭朴,不奢侈。

【解说】用纯洁、不沾染任何恶习来修养自己的身心;以俭朴、毫不奢侈的生活习惯,约束自己,不要放纵,以培养自己的品德。

【述评】好的习惯比恶嗜好难于养成,因此必须有坚毅不拔的精神,使自己不沾染任何恶习,不仅能培养高尚的道德,而且可使身心健康。在生活上,严格要求自己,摆脱任何物质诱惑,不仅能保持清廉,而且能陶冶情操。

以私为公,人有二心。

【注释】二心:异心,不一心,三心二意。

【解说】怀着私心从事公务活动,别人就会三心二意,不能一心一意同你合作。

【述评】不论处理什么问题,都应该大公无私,尤其是处理公务时,更应该去掉一切私心杂念。如果处处以权谋私,或假公济私,必然使周围群众离心离德,最后使工作遭受挫折或失败。所以,我们永远要大公无私,让群众心悦诚服,无可指责。

心苟至公。人将大同。

【注释】苟:假使,如果。至:极,最。大同:人们理想中的社会。

【解说】假如所有的人都能够大公无私的话,人类社会就能够进入大同世界。

【述评】大同世界是人类的理想境界。要想到达大同的世界,必须铲除人们思想中的"私"字,树立起大公无私的思想。然而在私有制度存在的社会里,要建立大同世界,只

375

是幻想。但在现实生活中,要尽量公正、公平、克服自私自利思想。

闻过则喜,从善如流。

【注释】闻过:听到别人说自己的过错。从善:乐意接受别人提出的正确意见。

【解说】听到别人指出自己的缺点、错误,就非常高兴;接受别人提出的正确意见,如同流水一样顺当、迅速。

【述评】一个人只有能及时发现或听到别人指出的缺点、错误,并坚决改正,才能把工作做到尽可能好的程度。只有善于采纳别人的正确意见,才能受到大家拥护、爱戴和尊敬。

己所不欲,勿施于人。

【注释】这句话出自《论语·颜渊》。意思是:自己不愿意的事,不要强加在别人身上。

【解说】凡是自己所不要的、不愿干的,不要推给别人,不要施加于别人身上。

【述评】"忠恕"是儒家的伦理思想。在孔子的学说中,"忠",要求积极为人;"恕"要求推己及人。总之,这两句话就是要求人们将心比心,自己所不愿意的事,一定不要强加给他人。

满可招损,谦能受益。

【注释】满:骄傲,自满。谦:谦虚,谨慎。

【解说】骄傲自满的人,必然招致祸害;谦虚谨慎的人,能使身、心得到很大的好处。

【述评】一个人应该永远谦虚谨慎,才能不断接受新鲜事物,充实自己,不断获得进步。如果骄傲自满,总是自以为是,更听不得任何不同意见,必然不能学习新的知识,不能接受新鲜事物。到头来,终将一事无成,对人民、对社会没有任何贡献。

附录

得荣思辱,居安思危。

【注释】荣:光荣,荣耀。辱:耻辱,屈辱。

【解说】人在得到荣誉的时候,要想到遭受侮辱的可能;生活在和平、安定的环境中,要时刻想到可能出现的困难和危险。

【述评】人应该经常保持"忧患意识",即使是处于顺境的时候,要考虑到可能出现的逆境;得到荣誉的时候,要想到可能招致诽谤、侮辱的情况。在和平、安定的环境中,要想到动乱的因素。做到常备不懈,就能够有备无患。

事要三思,免劳后悔。

【注释】三思:反复考虑。

【解说】一个人不论做什么事,在开始之前,一定要反复考虑,免得因考虑不周而后悔。

【述评】凡人做事总要反复考虑:既要想到它的有利条件,以及成功的可能;也要分析它的不利因素及可能出现的阻力,同时要制定排除阻力的办法。只有经过深思熟虑以后,才会做到万无一失。千万切忌冒冒失失、莽莽撞撞、感情冲动,一味蛮干,招致失败,后悔也就来不及了。

善游者溺,善骑者堕。

【注释】溺:淹死。堕:摔下去。

【解说】会游泳的人,往往被水淹死;擅长于骑马的人常常从马背上被摔下去。

【述评】人们常说:"艺高胆大"。有些人正是仗恃自己"艺高",漫不经心,疏忽大意,各以其所好,反自为祸。这两句话告诫人们:无论干什么事,本领再大,也要小心谨慎,如临深渊,如履薄冰,千万不可因争强好胜而遭横祸。

不愧于人,不畏于天。

【注释】愧:羞愧,惭愧,特别指因对不起人而感到内疚。畏:害怕,恐惧。

【解说】没有做对不起人的事,就不害怕任何自然(天)加给自己的祸患。

【述评】这句话出于《诗·小雅·何人斯》。它提醒人们：一个正直的人，没有做任何坏事，自己就问心无愧，自然就不害怕任何外来的祸患发生了。只有那些心怀叵测的人，成天谋算别人，才老是提心吊胆，坐立不安。

往者不可谏，来者犹可追。

【注释】往者：已经过去的事情。谏：直言规劝，使对方改正错误。来者：未来，将来。追：补救。

【解说】过去的所作所为，是好是坏，已经不可改变。未来的事尚未开始，还可补救。

【述评】人应该正视现实。过去的事已经过去，无法改变，只能从中吸取经验、教训，作为以后的借鉴。有什么缺点、错误，在未来的工作中，还可补救，如同亡羊补牢一样，总可以避免重复发生类似的问题。

见贤若不及，从谏如顺流。

【注释】贤：有才能而又品德高尚。谏：善意规劝。

【解说】见到有学问而又品德高尚的人，总觉得自己比不上人家；听到别人的善意规劝时，自己会像流水一样地自然顺从。

【述评】我们要永远虚怀若谷，不要自满，要善于寻找与别人的差距，看到自己的不足，才能缩短差距。接受别人

的批评,要诚心诚意地克服自己的缺点,纠正自己的错误,使自己的学识、品德诸方面,日臻完善。

少成若天性,习惯成自然。

【注释】天性:先天的本性。习惯:由于长期重复或练习而形成的不自觉活动。

【解说】少年时期养成的各种活动,如同天生的本性一样,习以为常了,也就不觉得别扭了。

【述评】在少年时期,人的习惯、爱好,都还没有定型,因而有很强的可塑性,好习惯和恶嗜好都要在这时养成。因此,在少年时期,除了努力学习知识外,还要努力增强自己的品德修养,使自己将来能成为国家的有用之材。

成人不自在,自在不成人。

【注释】成人:完美无缺的人。自在:本为佛家语,意为摆脱一切烦恼的束缚而后通达无碍。

【解说】要想成为一个完美无缺的人,就不能有出世的思想;想逃避现实,躲开一切烦恼,就不能成为完美无缺的人。

【述评】这两句话是说,想做一个完美无缺的人是不容易的,必须要有各方面的修养,不能逃避现实。逃避现实的人,在事业上,道德修养上,不可能成为完美无缺的人。

量小非君子，无度不丈夫。

【注释】量：器量，指人的度量。度：度量。也有人把"度"写作"毒"是不对的。

【解说】器量狭小的人，称不上君子；没有度量或不能容人的人，就算不得大丈夫。

【述评】君子爱人以德，凡有才德的人都有弘大的器量，而心胸狭窄的人，绝对不能成为君子。如果没有容人的度量，就算不上大丈夫。按孟子的说法，大丈夫一定是"富贵不能淫，贫贱不能移，威武不能屈"。

长存君子道，须有丈夫志。

【注释】君子道：有才德的人所应有的品德。丈夫志：有气节、有作为的男子汉的志气。

【解说】在个人修养上，应该永远具有君子的品德和大丈夫的志气。

【述评】这两句话，主要是针对着个人的修养而言的。一个人立身、处世，或不论做什么工作，也不论职位高低，都要具有高尚的品德，特别要注意保持志气和节操，使自己永远成为顶天立地的男子汉、大丈夫，而不要做碌碌无为的庸人。

常怀克己心，法度要谨守。

【注释】克己：约束自己的思想和行为。法度：法律和制度。

【解说】要在思想上和行为上约束自己，对于国家的法律、制度，一定要严格遵守。

【述评】这是传统的儒家思想。按照儒家思想的要求，一个人要经常在思想上、行为上约束自己的视、听、言、行，要严格遵守国家制定的法律制度。这些封建礼教，就是要使人们自觉地成为封建统治阶级的驯服工具。但是，我们应该正确对待这些观点，使之在社会主义建设中，也能起积极的作用。

君子坦荡荡，小人长戚戚。

【注释】坦荡荡：襟怀坦白。戚戚：忧惧，悲伤。

【解说】君子认识道理，依从道理，心中常是平坦宽广的；小人老考虑个人的小事，心中经常是忧惧不安的。

【述评】凡有道德、有修养的人，其胸襟总是坦荡荡的。因为心底无私，光明磊落，从不谋人、害人。相反，没有德行或缺乏修养的人，永远感到恐惧和忧虑；小人受物质的引诱，总是患得患失，忧虑无穷。

多功而不矜，富贵不骄怠。

【注释】矜：自尊自大，自夸。骄怠：骄傲、怠慢。

【解说】功劳再多，也不要自我夸耀。不论如何富贵，也不应骄傲怠惰。

【述评】谦虚谨慎是一种美德,是道德高尚的表现;骄傲自满、懒惰怠慢是极坏的作风。功劳越大,越要谦虚,这样就会受到别人的尊重。地位越高,权势越大,越需要勤奋工作,如此就越会受到别人的爱戴、拥护。只有谦虚谨慎、不骄不躁的人,才能团结群众,共同努力,把工作搞好。

明镜所以照形,古事所以知今。

【注释】明镜:明亮的镜子。古事:同"故事",即旧事。

【解说】用明亮的镜子,是为了照见自己的形象和面貌;讲述故事,是为了能够借以认识今天的事物。

【述评】"以铜为鉴,可正衣冠;以古为鉴,可知兴替;以人为鉴,可明得失"。这就清楚地告诉我们:要经常用历史故事来对照、检查自己的工作有无错误。同时,要接受历史的经验、教训,用以指导自己的行为,使自己的工作避免失误,不犯或少犯错误。

怕人知道休做,要人敬重勤学。

【注释】休:停止。如休学、休会、争论不休。敬重:敬佩、尊重。

【解说】任何事情如果怕人知道,就不要去做;要想得到别人的佩服和尊重,就得刻苦学习。

383

【述评】一个人要光明正大,不可鬼鬼祟祟。除了事关国家机密的重大问题外,个人的问题,无不可对人言。如果事情怕人知道,就不要去做。俗话说:若要人不知,除非己莫为。同样,要想得到别人的敬重,必须勤奋学习,充实自己。

人道谁无烦恼,风来浪也白头。

【注释】烦恼:本为佛家语。烦,意为忧;恼,意为乱。扰乱身心,叫做烦恼。佛教以贪、瞋、痴、慢、疑、见等为烦恼。认为这是一切痛苦的根源。一般指心绪不宁、烦扰苦恼。

【解说】说起来,哪个人没有心绪不宁的时候,又谁能没有些不愉快的事呢?本来是碧波万顷的海洋,一遇大风,也会立即白浪滔天。

【述评】这是告诫人们:要正确对待人生,正确处世、待人、接物。不如意的事是经常发生的,就像海浪会随时发作一样。关键在于正确对待。

大胆天下去得,小心寸步难行。

【注释】天下:全世界。古时指中国范围内的全部领域。小心:胆量小,胸襟狭隘。寸步:很短的距离。

【解说】有胆量、有勇气的人,可以跑遍全世界;胆量小又缺乏勇气的人,连很近的地方也不敢去。

【述评】大丈夫以四海为家,为了建功立业,敢于走遍天下,这才是真正的英雄。至于胆小怕事、毫无勇气的人,老是裹足不前,在自己的小天地里转来转去,是不会有什么建树的。

贵绝恶于未萌,而起教于微眇。

【注释】绝恶:杜绝不良行为。微眇:微小,细小。

【解说】人的可贵之处,就在于能够杜绝邪恶的念头和错误的行为于萌芽之前,要在过错很小的时候就进行教育,加以纠正。

【述评】人贵有先见之明。有预见,就能防止灾难发生,把邪念杜绝在萌芽之前,进行教育于错误尚在细小的时候,这样,即使有错误也容易纠正。要做到这一点,必须从加强自我修养作起,不要讳疾忌医,不要文过饰非。

自让则人必服,自夸则人必疑。

【注释】让:谦让,辞让。服:顺服,服气,信服。疑:怀疑,不相信。

【解说】能够谦虚辞让的人,一定能令人信服;自我吹嘘的人,必定使别人产生怀疑。

【述评】谦让是一种美德,自我夸耀是不老实的表现。要想使别人信服,自己就必须有谦让的态度,要想叫别人相信,自己就得有老老实实的作风。不能谦让是自满的表现,自夸是骄傲在作怪。要永远记住:虚心使人进步,骄傲使人落后。

迁善惧其不足,改恶唯恐有馀。

【注释】迁善:改恶从善。

【解说】向好的学习,朝好的方面努力,老是害怕做得不够。改正自己的错误,唯恐不够彻底,唯恐还有漏掉的。

【述评】人最可贵的品质,就是不断地向别人的好的品德、学识及做人的道理学习,并不断地改正自己的错误。道德高尚的人,在改恶从善,学习别人的优点方面,唯恐不够;在克服缺点、改正错误方面,唯恐不彻底,因而就要时刻检点自己的言行。

禄过其功者损,名过其实者削。

【注释】禄:俸禄,古代官吏的俸给。损:丧失。削:削弱。

【解说】所得报酬、待遇,超过自己的功劳所应得者,就会受到别人的指责和讥讽,因而丧失自己的地位。名声超过自己的实际能力和成就,就会被人看不起,而降低自己的威望。

【述评】人贵有自知之明,更不可贪得无厌。自己有多大本领,做出多大成绩,就只能领取相应的报酬。所得报酬超过功劳,自己感到内疚,也会引起众议,必然丧失威信;同样,声誉超过实际贡献,就会削弱自己的威望。

心如天地者明,行如绳墨者章。

【注释】绳墨:木工画直线用的工具,如墨斗和墨线。章:条理。

【解说】心胸像天地一样宽广,就能明白事理,懂得做人的道理。行为像木工用的绳墨一样正直,做什么事都会有条不紊。

【述评】"心底无私天地宽"。只有大公无私,光明磊落,才能得到大家的拥护、信任和爱戴。只有刚正不阿的行为,才合乎做人的道德规范。但是,这样可贵的品质,必须加强自身锻炼,才能取得。

功不可以虚成,名不可以伪立。

【注释】虚成:虚假的编造。伪立:用虚伪的表现来建立。

【解说】功业不能靠编造的虚假事迹来取得,声誉不能靠虚伪的表现来建立。

【述评】真正的功业要建立在踏踏实实工作的基础上,声誉与威信来自大家公认的业绩。任何弄虚作假、追名逐利的行为都是可耻的,会被人唾弃。假的就是假的,伪装终究要被剥掉。我们处世立身,必须以此为戒,切不可干那些欺世盗名的勾当。

虚心使人进步,骄傲使人落后。

【注释】虚心:不自满。骄傲:自以为了不起。

【解说】虚心向善,可以使人不断进步;骄傲自满,将使人永远落后。

【述评】虚怀若谷的人,对于自己的学业成绩和品德修养,永远不会满足,因而能够不断进步;骄傲自满的人,听不进别人的半点意见,结果永远落后而不自知。所以说。虚心使人进步, 骄傲使人落后。我们应当永远记住这个真理。"

救寒莫如重裘,止谤莫如修身。

【注释】重(chóng)裘:多层的毛皮衣服。谤:诽谤。修身:修身养性,努力提高自己的品德修养。

【解说】抵御寒冷,最好的办法是穿上多层的毛皮衣服。要想制止别人的诽谤,没有比得上加强自身的道德修养更为有效。

【述评】寒冷是种自然现象,有了保温措施,就可以抗拒严寒。诽谤是别人强加于自身的侮辱之词,制止诽谤的最好办法,就是加强自身修养,从言行上体现自己的高尚品德,这样,一切诽谤、诬蔑,不攻自破。

圣人闻谏若甘味,愚者闻谏若荼食。

【注释】谏:直言规劝,使人改正错误。甘味:食物的味道甜美。荼食:味苦的食物。

【解说】聪明而又有道德的人,听到别人的规劝或批评,如同吃到甜美味道食物。愚蠢颠顸的人,听到别人的规劝,如同吃着苦涩的东西。

【述评】对待别人的正确批评意见,是欢迎,还是抵触,甚至对抗,这是圣人与愚者所采取的两种截然不同的态度。圣人所以能成为圣人,就在于闻过则喜,从善如流,而愚者则相反。

谁人背后无人说,哪个人前不说人。

【注释】背后:背地里,暗地里。人前:人的面前,当面。

【解说】哪一个人在背地里没有人对他说长论短,又有哪一个人当着别人的面不是对其他人评头品足呢?

【述评】刘少奇在《论共产党员的修养》中,引述了这两句话。他向我们指出:"世上完全不被别人误会的人是没有的,而误会迟早都是可以弄清楚的"。因此,我们要经得起误会,不要闹无原则的纠纷。当然,自己应该时刻检点自己的言行,尽量避免误会。

良药苦口利于病,忠言逆耳利于行。

【注释】良药苦口:能治病的药,往往味道很苦;规劝人的话,听起来常常不顺耳。这是一种比喻说法。

【解说】对症的好药虽然味道很苦,但能治愈疾病;忠诚正直的劝告,听得很不顺耳,却可增进人的品德修养。

【述评】讳疾忌医的人,最后病入膏肓,无可救药;文过饰非的人,最后可能犯罪,坠入罪恶的深渊。只有虚心接受批评、听从善意规劝的人,才能防微杜渐,成为正直的、高尚的人。

平生正直无私曲,问甚天公饶不饶。

【注释】正直:公正不偏邪。私曲:偏私阿曲的行为。天公:以天比人,就是天,俗称"老天爷"。

【解说】在处人、做事方面,一辈子公正无私,何必去问老天爷原谅不原谅。

【述评】为人做事一向大公无私,守正不阿,问心无愧,人间自有公平在,何必去考虑能不能得到老天爷的宽容呢!要相信:心底无私天地宽,只要自己公正无私,就不必担心人们说长道短。

大道劝人三件事,戒酒除花莫赌钱。

【注释】大道:大的道理,常理,正理。古时指政治上的最高理想。除花:戒除嫖娼或卖淫、寻花问柳。

【解说】大道理劝人切记三件事:不要酗酒,不要嫖娼或卖淫,不要赌博。

【述评】酗酒、嫖娼或卖淫,赌博是三大罪恶之源。人们往往由于酗酒、嫖娼或卖淫、赌钱而使家庭破裂,走上犯罪的道路,成为社会不安定的重要原因,一害自己,二害家庭,三害社会。因此,千万不要干那些邪门歪道的勾当。

欺心莫过三江水,人与世情朝朝随。

【注释】欺心:欺骗自己。三江水:古时以“三江”为名的水道很多,这里泛指众多水道。朝朝(zhāo zhāo):每日,每天。世情:指人世的种种关系和人与人之间的情感与态度。

【解说】自我欺骗不能解决任何问题,更不可能度过重重难关(三江水);人世的种种关系一直伴随着人生。

【述评】这两句话告诫人们:不要干那些掩耳盗铃的事。自我欺骗,到头来还是难住了自己,世俗的人情一直伴随着人生,自我欺骗终究害了自己。

劝君莫做亏心事,古往今来放过谁?

【注释】亏心事:问心有愧之事。

【解说】奉劝人们不要干那些问心有愧的事,对于那些干了亏心事的人,从古至今,谁能逃得过良心的谴责和世

人的责骂呢?

【述评】俗话说:日间不做亏心事,半夜敲门不吃惊。一个人如果做了有愧于良心的事,首先,在自己的心理上失去了平衡,感到内疚;其次,在众目睽睽之下,是瞒不了人的,必将受到世人的指责。古往今来,谁也逃不脱。

受用须从勤苦得,淫奢必定祸灾生。

【注释】受用:受益,得益。淫奢:放纵、奢侈。

【解说】要想身心得益,必须从勤学苦练中取得,而放纵情欲、奢侈浪费的行为,一定会遭到祸患和灾难。

【述评】俗话说:"不吃苦中苦,难为人上人"。要想在事业上有成就,生活上不受冻馁,就必须有坚强的意志和坚韧的毅力。那些怕吃苦的人,永远不会有所建树。至于骄奢淫佚的人,必定要遭受意想不到的灾难与祸患。

临崖勒马收缰晚,船到江心补漏迟。

【注释】临崖勒马:到了悬崖的边缘拽住马缰。补漏:堵住漏洞。

【解说】人骑着马奔跑到了悬崖绝壁的边缘,想收住马缰使马停止脚步,已经来不及了;坐着破船到了江心,再补漏洞,已经无补于事了。

【述评】这两句话告诫人们:要时刻检点自己的行

为,有缺点就要努力克服,有错误就要及时纠正。如果使错误发展,到了危险的边缘、再想纠正已经不可能了。

善欲人见不是真善,恶恐人知便是大恶。

【注释】善:好事,办好事。恶:坏事,做坏事。

【解说】办好事希望让别人看见,不是真心诚意想办好事;做坏事怕别人知道,事无大小,其本质都是大坏事。

【述评】全心全意为人民服务,就不会计较个人的得失,更不会考虑有没有人看见。因为做好事是发自内心的良知,而不是做样子给别人看的。干坏事总是不得人心的,因而就怕别人知道。越怕别人知道的坏事,就越严重。

不知其非,安能去非? 不知其过,安能改过?

【注释】非:不对,缺点,不足。过:过失,错误。

【解说】不晓得自己有什么缺点和不足,怎么能够克服这些缺点和不足之处呢? 不晓得自己的错误,怎么能改正错误呢?

【述评】金无足赤,人无完人。任何人都有这样、那样的缺点和错误,关键在于如何对待。毛泽东也一再告诫人们:有错就改,改了就好。因此,我们应该多作自我批评,而且要诚恳接受别人的批评意见,并努力改正。

已为而悔,莫若早戒;患至而忧,不如预谋。

【注释】已为：已经做过的事。戒：防止，警惕。预谋：事先筹谋、计划。

【解说】对于做错了的事，与其后悔，不如事先就妥为防备；灾祸临头的时候才产生忧虑，不如预先做好应付的措施。

【述评】不论作什么事，都应未雨绸缪，免得发生错误而后悔。当然，亡羊补牢，犹未为晚，那也只是为了不重蹈覆辙而言。所以，最好还是在事先做好缜密考虑。

千丈之堤以蝼蚁之穴溃，百尺之室以突隙之烟焚。

【注释】蝼蚁：蝼蛄和蚂蚁，这里用于比喻力量微小。突：烟突，烟囱。

【解说】千丈长的河堤，由于蝼蛄、蚂蚁等小昆虫的洞穴而遭到溃决；百尺高的房屋，由于烟囱的小裂缝，导致失火而焚烧。

【述评】在一般的工程质量上，人们往往忽视一些小的问题，而正是这些小毛病留下了隐患，最终酿成大祸。人的立身处世更是如此，这些惨痛的教训，应该引起人们的高度重视。所谓"防微杜渐"，其意义也就在这里。

行为规范

但行好事,莫问前程。

【注释】前程:犹言前途,比喻未来的遭遇。

【解说】人活在世上,一定要做好事而不做坏事。当我们做好事的时候,是出于自己的本能,而不是考虑自己将来能得到什么好处。

【述评】我们既要做人,就要做一个有益于人民的人。人的能力有大小,所做贡献也不同,只要是对工作极端负责任,对人民极端热忱,就必然能够见义勇为,毫不计较自己的誉毁、得失,就是一个品格高尚的人。

与人方便,自己方便。

【注释】方便:便利。

【解说】能为别人提供便利,自己也会得到便利。

【述评】凡人做事,要尽量考虑到他人,所谓"把方便让给别人",就是这个意思。在日常生活中,"与人方便,自己方便"的事例,比比皆是。比如:在一个独木桥上,有两个人从桥的两头相对而行,走在桥的中间,谁也过不去了。其中一人退后,让对方先过去,自己也就顺利通过了。总之相互忍让,得益匪浅。

人平不语,水平不流。

【注释】人平不语:当人得到公平待遇时,就不会有怨言了。

【解说】人的正当权益得保障,在平等竞争中,机会均等,人人处于平等地位时,就无言可说了;水在静止时,就不会流动。

【述评】我们生活在群体之中,一定要平等待人,既不仗势欺人,也不厚此薄彼。这样,人与人之间只有和平相处、公平竞赛,自然就杜绝了闲言碎语、流言蜚语;水总是往低处流的,水在静止状态时,就不会流动了。

老实常在,脱空常败。

【注释】老实:心地诚实,举止谨慎。脱空:说假话、大话,不实在。

【解说】只有老老实实做人,才能赢得大家的信任;说假话、空话的人，是注定要失败的。

【述评】说老实话，办老实事，做老实人，是永远值得赞扬的；那些弄虚作假、喜欢浮夸的人，必然要招致大家的厌恶和反对，最后落个身败名裂的下场，遭到众人的唾弃，成为向隅而泣的可怜虫。

天网恢恢，疏而不漏。

【注释】天网：天道的网络，指自然的惩罚。恢恢：广阔的样子。疏：不密，稀疏。

【解说】天道这层网络既广又大，看起来好像很稀疏，但不会漏掉一个入网者。

【述评】天道是很公平的，作恶的人就要受到惩罚。世上的禁网很多，有些作恶多端的人往往侥幸暂时逃避了应得的惩罚。但是，天网广布四方，作恶者必将受到惩处，无一能够幸免。

积善有善报，积恶有恶报。

【注释】报：报应，也就是因果报应，本为佛家语，意为有原因，必有结果：做善、做恶，必有善、恶相报应。

【解说】做好事行善的人，必有好的报应；反之，做恶多端的人，必定受到相应的惩罚。

【述评】俗话说：善有善报，恶有恶报；不是不报，时候

不到，时候一到，一定要报。如果单纯讲因果报应，当然是唯心主义的。如果辩证地看待，则有其合情、合理的成分。

寒门生贵子，白屋出公卿。

【注释】寒门：贫寒的家庭。贵子：指有出息的子女。白屋：用白色茅草盖的屋子，为贫寒者所居。公卿：泛指当官的。

【解说】有作为、有出息的人大半出生于贫寒之家，有作为的官吏也多出身于穷苦人家。

【述评】出生于贫寒家庭的人，自小就受到生活磨炼，一般地说，都知道刻苦自励，较有出息，一旦为官，也知道下层社会老百姓的疾苦，因而会受到老百姓的拥戴。

国正天心顺，官清民自安。

【注释】国正：国家的政策、法令正确。天心：就是天意，指上天的意愿。官清：官吏清正廉明。

【解说】国家制订的政策、法令正确，就顺应了上天的意愿；官吏清正廉明，老百姓就能安居乐业。

【述评】凡是国泰民安的社会，一定是国家制订的政策、颁行的法令符合人民的愿望，适应生产力发展的需要，因而国家兴旺发达；国家的各级官吏都能廉洁奉公，老百姓必然能安居乐业，天下太平。

人无千日好，花无百日红。

【注释】千日、百日：都指时间长久，不是指具体的天数。

【解说】一个人不可能永久处于顺利环境中，花也不可能长久地盛开不败。

【述评】一个人一生所走的道路不可能是笔直的、一帆风顺的，有时处于顺境，有时处于逆境。不论处于顺境或逆境，永远要做一个堂堂正正的人。花也是这样，没有长久地盛开不败的。这两句话，是以人、花相互比喻。

路遥知马力，日久见人心。

【注释】路遥：道路很远。日久：时日很长。

【解说】骑着马在长途奔跑中，可以测知马的耐久力。与人在长时间的相处中，可以了解这个人的性情和心地是否善良。

【述评】这两句话，主要说明人们在交往中，相处的时间越长，对于对方的了解就越深。只要自己真心诚意地对待别人，即使对方一时尚不能谅解，也不要紧，要经得起时间的考验。

道高龙虎伏，德重鬼神钦。

【注释】道：指法术、道德。德：指品行、品格。

【解说】法术高明、道德高尚的人可以降龙伏虎,德高望重的人让鬼神也得钦佩。

【述评】这是一种形象的说法。意思是道德高尚的人,使得龙、虎也畏惧;品德完美的人,连鬼神也要对之钦佩。这种畏惧和钦佩之情,是发自内心的,不是由于权势的压力而产生的。这就是以德服人和以权压人的根本区别。

人高谈古今,物高价出头。

【注释】人高:指人的知识丰富,阅历很深,心胸开阔。物高:指物品的质量高。

【解说】思想认识高明而又知识丰富的人,经常能够谈古论今。质量高、外表又漂亮的物品,其价格就比一般物品要高。

【述评】有学问且阅历又深的人,经常对人们谈论古往今来的沧桑变化,使人们得以鉴古知今,从中吸取经验教训,以为人们的行动指针。质量高的物品,其成本也高,价格自然就高。

祸生于欲得,福生于自禁。

【注释】祸:灾难,与福相对而言。自禁:自我克制。

【解说】灾难产生于贪得无厌的占有欲望。幸福植根于对欲望的自我克制。

【述评】俗话说："人为财死，鸟为食亡"。祸患往往源于贪婪，非分的占有欲望，会把人引向罪恶的深渊，以至最后使自己彻底毁灭。对自己的欲望能够克制的人，就会得到心理上的平衡，因而心安理得，并给家人乃至整个社会带来安定，自己也得到幸福。

君子当权积福，小人仗势欺人。

【注释】当权：掌握权柄。仗势：凭借权势。

【解说】品行好、道德高尚的人，在掌握权柄的时候，总是造福于人民群众；没有道德的人，一旦手中有权，就要凭借权势欺压别人。

【述评】一个好官吏，为官一任就要造福一方；贪官污吏总是贪赃枉法，中饱私囊，欺压群众。这两句话明白地告诉人们：君子、小人在对待权势的态度上，分别就在于此。作为君子，一旦手中有权，一定要正确运用自己的权力。

哀莫大于心死，而人死亦次之。

【注释】哀：悲哀或悲哀之事。

【解说】人的最大悲哀，莫过于思想上的空虚和意志消沉；人的肉体消亡，比较起来还是次要的。

【述评】没有理想、没有抱负和没有追求的人，是失去灵魂的人。没有灵魂的人，如同行尸走肉一般。这样的人活着,还有什么意义？因此说：比之于躯体的死亡,心死是更为悲哀的事。所以,一定要振奋精神,加强学习,不断充实自己,使自己永远保持青春的活力。

辱莫大于求荣,小莫大于好大。

【注释】辱:耻辱、羞耻。求荣:不择手段追求荣华富贵。小:渺小。好大:不从实际出发,却妄想做大事、立大功。

【解说】最大的耻辱,没有比贪图富贵、不择手段追求地位更为厉害;最渺小的事,莫过于好大喜功。

【述评】由于虚荣心的驱使,人们往往追求权势、地位,以达到荣华富贵,不惜出卖灵魂,钻营取巧,这是最可耻的。由于对自己缺乏正确的认识,不从实际出发,妄图一下子建大功、立大业,最后一事无成,这是最渺小的。

易乐者必多哀,轻施者必好夺。

【注释】乐(lè):快乐,高兴。哀:悲伤。施:给予,施舍。这里指给人以小恩小惠。

【解说】轻易表露高兴的人,其悲伤必然也多;经常给人一点小恩小惠的人,必然怀着夺取别人财物的欲望。

【述评】人们在待人接物中,要取慎重态度,要不苟言笑,不要感情冲动或易乐、易怒。遇到稍微开心的事,也不要乐不可支。要知道小的快乐后面,正隐藏着大的悲伤。经

常对别人施以小恩小惠的人,正谋划更大的掠夺。我们不
可不加以提防。

己之温思人之寒,己之安思人之艰。

【注释】温:温饱,不缺衣食。寒:贫困,缺衣少食。

【解说】自己吃饱穿暖,要想到别人饥寒交迫;自己生
活安适,要想到别人的艰难困苦。

【述评】一个人的温饱或一家一室的温饱,远不是我们
的目标。仅仅自己生活安适,也不能满足我们的要求。我们
要使广大人民群众都能得到温饱,都能安居乐业。这就是
我们的幸福观。

先人而后己者安,适己而劳人者危。

【注释】安:安乐,安适。适:舒适,畅快。

【解说】凡事先人后己,自己就会心安理得;为了自己
舒适、痛快,而使别人劳累、痛苦,那是非常危险的。

【述评】道德高尚的人,遇事首先考虑他人,就会得到
群众的拥护,自己也就心安理得了。一事当前,关心自己比关
心他人为重,势必遭人唾弃;作为领导人,必将脱离群众。

君子之为利利人,小人之为利利己。

【注释】君子:道德高尚的人。小人:缺乏道德修养的

人。为利：谋求利益。

【解说】有道德的人，完全为他人、为广大群众谋利益。人格低下的人，自私自利，完全为自己钻营。

【述评】为人民服务，不是一句空话。凡是道德高尚的人，总是为多数人的利益而操劳。思想低下、人格卑鄙的人，成天蝇营狗苟，总是为一己的私利而奔忙。前者受人拥护，后者遭人唾弃。

淫慢则不能励精，险躁则不能治性。

【注释】淫：纵欲放荡。慢：怠惰。励精：振奋精神。险躁：冒险急躁，不冷静。治性：陶冶性情。

【解说】放纵自己并对工作采取怠慢的态度，就不可能振奋精神。冒险急躁，就不能陶冶自己的性情。

【述评】这是诸葛亮《诫子书》中的话，对于现代人，仍有现实的教育意义。一个人要有对事业献身的精神，就不能有贪图享受的恶习；只有冷静思考，才能克服急躁冒险的情绪。

痛莫大于不闻过，辱莫大于不知耻。

【注释】痛：悲痛，悲哀。过：过失、错误。辱：耻辱，羞耻。

【解说】人最可悲的事，没有比得上听不进对自己的批评意见；最大的耻辱是不知羞耻。

【述评】人非圣贤,孰能无过?况且,圣贤也有失误的时候。关键在于能否知道过失,知道了是否能够改正。拒绝别人的正当批评,就无法改正自己的缺点、错误。这是最可悲的。孟子说:"无羞恶之心,非人也"。所以,最大的耻辱,就是不知羞耻。

若不与人行方便,念尽弥陀总是空。

【注释】方便:便利。弥陀:"阿弥陀佛"之略称。

【解说】做事如果不考虑别人,不给别人留一点便利,就是把弥陀经念尽,也无济于事。

【述评】要与人为善,尽量把方便让给别人,把困难留给自己,才是真正做好事。否则,把弥陀经背得烂熟,也不算积德行善,这两句话,提醒人们:要注意实际行动,不要空喊口号,不要只做表面文章。

言多语失皆因酒。义断亲疏只为钱。

【注释】义断亲疏:原有的恩义断绝了,本来是亲近的人也疏远了。

【解说】人们在喝酒的时候,显得话特别多,话多就难免有失言之处。有些人见利忘义,为了争夺钱财,可以断绝恩义和情谊,使亲近的人,甚至是至亲骨肉也变得疏远了。

【述评】谚云:"病从口入,祸从口出"。多言多语,容易

招祸,特别是在酒后,更难于控制自己。因此,饮酒要适可而止,切记不要喝醉。对待钱财,应该有一个正确的态度,不要见利忘义,为富不仁,否则钱可能有了,但对亲朋好友们的情义可能就没有了。岂非人间悲剧!

侵人田土骗人钱,荣华富贵不多年。

【注释】荣华:本指草木发花,后比喻显达。富贵:家资丰饶和禄位昌盛。

【解说】霸占别人的土地,诈骗别人的钱财,虽然暂时可能得到荣华富贵,但这种情况绝对不会长久。

【述评】凡靠强占、诈骗得来的财物,都是不义之财,都是问心有愧的。它一方面使自己经常感到内疚;另一方面,必然受到众人的责难。不义之财得来容易,也就会挥霍无度,还会使子孙后代养成好逸恶劳的恶习。

金风未动蝉先觉,暗算无常死不知。

【注释】金风:秋风。暗算:暗中谋算害人。无常:变化不定。

【解说】秋风还没有刮来,树上的知了已先感到秋意;遭人暗中谋害的事随时可能发生,死到临头还不知道。

【述评】知了对秋意非常敏感,对比之下,感觉迟钝的人死到临头,还不知道是遭人暗算。这两句话提醒人们:要有灵敏的嗅觉,时刻提高警惕,以防不测。

莫作亏心侥幸事,自然灾祸不来侵。

【注释】亏心:丧失良心。侥幸:企图不经过努力就获得成功,或意外地免去不幸。灾祸:自然的或人为的祸患。

【解说】一个人不作亏心事,不存在侥幸心理,自然就不会受到灾难和祸患的侵袭。

【述评】这两句话主要是告诫人们:要走正道,不要搞邪门歪道。做了亏心事而又企图蒙蔽世人,是不可能的。做了坏事的人,老是忐忑不安,很容易招致灾祸。

青草发时便盖地,运通何须觅故人。

【注释】青草:绿色的草,泛指茂盛的草木。故人:老朋友。运:指命运,运气。

【解说】当茂盛的草木生长出来时,自然会把大地遮盖住。自己的命运掌握在自己手中,美好的前途靠自己去创造,无须寄托在老朋友的帮助上。

【述评】一个人应该自己努力求得上进,自己奋发向上,便会有所成就,何必去拉关系,靠老朋友的提携呢? 要永远记住:求己胜于求人,依靠他人是不会长久的。

安者非一日而安也,危者非一日而危也。

【注释】安:安定,安全。危:危险,危急。

【解说】国家的安定局面,不是一天之内取得的;危急形势,也不是一天之内形成的。

【述评】冰冻三尺,非一日之寒。一切事物的转化,都是从量变到质变的。国家政局安定,是经过全国人民的艰苦奋斗取得的,不是一朝一夕能够达到的;国家的危险局面也不是一朝一夕形成的,而是由于政治腐败、积重难返造成的。同样,个人的安危,也不是一朝一夕形成的。

两刃相割,利钝乃知;二论相订,是非乃见。

【注释】刃:刀刃。订:评议,论争。

【解说】两把刀子互相切割,哪个锋利,哪个不锋利,一看便知;两种观点互相争论,谁是谁非,一听就明白了。

【述评】两种事物,两种观点,究竟哪个正确,只有比较才能分辨清楚。有比较才能有鉴别,真理是在与各种谬误的论战中确立的,挫败各种谬论,真理才更显出光辉。

迷途知返,失道不远;过而能改,谓之不过。

【注释】道:道路。过:过失,错误。

【解说】迷失方向,走错了路,发觉后立即返回,错路走得不会太远。做错了事能改正,就不算什么错误。

【述评】迷失方向,走错道路,是常有的事,关键在于是否能够迷途知返。只要能够迷途知返,就算不得什么,而且能得到别人的同情和谅解。从自身来说,总结经验教训,可以避免重复错误。

木虽蠹,无疾风不折;墙虽隙,无大雨不坏。

【注释】蠹:蛀虫;蛀蚀。疾风:猛烈的大风。隙:裂缝。

【解说】树木虽然被蠹虫蛀蚀了,没有猛烈的大风,也不会折断;墙虽然有裂缝,不下大雨,也不会倒塌。

【述评】这两句话告诉我们:内因必须通过一定的外因才会发生变化。但是,归根到底,外因是变化的条件,内因是变化的根据。疾风、大雨,对于木折、墙倒,只是起了推动作用,而根本原因则是蠹众、隙大。

河水结冰,非一日之寒;积土成山,非斯须之作。

【注释】斯须:一会儿的时间,时间很短。

【解说】大河里的水能凝结成冰,不是一天寒冷的结果;把土堆成一座山,不是一会儿就能完成的。

【述评】从无到有,积少成多,需要有一个过程,这个过程就是岁月的积累,任何事物都要经历这一过程。我们从事任何工作,都不能急于求成,要有决心、耐心和恒心,才能获得成功。

增强团结

功不独居,过不推诿。

【注释】独居:独占。推诿:推卸。

【解说】有功劳的事,自己不要独占;发生过错,自己不要推卸责任。

【述评】历史唯物主义者认为,人民群众是创造历史的主人,而不是个别英雄人物。当然,我们不否认英雄人物在群众运动中所起的巨大作用。个人英雄主义者,总是把历史的功绩归于少数英雄人物,归于自己,把错误的责任推给别人。居功自傲的人,必然要诿过于人;反过来说也一样,喜爱把错误推给别人的人,遇到成绩,必然要抢头功。这种人,十个就有十个要脱离群众。

不蔽人之美,不言人之恶。

【注释】蔽:隐蔽,隐瞒。

【解说】不要隐瞒别人的美德,不要老说别人的缺点、错误。

【述评】对于别人的优点、长处及各种美德,我们应该抱着赞扬和学习的态度,而不应该有嫉妒的心情,更不能隐瞒别人这些美德。对于别人的缺点、错误,应该抱着与人为善的态度,指出并帮助他改正;如果以幸灾乐祸的态度,大肆宣扬别人的缺点、错误,不仅无助于别人改正,且会使对方产生仇恨。

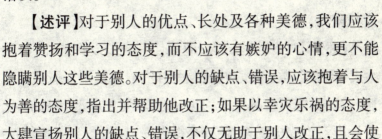

三人同一心,黄土变成金。

【注释】一心:一条心。黄土:地面上到处可以找到的一种物质,言其毫无价值。金:极为贵重的金属之一。

【解说】三个人能够拧成一股劲,协力工作,创造财富,可以把最不值钱的东西变成最有价值的物资。

【述评】俗话说:"人心齐,泰山移"。在集体劳动和工作中,团结协作是非常重要的。心往一处想,劲往一处使,就会增强凝聚力,创造出巨大的财富;如果各怀异志,貌合神离,甚至互相拆台,任何事业都不会成功。

能者不可弊,败者不可饰。

【注释】能者:有本事的人,有才能的人。弊:通"蔽",埋

没,隐藏。败者:败家子,道德败坏的人,品质恶劣的人。饰:
掩饰,粉饰。

【解说】有能力的人不要被埋没,对品德恶劣的人不要
为其掩饰。

【述评】对有才能的人,应该使其充分发挥才能,为社
会、为国家多做贡献。对品德恶劣的人,一定不要掩饰其劣
迹。这样,既可使其无法为害社会,又可促其改邪归正,化
消极因素为积极因素,使社会得以安定。

休争三寸气,白了少年头。

【注释】三寸气:指气息。

【解说】不要争强好胜,生那些闲气,免得在年纪轻轻
的时候,就白发满头了。

【述评】对于一些非原则性的问题,不要争吵不休,更
不要生那些不必要的闲气。要知道,闲气生得多了,必然会
影响自己的健康,非但无补于事,反而损伤了自己的身体,
结果是未老先衰。应当加强学习,增强道德修养,养成豁达
大度的胸襟,更好地与人相处,以增进团结。

不自大其事,不自尚其功。

【注释】自大:自以为了不起。自尚:自我表现,自我夸
耀。

【解说】对自己作出的一点成绩,不要自我夸大,也不要吹嘘自己的功劳。

【述评】轻浮的人总喜欢自吹自擂,自己作出一点微小的成绩,总爱在人前夸耀。这种作风,必然引起别人的轻视和嘲笑。喜欢吹嘘的人,必定不能实事求是,结果会造成失误和损失。为了夸耀自己,就要贬低别人,因而造成彼此之间的猜忌,破坏了团结。

与人不求备,检身若不及。

【注释】备:完备,完美。检:检查,检点。

【解说】对于别人做的事,不要求全责备;检查自己的行为,唯恐没有把缺点、错误全部检查出来。

【述评】与人相处,不要对别人要求过严,特别是作为领导者,更不能对下属求全责备。要求过严,就会使人无所适从。对于自己立身处世,则应当严格要求,永远保持谦虚谨慎态度,永远看到与别人的差距,力求赶上。

泰山不却微尘,积小垒成高大。

【注释】泰山:在山东省泰安市,古称"东岳",为五岳之首。却:拒绝,推卸。

【解说】高大的泰山,不拒绝细微的尘埃填在它上面。把小的东西积累起来,可以垒成高大的物堆。

【述评】这两句话意在告诫人们：永远不要满足于已有的成就。像泰山那样高峻巍峨的大山，都不拒绝细微的尘埃落在它的上面，才使它永远崇高伟大。同样，把无数点点滴滴积累起来，就垒成巨大的工程。"聚沙成塔"、"集腋成裘"，就是这个道理。

在上位不陵下，在下位不援上。

【注释】上位：高级官位。"陵"通"凌"，欺侮。下位：低级职位。援：攀附。

【解说】在高级职位上的人，不要欺侮下级的工作人员；职位低下的人，不要对上级领导攀附、阿谀。

【述评】在一起工作的人员，不论官衔大小，职位高低，在人格上一律平等。不能因为官位高，就盛气凌人，颐指气使，不可一世。职位低的人也不要自卑，更不必巴结上级以获得宠信，不要作有损人格的事。这是做人的应有品德。

流丸止于瓯臾，流言止于智者。

【注释】流丸：滚动着的弹丸。瓯臾：瓦盆，瓦盂之类的陶土器皿。流言：谣言，没有根据的谎言。

【解说】小球滚到瓦盆里就滚不动而停止了。流言蜚语传到聪明人那里也销声敛迹了。

【述评】人必须有分辨真伪的能力。有些不法之徒往往造谣惑众,肯动脑筋的聪明人,一眼就能看穿流言的虚伪性,揭露其阴谋诡计,流言也就不攻自破。而愚昧无知的人,常常听信流言,上当受骗。

天时不如地利,地利不如人和。

【注释】天时:自然变化的时序,有利的时机。地利:指土地生产的财富及天然险阻和人工的设施, 即地理的优势。人和:得人心,受到众人的拥护。

【解说】不论做什么事,天时的条件不如地利,地利的条件不如人和。

【述评】天时、地利、人和,三种情况都是客观存在。天时、地利不是人的力量一下就可改变的,唯有人和这个条件是由人来决定的。所以,在万事万物中,人是决定的因素,因而人和就是最主要的。

根浅则枝叶短,本绝则枝叶枯。

【注释】本:植物的根或茎。绝:断绝。

【解说】植物的根扎得不深,其枝叶就短小。根、茎断绝,其枝叶也就干枯了。

【述评】树大根深、枝叶就繁茂。本固则枝荣,本绝则枝枯叶落。这是人人皆知的道理。人事又何尝不是如此? 不论干什么事,都必须建立在坚实的基础上。基础建立在下层,下层有最广泛的群众。如果脱离群众,违反客观规律,任何事情都将受到挫折,甚至失败。

论学则观其身,论政则考其时。

【注释】学:学问。身:本身的素质。政:政事,施政的一切事务。时:时势,潮流。

【解说】评论一个人的学问,应该观察其本身的素质和实践。评论一个官员的政绩,应该考察其能否顺应时势和潮流,能否跟得上时代的要求。

【述评】实践是检验真理的唯一标准。一个人的学问是否充实,对广大群众是否有说服力,是否有价值,必须经得起时间的考验,必须由实际效果来判定。官员的政绩如何,其施政方针、政策是否正确,是否顺应潮流,是否得到群众拥护,就是评价的标准。

誉人不增其美,毁人不益其恶。

【注释】誉:赞扬,表扬。毁:诽谤,指责,讲别人的坏话。

【解说】赞扬别人的时候,不要夸大其优点;指责别人的时候,不要增添其缺点、错误。

【述评】干什么事情,都要实事求是。对于人的评价,也是这样。当赞扬一个人的时候,不要夸大其优点,要恰如其分;当批评别人的缺点、错误时,要有根据,要注意政治,不要添油加醋。这样，不仅使受赞扬者和被批评者心悦诚服，而且也是增进团结的最好的方法。

不知而言不智，知而不言不忠。

【注释】智：明智。忠：忠诚。

【解说】对于不懂的事物、道理，硬是不懂装懂，夸夸其谈，这是不明智的表现。对于自己知道的事物、道理，却闭口不谈，是不忠诚的表现。

【述评】我们要当老实人，说老实话，做老实事。如是，我们就应抱着知之为知之，不知为不知的态度。不要夸夸其谈，也不要强不知为知。或者，本来是自己熟悉的事物，了如指掌，却故意装作不懂，这是一种虚伪的表现。

为治而不为乱，为修而不为污。

【注释】为：做，从事。治：安定。乱：动荡，混乱。修：美好。污：污秽，肮脏。

【解说】要做使社会安定的事，而不做使社会动乱的事；要为社会、为群众做善事，而不要做为社会、为群众所反对的事。

【述评】一个人应该多做有利于社会安定团结的事，而不做那些有害于安定团结的事，更不要做会造成社会动荡的事。要为社会公益多办些实事，不要干那些有损公

417

益的事。

一个篱笆三个桩，一个好汉三个帮。

【注释】篱笆：用竹、木、苇等编成有孔的围墙或屏障。桩：桩子，用铁、木、石等条形物打入土中，以固基础或供系物。好汉：有胆识、有作为的男子，也指尚义任侠之士。

【解说】一个篱笆至少要有三根柱子支撑，才能立得住，立得稳。一个有作为的人要想作一番事业，也得有三个人帮着干，才有希望成功。

【述评】"一木难撑大厦，众志能够成城"，道尽了群众力量的伟大。1957年11月18日，在莫斯科共产党、工人党代表会议上，毛泽东发言时曾说："任何一个人都要人支持。一个好汉也要三个帮，一个篱笆也要三个桩。荷花虽好，也要绿叶扶持"。这就充分说明团结和互助合作的重要性，任何闹独立性，耍个人英雄主义的人，注定是要失败的。

入其国者从其俗，入其家者避其讳。

【注释】国：古时指都城，或指一个地域。俗：风俗。讳：忌讳，顾忌，不愿意让人知道的。

【解说】进入一个地区，要遵守当地的风俗；到了别人的家中，要避免提及人家有顾忌的言语或事物。

【述评】尊重别人的风俗习惯，是促进团结的重要方法。自己能够尊重别人，别人也一定会尊重自己，造成彼此融洽的气氛，有利于工作，有利于社会风气的好转。

猛虎不在当道卧，困龙也有上天时。

【注释】猛虎：凶猛的老虎。当道：道路的中央。困龙：龙不能离开水。龙被困于沙滩，叫做困龙。

【解说】猛虎从来不在大路的中间躺卧，以阻挡行人的去路。被困在沙滩上的龙，也有重新腾空的时候。

【述评】猛虎本来就生活在深山老林，蛟龙虽被困于沙滩，一旦洪水暴发，仍然可以腾空。这两句话寓意很深：很多有作为的人才被埋没，暂时虽然不得志，但终究会有施展才能的一天。

富贵不可以傲穷，贤明不可以轻暗。

【注释】富贵：富裕显贵。傲：骄傲，轻慢。贤明：才能和德行很高。轻暗：轻视、鄙薄愚昧的人。

【解说】自己富贵显赫，不要轻慢贫贱的人；才德很高的人，不应当轻视愚昧的人。

【述评】富贵者轻慢贫贱者，贤明者鄙视愚昧者，都是十分错误的。要知道：富贵、贫贱，贤明、愚昧，都是相对而言的。况且，智者千虑难免一失；愚者千虑尚有一得。因此，

在任何情况下,都要平等待人。

取其道不取其人,务其实不务其名。

【注释】道:政治主张,思想方法。务:勉力从事。

【解说】赞扬某个人,是采纳其合理的政治主张或正确的思想方法,而不是因为其人有何特点;努力求其实际的功效,而不是只图其虚名。

【述评】在工作中,重用某人,一定是因为其主张、意见对工作有利,而不是由于其人长相、容貌美;因其实际工作能力和成绩突出,而不是单纯追慕其好的名声。如果反其道而行之,那就是本末倒置,绝非正确的用人之道。

不以小功妨大务,不以私欲害人事。

【注释】务:事业,工作。人事:人情事理。

【解说】不要因自己的一点小小的成绩,妨害了大的事业;不要因为个人的欲望,伤害了人情事理。

【述评】人在社会交往中,一定要克服个人主义的不良思想,一定要摆对个人与集体的关系。个人的功劳再大,与伟大的事业相比,仍然是微不足道的,更何况是一点小功呢!个人的欲望永无止境。因此,必须克制自己;否则,就会伤害人事关系。

无为亲厚者所痛,无为见仇者所快。

【注释】亲厚:关系亲近和交情深厚。见仇者:仇敌。

【解说】不要干那些令关系亲近和交情深厚的人感到痛心的事,也不要干那些使仇敌感到高兴的事。

【述评】大凡为亲厚者所痛心的事,必使仇敌感到快意。因此,我们干任何事情,都要顾全大局,不要破坏团结。特别是在大敌当前的时候,如果从个人或小集团的利益出发,在内部挑起纠纷,必然要给国家造成无可挽回的损失。历史上这种沉痛的教训很多,我们必须深切记取。

渡尽劫波兄弟在,相见一笑泯恩仇。

【注释】劫波:本为佛家用语。后人借用,指天灾人祸。泯:消灭。

【解说】历尽各种灾难,兄弟手足仍然健在;相见时握手言欢,先前的恩恩怨怨也就全然消失了。

【述评】血永远浓于水,兄弟之间没有解不开的疙瘩。在经历了各种各样的天灾人祸的劫难以后,兄弟之间先前的恩恩怨怨也就全部消失了,代之而来的,则是和衷共济,共同对付敌人,真是兄弟阋(xì 争吵)于墙,外御其侮。这就明白提醒我们,兄弟之间不管曾发生什么龃龉,在共同对敌的大前提下,都是可以团结一致对外的。

爱人者人恒爱之,敬人者人恒敬之。

【注释】恒:长久,永远,经常。

【解说】能爱护别人的人,会永远受到别人的爱护;尊敬别人的人,也会长久地得到别人的尊敬。

【述评】友爱出于真诚,而真诚的友爱建立在相互的理解上。有了这个基础,爱护别人,肯定能得到对方的回应,而且是永久的。同样,尊敬别人,也会得到别人的尊敬,这是相互的,不是单方面的。反过来说,要想得到别人的爱护和尊敬,自己首先要爱护和尊敬别人。

良言一句三冬暖,恶语伤人六月寒。

【注释】三冬:农历十、十一、十二月为冬季,三冬即指这三个月。也有单指腊月的,腊月为冬季的第三个月。腊月为大寒之月,是一年中最冷的月份。六月:农历六月是大暑之月,是一年中最热的月份。

【解说】一句美好的话,虽然在数九寒天,也会使人觉得非常温暖;伤人的恶言恶语,即使在酷暑盛夏,也会使人感到寒心。

【述评】与人为善,就要对人多多关怀,给以鼓励,使人能奋发向上,用良言规劝,会使人感到无比温暖。如果冷讽热嘲去伤人,使人感到冷冰冰的,必然引起对方的反感。我们一定要特别注意。

蒿里隐着灵芝草,泥内陷着紫金环。

【注释】蒿:蒿草,野草,杂草。灵芝草:象征祥瑞的一种草。紫金环:上品黄金做成的首饰。

【解说】在野草中隐藏着祥瑞的灵芝草,在泥土中深埋着珍贵的首饰。

【述评】这两句话,比喻许多优秀的、有作为的人才,如同隐藏在野草中的灵芝和深埋在土中的黄金首饰而未被发现一样。因此,作为领导者,一定要善于发现人才,而不要埋没人才。

仰高者不可忽其下,瞻前者不可忽其后。

【注释】仰:抬头向上看,忽:忽视,忽略,不注意。瞻:视,望,向前看。

【解说】抬头向上看的时候,不可以不注意下面;在观望前面的时候,不可以忽视后面。

【述评】在从事一项工作前,一定要考虑周到,前后左右,上下四方,哪一方面都要照顾到,都不能忽视。如果顾此失彼,必然会遭受损失,甚至招致失败。作为领导者,务必充分注意,万万不可粗心大意。

智者千虑,必有一失;愚者千虑,必有一得。

【注释】智者:聪明人,有智慧的人。失:失误,差错。愚

者:愚蠢的人,笨拙的人。得:收获。

【解说】聪明人经过反复的、周密的千思万虑,也免不了有失误的地方,发生差错;笨拙的人,经过千百次的周密思考,必然能够取得一些收获。

【述评】一个人不要老是相信自己的聪明才智,看不起别人的能力。一个人不论如何聪明,总有他自己的局限性,如果独断专行,必然导致失败。所以,在任何时候,都要集众思,以广忠益。

居上者不以至公理物,为下者必以私路期荣。

【注释】至公:极大的公心。理物:治理政事,处理公务。荣:荣显;荣誉。

【解说】居于领导地位的人,不能极其公正地处理公务,那么,在下面工作的人,必然会通过各种私人关系谋求不应得到的荣誉。

【述评】上行下效,从来如此。作为领导人,如果以权谋私,怎能约束、制止下属人员的钻营呢?俗话说:"上梁不正下梁歪",一点不假。所以,要彻底扭转不正之风,必须首先从领导人做起。

治国有常,而利民为本;从政有经,而令行为上。

【注释】常:纲常,伦常,常规。经:常道,规范。令行:美好的行为。

【解说】治理国家必须以常规为依据,但以有利于人民为根本;从事政治活动一定要有美好的德行才是上策。

【述评】政治家在治理国家时,必须以人民的根本利益为出发点,才能得到人民的拥护。从事政务活动,领导者一定要有美好的品德,以身作则才是上策。如果不考虑老百姓的利益,没有好的品德,必然造成政治混乱。

知而不言,是不忠之臣;不知而言,乃不智之臣。

【注释】不忠之臣:怀有二心的臣子。乃:是,就是。不智之臣:缺乏聪明才智的臣子。

【解说】知道事实真相而不说,不是忠心耿耿的臣子;不了解情况而乱说乱道,不是明智的臣子。

【述评】我国历来提倡"知无不言,言无不尽"。这不仅是下级对上级提意见或建议时应抱的态度,也是所有人在交往中应有的态度。下级对上级,如果知而不言,不是怕报复,便是怀有二心;如果不知而言,不是狂妄,便是别有用心。

善政民畏之,善教民爱之;善政得民财,善教得民心。

【注释】善政:良好的法度。善教:良好的教化。

【解说】良好的法度、政令,能使老百姓佩服,敬畏;良好的教化,就会受到老百姓的爱戴、拥护。良好的法度、政

令，能使老百姓富裕并从老百姓那里得到更多的财赋；良好的教化，得到的是老百姓的心悦诚服。

【述评】人们往往只注意善政，而忽视善教。实际上，善政是表面的、有形的，它只能从老百姓那里得到物质上的支持；而善教则是无形的、潜移默化的，会受到老百姓的心悦诚服的拥护。

一人之智不如众人之愚，

一目之察不如众目之明。

【注释】察：细看，详审。

【解说】一个人的聪明才智不如许多人的笨办法；一个人无论怎样仔细观察，也不如众人的眼睛明亮，看得全面。

【述评】一个人的聪明才智再高，总有其局限性，不可能考虑得那么周全；众人再笨，其办法却是多种多样的。一个人的视力不论如何明察秋毫，总有看不到的地方；众人则可以看到前后左右，上下四方。我们平常说"众人是圣人"，其意义就非常明白了。

与其喜闻人之过，不若喜闻己之过；

与其乐道己之善，不若乐道人之善。

【注释】与其：比较连词。不若：不如。乐(lè)，快乐，高兴，喜欢。道：诉说，宣扬。

【解说】与其听到别人的过失、错误，不如听到自己的过失、错误；与其喜欢谈论自己的优点、长处，不如高兴地去谈论别人的优点、长处。

【述评】看不到别人的优点、长处，就看不到自己的缺点、错误；只看到自己的优点、长处，也就只会看到别人的缺点、错误。这两种人实际上是同一类型。这一特点，本身就是最大的缺点、错误，都是骄傲自满的表现，是不利于团结的。

附　录

待人接物

精诚所至,金石为开。

【注释】精诚:真心诚意,至诚。

【解说】只要以真心诚意待人,即使是铁石心肠的人,也会被感动的。

【述评】待人以诚是处人的最基本的态度,也是一个人应有的品德。只有以至诚待人,才能产生感染力。以至诚的态度待人, 连金石那样坚硬的东西都能被感动而裂开,那还有什么顽固不化的人能不被感动呢? 所以说:"精诚所至,金石为开",就是这个道理。

恭者不侮人,俭者不夺人。

【注释】恭:恭敬,有礼貌。侮:侮辱,欺侮。俭:节省,节约。夺:抢夺,强取。

【解说】恭敬别人的人不会欺侮人,节约的人不会去强占别人的财物。

【述评】人与人相处,贵在互相尊重,互相谅解。礼貌待人永远是友好的表现,会得到对方善意的回报。如果对人冷嘲热讽,肆意凌辱,绝对不是有礼貌的行为,必将激起对方的反感。过着俭朴生活的人,有着廉洁不贪的品德,更不会强夺他人的财物。所谓"俭可养廉",就是这个意思。

施人慎勿念,受施慎勿忘。

【注释】施:给予,加。慎:禁戒之词。念:思念;记忆,如念念不忘。

【解说】给予别人一些好处,千万不要老记在心上;接受了别人的好处,须臾不要忘记。

【述评】给予别人一些好处而耿耿于怀,说明给予时并非出于诚意。当自己受到别人帮助后,千万不要忘记对方的情义;忘记了,就是过河拆桥,就是忘恩负义。

圣人不曾高,众人不曾低。

【注释】圣人:道德、智能极高的人。曾(zēng):怎。众人:普通人。

【解说】道德品质高尚、智慧才能超群的人,也不怎样高明;普通老百姓也不怎样低能。

【述评】这两句话告诉我们：要正确评价和对待圣人与普通老百姓。对圣人：既要尊敬圣人的道德文章，又不要盲目崇拜；对普通人：既不要瞧不起人家，又要看到人家的优点。这是因为每个人，包括圣人在内，都有自己的局限性。只有集体的智慧和力量才是最伟大的。所谓"众人是圣人"，就是这个意思。

人无害虎心，虎有伤人意。

【注释】害：谋害，伤害。

【解说】人没伤害老虎的打算，老虎却有吃人的心思。

【述评】这是在告诫人们：为人不可有害人之心，但要有预防别人谋害的准备。如同人遇着老虎一样，尽管人没有伤害它的任何心思，但老虎的本性难改，总是要吃人的。因此，我们要随时提高警惕，以防不测。推而广之，在人生的旅途中，往往障碍重重，尽管自己可以绕道而行，但各种磨难还会接踵而至。因此，必须有克服各种困难的思想准备。

饶人不是痴，过后得便宜。

【注释】饶人：让人，宽恕人。痴：痴呆，傻瓜。便（pián）宜：利益，好处。

【解说】能宽恕别人并不是傻瓜，事情过后一定会得到好处。

【述评】对于别人,应该采取宽容的态度,特别是在一些非原则性的问题上,更不要过多纠缠。对别人宽恕,不但利于别人改正错误,多做好事,而且可以赢得别人对自己的尊重和信赖。岂不是于己、于人,都大有好处吗?

见事知长短,人面识高低。

【注释】长短:指事物的是非、曲直、好坏。高低:高下,优劣。

【解说】遇见事情,要弄清楚它的是非、好坏。对于人,不仅要识别他的面貌,更要了解他的品德高下、优劣。

【述评】人应该始终保持清醒的头脑,遇事首先要弄清楚事情的是非,然后再决定处理的方式、方法。对于所交往的人,不仅要从外表上认识其面貌,更应该了解其品德的高低、优劣。只有这样,才能在纷繁复杂的社会发展进程中不致迷失方向。

藤萝绕树生,树倒藤萝死。

【注释】藤萝:一种攀附植物。

【解说】藤萝这种植物,总是缠绕在高大的树木上才能生长。当被缠绕的树木由于各种原因倒下时,攀附树木而生的藤萝,也就随着树木的倒下而死了。

【述评】这两句话实际上是说：那些趋炎附势的人，当主子红极一时的时候，他们狗仗人势，作威作福；一旦主子倒运，他们也就树倒猢狲散了。同时，也告诫人们：一个人要有独立的人格，独立的工作能力。仰人鼻息，终究是靠不住的。

但得一步地，何须不为人？

【注释】一步地：指容身之处，站脚之地。为人：帮助别人。

【解说】自己只要有立足之地，能站稳脚跟，为什么不去帮助别人呢？

【述评】这里讲的是人与人相处的道理。一个人只要能立住脚跟，就应该帮助他人。要知道，自己帮助别人，自己也会得到别人的帮助。"出入相友，守望相助，疾病相扶持"，由是，则老百姓相互之间也就和睦相处了。我们在与人交往中，应该记住这些有益的教导。

峣峣者易折，皎皎者易污。

【注释】峣峣(yáo yáo)：山高，高貌。皎皎(jiǎo jiǎo)：洁白，明亮。

【解说】长得高的东西，容易折断；洁白的物品，容易受到污染。

【述评】人要有自知之明，就不会被胜利冲昏头脑。凡高大的东西,容易被折断;凡洁白的东西,容易被污染。这是大家都知道的常识。因此,要时刻警惕,不要由于某些人的无原则的捧场而飘飘然,忘乎所以。要知道,盛名之下,其实难副。必须时刻提醒自己,在任何情况下,都不要骄傲自满,始终要保持谦虚的态度。

长想有力之奴,不念无为之子。

【注释】无为:没有作为,没有志气,没有出息。

【解说】要永远思念曾经出过力、帮助过自己的仆人;不要惦记没有志气、无所作为的儿女。

【述评】这是要求人们:在亲疏关系上,应该有正确的认识,要正确对待。为自己出过力、帮助过自己的人,尽管地位低微,也要时刻记着人家的情义。对于那些无所作为的人,哪怕是自己的亲生儿女,也用不着去思念他们、惦记他们。

水至清则无鱼,人至察则无徒。

【注释】至清:极为清澈。至察:极为明察,太精明;也可理解为要求别人太严,责备别人太苛。

【解说】水清到了极点,鱼也就不能生存了,因而无鱼。一个人太精明,算计得十分仔细,因而无人与其交往;或者说,要求别人太严、责备别人太苛,必然脱离群众,因而也

就没有人同他共事了。

【述评】无论待人还是处事，都要有个限度，适可而止，不能违反常规，不能背离常情。鱼在清水中畅游，固然可喜，但水清到没有鱼所需的任何养分，鱼还能活吗？人能精明强干，当然很好，但在与人交往中，计算得十分仔细；或者对人、对事的要求，超出常人的承受能力，必然脱离群众，变成孤家寡人。

自后者人先之，自下者人高之。

【注释】自后：自己谦让退后。自下：自己谦逊屈居于下。

【解说】在荣誉或有利的事情面前，能够谦让退后的人，就会受到别人的推崇、爱戴；不骄傲而能谦逊地居于卑微的位置上，就会受到别人的抬举和尊重。

【述评】一个人受到群众的推崇、爱戴和尊敬，是因为他在工作、品德诸方面有良好的表现：遇到有利的事，首先是谦让，其次是先人后己。对待名誉地位，自己主动屈居于低微之处。如此，必将为自己树立起高大的形象，会受到群众衷心的拥护、爱戴。

貌合神离者孤、亲谗远忠者亡。

【注释】貌：外表，外观。神：内心。谗：说别人的坏话，这里指用说坏话的办法挑拨离间人与人之间的关系的人。

亡:失掉,丢失。

【解说】表面上关系亲密,而实际上却是大要两面派的人,必然孤立;亲近爱挑拨离间的人,而疏远忠诚老实的人,一定要脱离群众。

【述评】与人相交,一定要表里如一,心口一致,才能得到别人的信任;如果要尽两面三刀的手腕,最后必然是众叛亲离。亲近什么人,疏远什么人,是个很重要的问题。一定要谨慎择友。

公人好人之公,私人好人之私。

【注释】公人:正直无私的人。私人:自私自利的人。好(hào):喜爱。

【解说】一切正直无私的人,喜爱的是别人也正直无私;自私自利的人,喜爱的是别人也自私自利。

【述评】大公无私的人,喜爱所有大公无私的人。全社会的人都能大公无私,社会就是一个公正的社会。自私自利的人,喜爱人人都自私自利,如果人人都自私自利,因而也就不会遭到大公无私的人来反对他了。真可以说是"物以类聚,人以群分"。

德之失锦衾栗,道诚完布衾安。

【注释】锦衾:有彩色花纹的丝绸被子。比喻温暖舒适,

象征富贵。栗：因寒冷或害怕而肢体颤抖。诚：实在，确实。

【解说】一个人丧失道德，哪怕他睡在真丝绸缎被窝里，也会感到不安而发抖。道德实在完美的人，即使睡在粗布被窝里，也觉得安然舒适。

【述评】那些没有道德的人，成天算计别人，不管他多么富贵，心里总是惴惴不安。道德高尚的人，不论如何贫困，心里非常踏实。所谓"安贫乐道"，一个人就应该有这样的操守。

不傲才以骄人，不以宠而作威。

【注释】傲：自高自大，瞧不起人。宠：受到尊崇，受到偏爱。

【解说】一个人不要自高自大，凭借自己的才华，瞧不起别人；也不要因为自己受到偏爱，就对别人颐指气使，飞扬跋扈。

【述评】虚心使人进步，骄傲使人落后。凡是骄傲自满的人，很难获得新的知识和取得新的成就。凭恃自己受宠幸的地位而作威作福是最可怜、最可悲的表现。他的"威"无异于狐假虎威；他的"势"无异于藤萝绕树之势，一旦树倒，藤萝安在？

长将好事予人，不怕祸患害身。

【注释】好事：有益的事。祸患：灾难。

【解说】永远要为别人做好事，就不怕灾难残害自己。

【述评】一个人做一点好事并不难，难的是一辈子做好事而不做坏事。这种好事总是为他人的，而不是出于为自身的利益考虑的。处处为大家、为他人做好事，必然会受到大家的爱戴、关心，因此也就不会受到别人强加在自己头上的灾难，自己可以无忧无虑地过着平安日子。

贫贱之知不可忘，糟糠之妻不下堂。

【注释】贫贱之知：贫困时所结交的知心朋友，知己。糟糠：指穷人用以充饥的糠皮、豆渣之类的粗劣食物。后来借指共过患难的妻子。下堂：旧日指妻妾被丈夫休退。

【解说】贫困时结交的知己朋友不可以忘记，共过患难的妻子不要遗弃。

【述评】贫贱之交的友谊最可贵，共过患难的夫妻恩重情长。一个人不能见利忘义，也不能喜新厌旧。否则，必然要受到舆论的谴责和良心的鞭笞。

是是非非谓之知，非是是非谓之愚。

【注释】是是非非：肯定正确的，否定错误的。非是是非：否定正确的，肯定错误的。

【解说】能辨别清楚对的就是对的，错的就是错的，就是聪明人；把对的说成是错的，把错的说成是对的，就是愚蠢的人。

【述评】在错综复杂的社会现象中,在大是大非面前,人们往往迷失方向。所以,辨别清楚是非,是特别重要的,是智者和愚者的分界线。

爱之则不觉其过,恶之则不觉其善。

【注释】过:过失,错误。恶(wù):讨厌,憎恨。善:善良,美好。

【解说】喜欢某人,就不觉得他有什么过错,讨厌或憎恨某人,就不觉得他有什么优点、长处。

【述评】处世待人,最忌戴有色眼镜。戴上有色眼镜的人,总是以自己的好恶为标准,这就完全违背了事物的客观存在。实际上,善良的不因个人的嫌弃而变坏,邪恶的也不因个人的偏爱而变美。所以,我们应摒弃个人的偏见,还事物的本来面目。

己善亦乐人之善,己能亦乐人之能。

【注释】善:善良,美好。能:能力,才能。

【解说】自己美好,也高兴看到别人的美好;自己有才能,也愿意看到别人有才能。

【述评】"穷则独善其身,达则兼善天下"。这是多么宽广的胸怀!如果一个人嫉贤妒能,那就什么事情也办不成。

一项伟大的事业,艰巨的工程,不是一个人独自能够完成的,必须群策群力才能成功。所以,一定要乐人之善,也要乐人之能。

善疑人者人亦疑,善防人者人亦防。

【注释】疑:猜疑,猜忌。防:提防,防范。

【解说】喜欢猜疑别人的人,别人也不相信他;好提防别人的人,别人也在提防着他。

【述评】人与人相处,应该开诚布公,推心置腹。然而,有的人总是对别人疑神疑鬼,提防着别人的陷害。要知道,自己对周围的人经常竖起一道屏障,必然会招致大家对他处处设防。

恭可平人之怨气,贪必启人之争端。

【注释】恭:谦恭,谦逊。贪:无节制的占有欲。

【解说】谦恭礼让可以平息别人的埋怨之气,贪得无厌必然引起人们的争端。

【述评】盛气凌人和贪得无厌,都是引起争端的祸根。人与人相处,都能谦恭礼让,对方也就不会有怨气、不服气了,从而可以和平友善地相处。贪得无厌必然引起人们的反对、谴责,从而开启人们的争端,造成社会生活的不安定。

亲者毋失其为亲,故者毋失其为故。

【注释】亲：亲近。毋：不，不要。故：故旧，旧交。

【解说】本来就是亲近的人，不要失去原来的亲近关系；本来就是老朋友，不要失去原来的情谊。

【述评】发展友谊，巩固友谊，在人类社会的活动中，非常重要。但是，我们的友谊必须建立在健康的基础上，为正义的事业而共同奋斗。友谊的圈子要扩大，千万不要有了新朋友，就忘记了老朋友。

勿以身贵而贱人，勿以独见而违众。

【注释】贱人：瞧不起人，轻视、鄙视别人。独见：一个的见解。

【解说】不要因自己的地位显赫而瞧不起别人，也不要因自己一人的意见而违背大众的意愿。

【述评】一个人生活在社会上，永远不要脱离群众。只有尊重群众的人，才能受到群众的尊重。自己的见解再高明，也离不开群众的帮助，绝不要因为坚持自己的主张，而违背群众的意见。善于接受意见的人，才能使自己的意见更好地被群众所接受。

不信之至欺其友，不仁之至忽其亲。

【注释】至：极，最。亲：指双亲，即父母。忽：忽略，怠慢。

【解说】不诚实、不守信用到极点的人，对他的最好朋友也要欺骗。没有仁爱之心到极点的人,对他的父母也要怠慢。

【述评】人生在世,以信义为本,待人接物,必须诚实不欺,以仁爱为怀。不讲信义、缺乏仁爱之心的人,一定是道德上堕落的人,为世人所唾弃的人。

贤者任重而行恭,知者功大而辞顺。

【注释】贤者:德行好而又有才能的人。行恭:虚心,行为谦恭。知:通"智"。

【解说】有德行而又有才能的人,虽然担负着重要的任务,但却非常谦恭有礼。有学问的饱学之士,功劳虽然很大,但在言辞上却随和而恳切。

【述评】谦虚是一种美德,而且是修养很深的表现。道德高尚的人,行为越谦恭,越受到人们的尊敬;有学问的人,言辞上越谦虚,越会受到群众的拥护和爱戴。

正其谊不谋其利,明其道不计其功。

【注释】谊:友谊,交情。谋:谋取,计算。道:道理。

【解说】正确处理朋友之间的友情,不要考虑相互间有什么利害关系。明白处世待人的道理,不要计较有什么功绩。

【述评】朋友之间的交往,应以道义为基础,而不是以

利害为前提。在处世待人方面,本着正确的道理,而不是斤斤计较个人的功利、业绩、名誉等等。

有事但逢君子说,是非休听小人言。

【注释】君子:指道德品行高尚的人。小人:指人格卑鄙的人。君子、小人,是相对而言的。

【解说】心中有什么想不通的事,应该找有德行的人谈心。遇到是非难于辨析的事,不要听那些存心不善的人的意见。

【述评】君子善解人意,能成人之美,而且胸怀坦荡,能为人排忧解难。小人心怀叵测,善于搬弄是非,挑拨离间,制造事端,往往引人走上邪路。

财与人交便见心,高山流水向古今。

【注释】见心:显示出人的品德。高山、流水:指高雅的乐趣。比喻知音或知己朋友。向:从来。

【解说】人与人在钱财的交往中,往往能看出人心的善恶。古往今来,人心易见而知音(或知己朋友)难逢。

【述评】人心的善恶,在钱财的交往中很容易显露出来。有的人见钱眼开,见利忘义,甚至图财害命。有的人不贪不占,而与人在钱财交往中,不仅清正无私,而且成为古今称颂的知音或知己朋友。人情世故,从来如此。

人情好似初相见,到老终无怨恨心。

【注释】初相见:第一次见面,开始认识。意思是没有深厚的交情。怨恨:埋怨,责怪。

【解说】人与人之间交往的情感,如同第一次见面认识时,既没有亲密的关系,也没有疏远的感觉,到了晚年也就不会有什么怨恨和遗憾了。

【述评】与人相处要有一个正确的态度,既不因气味相投而过分亲密,也不因意见不同而特别疏远、嫌恶。一切以礼、义相待,服从大道理。如此,则终老一生,就不会有什么埋怨的了。"君子之交淡如水",讲的就是这个理。

画龙画虎难画骨,知人知面难知心。

【注释】知心:彼此相契,能知道其心意。

【解说】画家在画龙、画虎时,无法把龙、虎的骨骼画出来;朋友相交,知人、知面比较容易,却难于了解对方的心意。

【述评】人之相知,贵相知心,恰恰是知心最为困难。表面的东西,人们能够看得见,摸得着,唯有思想深处,难于直观,况且思想还是在不断地变化着,就更难于捉摸了。所以,朋友相处,一定要推心置腹,坦诚相见。

443

诸葛一生唯谨慎,吕端大事不糊涂。

【注释】诸葛:指诸葛亮。谨慎:小心慎重。吕端:北宋时代大臣。糊涂:头脑不清醒,不明事理。

【解说】诸葛亮一生一直谨慎从事,吕端在处理重大问题时从来不糊涂。

【述评】千百年来,诸葛亮一直受到人们的崇敬,除了神机妙算及聪明才智外,诸葛亮无论处理什么问题,都是谨慎从事。吕端在处理国家大事上,从来不糊涂,受到宋太宗的赞扬和器重。我们应该学习诸葛亮的谨慎和吕端在处理重大事件时的认真态度。

附小人者必为小人,附君子者未必君子。

【注释】附:依附,投靠。小人:品德卑劣的人。

【解说】依附小人的人,必然是小人;投靠君子的人,不一定都是君子。

【述评】趋炎附势,是所有小人的特点。小人成天麇集在一起,钻营、奔走于达官贵人的门庭之间,以求得到提拔、重用。奔走于清官门下的人不一定都是正人君子,而奔走于贪赃枉法者门前的肯定都是邪恶小人。正人君子不屑于贪官污吏的行为,而小人则与赃官气味相投。

毋以小嫌而疏至亲,毋以新怨而忘旧恩。

【注释】嫌:仇隙,怨恨,不满。疏:疏远。怨:怨仇。

【解说】不要因为小的怨恨就疏远了最亲近的人,也不要因为新近发生不愉快的事而忘记了旧日的恩情。

【述评】父母、妻子、兄弟、姐妹等,都是至亲骨肉,在同这些骨肉相处时,为一些小的、无原则的纠纷而闹意见,便是违背了人伦道德。因为新近发生的一点不满,而忘掉老朋友昔日的恩情,便是背弃友谊。

闻谤而怒者谗之由,见誉而喜者佞之媒。

【注释】谤:诽谤,诋毁。谗:说别人的坏话。佞:用花言巧语谄媚人。

【解说】听到有人诋毁自己就大发脾气,是让人说坏话的根由;自己获得荣誉就喜形于色,是被人谄媚的媒介。

【述评】自己没有什么错误而遭受无端攻击,应该泰然处之;获得荣誉,应该淡然置之。这样,流言蜚语无从产生,谄媚之徒也无隙可乘,趋炎附势者庶几可以绝迹。

不谄富贵以为己说,不乘贫贱以居己尊。

【注释】谄:谄媚,巴结奉承。说:通"悦"。乘:欺凌。

【解说】不要巴结奉承那些权势之辈,以博取对自己的喜悦;不要借欺凌无权无势的人,来抬高自己的地位。

【述评】平等待人，就能获得群众的拥护、爱戴。对权贵者阿谀奉承，以换取对自己的喜悦；对贫贱者欺凌蛮横，以显示自己的尊贵，这两种态度是任何一个正直无私的人所不屑的，正直的人会永远摒弃这些做法。

高上尊贵不以骄人，聪明圣智不以穷人。

【注释】高上尊贵：地位高而身份显贵。聪明圣智：思维敏锐而反应迅速。骄人：对人的态度傲慢。穷人：给人以难堪。

【解说】地位显赫、身份高贵也不要对人傲慢；聪明过人、反应敏捷，也不要给人难堪。

【述评】有些人常常以地位显赫、身份高贵为资本而看不起人；也有些人凭恃自己聪明、反应敏捷而给人以难堪。所有这些，都是为了抬高自己，贬低别人，都是应当唾弃的。

以势交者，势倾则绝；以利交者，利穷则散。

【注释】势：权势，势力。倾：倾覆，倒坍。绝：绝交，断绝。穷：尽。

【解说】依靠权势交朋友，一旦失去权势，友谊也就断绝了。以利害关系交朋友，一旦无利可图，朋友也就四散了。

【述评】最可贵的友谊是患难之交，是以相互谅解、信任、帮助为基础的。势利之交是以权势、金钱作支柱的，一旦势倾权尽，友谊也就断绝了。交友者不可不戒。

苟得其心，万里犹近；苟失其心，同衾为远。

【注释】苟：假如，如果。衾：被子。

【解说】如果朋友之间彼此相契，互相知心，虽相距万里，也感到非常亲近；如果彼此互不信任，虽同床而卧也是各作各梦。

【述评】人之相知贵相知心，如果缺乏真诚，只是虚与委蛇(yí)，那么，这种友谊是虚假的，不牢固的。真能互相知心，的确是天涯若比邻。如果不能推心置腹，各怀心事，虽同床而梦异。

附录

见富贵而生谄容者最可耻，遇贫贱而作骄态者贱莫甚。

【注释】谄容：巴结奉承的容貌和神态。骄态：骄傲的姿态。贱：卑鄙，下贱。

【解说】看见有钱而又有地位的人，就表现出谄媚巴结的神态，这种人最为可耻。遇见无钱而又地位低微的人，就作出傲慢的姿态，这种人最卑鄙。

【述评】趋炎附势是势利之徒的特点。这些人见有权势者就阿谀奉承，见贫贱者就骄横傲慢。因此，在择友时，尽量少与这种人交往。

善择师友

善与人交，久而敬之。

【注释】善：良好，友好的态度。

【解说】以友好的态度与人相处，时间长了就会赢得人家的尊敬。

【述评】与人相处贵在友谊，重在诚信，一定要心存善意，不要有任何猜疑或企望。一言一行、一举一动，都要从善意出发，丝毫没有利己的念头，久而久之，这种以诚待人的态度，就会获得对方的尊敬。俗话说："路遥知马力，日久见人心"。只要以诚待人，就能经得起时间的考验。

谏之双美，毁之两伤。

【注释】谏：直言规劝，使之改正错误。毁：诽谤，讲别人的坏话。

【解说】对别人的缺点、错误,如果能直言相劝,使之克服、改正,必然是两全其美;如果任意诽谤别人,讲人家的坏话,必然是彼此两败俱伤。

【述评】对待别人的错误,应该抱有正确的态度。首先,要有与人为善的心愿,要从善意出发。其次,应该知无不言,言无不尽。这样,批评者和被批评者都能受益,做到两全其美。如果对有缺点、错误的人,进行恶意诽谤,必然是两败俱伤。

居必择邻,交必良友。

【注释】择邻:选择邻居。良友:有益的朋友。

【解说】在居住方面,要挑选有好的邻居的地方。交朋友时,要交有益的朋友。

【述评】在居住环境方面,选择好的邻居非常重要。孟子的母亲为儿子有一个好的学习环境,曾三迁其居,再加上孟子本人勤奋学习,终于成为仅次于孔子的又一圣人——亚圣。一个人能交上有益的朋友,是幸福的;反之,如果与流氓、无赖为友,必将走上邪路。

惩前毖后,治病救人。

【注释】惩:警戒。毖:谨慎。

【解说】把以前的错误作为教训,予以戒止,使以后能

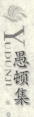

小心谨慎,不再重犯错误。用这样的方法,目的在于通过真诚的、善意的批评和帮助,使人能够克服缺点,改正错误。

【述评】毛泽东在《整顿党的作风》一文中指出:"对以前的错误一定要揭发,不讲情面,要以科学的态度来分析批判过去的坏东西,以便使后来的工作慎重些,做得好些……但是,我们揭发错误,批判缺点的目的,好像医生治病一样,完全是为了救人,而不是为了把人整死"。由此可见,惩前毖后,就是为了治病救人。

得道多助,失道寡助。

【注释】道:正当的事理,规律。

【解说】凡属正义的事业就能得到多方面的支持和帮助,违背正义的事情必然失去同情而陷于孤立。

【述评】一个人或一个国家,要兴旺发达,最主要的不是单纯地依靠资源的丰富、军事力量的强大,而是其所从事的事业是正义的。正义的事业会得到大家的拥护。说到底,天时不如地利,地利不如人和。人和就多助,没有人和就寡助。寡助到了极点,就要众叛亲离;如果能得到多方面的帮助,就一定会无往不胜。

种瓜得瓜,种豆得豆。

【注释】瓜:瓜类植物的总称;豆:豆类植物果实的总称。

【解说】播种瓜籽,长出的必然是瓜苗,结出的果实也必然是瓜。种下豆子,长出的必然是豆苗,结出的果实也必然是豆子。

【述评】这是一种必然的因果关系。种瓜,其苗必瓜;种豆,其苗必豆。比之于人际关系也是这样:善与人处,必然受到人民群众的拥护;以邻为壑,必然要招致群众的反对,最后被孤立而走投无路。

毫不利己,专门利人。

【注释】利己:为自己谋私利,求一己之利;利人:为他人谋利益。

【解说】不为自己谋取丝毫的利益,专门为他人着想,为他人办好事。

【述评】一个人应该时时、事事、处处为他人考虑,而不应该谋一己的私利,这样才是一个高尚的人。毛泽东在《纪念白求恩》一文中说:"白求恩同志毫不利己专门利人的精神,表现在他对工作的极端的负责任,对同志对人民的极端的热忱"。这就为我们树立了毫不利己、专门利人的高大形象。

纵虎归山,必有后患。

【注释】纵:放纵,释放。

【解说】把老虎放归山林,以后一定发生祸患。

【述评】这句话清楚地提醒我们:老虎的本性是要吃人的,任何纵容像老虎那样的恶人的做法,都是错误的,都是违反人民利益的,必将留下后患,使广大人民群众遭受其害。

海内存知己,天涯若比邻。

【注释】海内:四海之内,即国内。知己:彼此情谊甚笃、相知很深的朋友。天涯:天边,很远的地方。若:如。

【解说】到处有情谊很深的朋友,虽然相隔很远,仍像近邻一样。

【述评】好男儿志在四方,以天下、国家为己任,虽远在天涯海角,身处偏僻之地,也不会感到孤单、寂寞,因为到处都有知己朋友,如同近邻一样。一个人不可能一辈子就局限在一个地方,只有到广阔的天地中锻炼,才能成为对国家、对人民有用的人。

所交在贤德,岂论富与贫?

【注释】贤德:美好的德行。

【解说】交朋友要注重美好的德行,哪能根据富有或贫穷而决定友谊呢?

【述评】交友之道贵在信义,重在情谊。而这种情谊,又是建立在彼此都具有高尚的道德基础上,而绝对不能以贫富论交情。以贫富作为选择朋友的标准,是势利之交,是以钱财为基础的,一旦权势丧失,钱财耗尽,情谊也就荡然无存。真诚的友谊,是经得起任何考验的。

来说是非者,便是是非人。

【注释】是非,对的和错的,正确和谬误。

【解说】来说别人是非的人,正好就是那些爱搬弄是非的人。

【述评】搬弄是非,是一种恶劣的作风。不论在家庭,还是在一个工作部门,爱搬弄是非的人,往往就是挑拨离间、制造矛盾的人。这些人在家中,多嘴多舌,使婆媳反目,兄弟不和;在单位,制造纠纷,使上下级关系紧张,同志之间闹意见;甚至跑到东家说西家,跑到西家又说东家。我们一定要防止这种搬弄是非的人,绝不给他们以可乘之机。

结有德之朋,绝无义之友。

【注释】德:道德,品德。义:正义,指思想、行为符合一定的标准。

【解说】交朋友要挑选那些有道德或品德好的人,对那些无情无义、不讲信义的人,要断绝朋友关系。

【述评】选择朋友是很重要的事,品德高尚、学识丰富

的朋友,可以帮助自己提高思想认识,加强品德修养,增长知识,从而使自己对社会有所贡献。与道德败坏的人交朋友,只能把自己引上邪路,使自己走向堕落,危害国家,危害人民,最终也害了自己。

救了落水狗,反被咬一口。

【注释】落水狗:比喻失势的坏人。

【解说】把落水狗从水中救起,反而被咬了一口。

【述评】世界上的事很复杂,好心往往得不到好报,这当然要作具体分析,具体对待,比如,对于落水狗,就不应该怀有任何同情和怜悯的心情。落水狗在落水前,曾耀武扬威,乱咬过不少人,欠下不少血债。如今落水,正应该痛打,不能手软。有些人糊涂,一发善心便把狗救上岸来。但是,狗性难改,不思报答,反咬一口。好心的人们,应该记取教训。

求贤师而事之,择良友而友之。

【注释】事之:学习、侍奉。友之:交朋友。

【解说】要寻找道德高尚、学识丰富的老师,跟着这样的老师学习。要选择有益的朋友,同这样的朋友交往。

【述评】选择师友一定要慎重。俗话说:"近朱者赤,近墨者黑"。因此,一定要选择贤师、良友:从老师那里学习高尚的品德、高深的学问；与朋友切磋磨砺，使自己的德、行能够与日俱增，为社会、为国家做出应有的贡献。

君子敬而无失，与人恭而有礼。

【注释】敬而无失：不怠慢、以礼相待而没有什么损失。恭而有礼：谦逊而又有礼貌。

【解说】有道德、有修养的人，对人、对事，总不怠慢，且以礼相待，因而始终没有什么损失，在待人接物方面总是谦逊而又很有礼貌。

【述评】大凡君子都有谦恭的美德，对人、对事都能以礼相待而并没有什么失礼之处。我们要向君子学习，努力使自己成为高尚的人，就应该首先具有谦逊有礼的态度。

要学武松打虎，莫仿东郭怜狼。

【注释】武松：《水浒传》中的打虎英雄。东郭：即东郭先生，小说《中山狼传》中一个迂腐懦弱、滥施仁慈的人物。

【解说】要学习武松打虎的英雄行为，不要效仿东郭先生的迂腐做法。

【述评】人在社会交往中，一定要认清是非，分清敌我。特别是对待敌人，一定要彻底揭露罪行，狠狠打击，要学习景阳冈上武松打虎的精神，而不要仿效东郭先生怜悯狼的行为。因为虎、狼都是要吃人的，对它们来不得半点仁慈。

对敌人的仁慈,就是对人民群众的残忍。

弟子不必不如师,师不必贤于弟子。

【注释】弟子:学生,徒弟。

【解说】学生不一定不如老师,老师不一定比学生强。

【述评】这两句话出于韩愈的《师说》一文,它的原意是说:不要用固定的眼光看问题,不要以为老师永远比学生好,学生永远不如老师。认识事物的过程,有先有后;学习的专业不同,各有所长,不能笼统地评论长短。作为学生要抱定"青出于蓝而胜于蓝"的信念,努力向前。

试玉要烧三日满,辨材须待七年期。

【注释】试玉要烧三日满:真玉烧三天不热,劣质玉则经不起这样的烧炼。辨材须待七年期:豫章木,生七年而后知。"豫章",即枕木和樟木,二木生至七年,才能分辨清楚。

【解说】要鉴别玉的真假,要烧炼整整三天才能决定;要辨识豫章两种树木,须等待七年才能分清。

【述评】有一些物品的真假及质量优劣,需要经过长期的观察才能鉴别。对于人的认识,更是如此。有些人像变色的蜥蜴,使人很难认识其真实面貌。人们常说:"盖棺论定"。实际上,有些人死了以后也很难作出正确结论。真是画龙画虎难画骨,知人知面难知心。

教子弟必慎择师友,待师友当备尽诚尽。

【注释】子弟:如同"子侄"。师友:老师和朋友、同学,泛指可以求教请益的人。备尽诚尽:诚心诚意。

【解说】教育子侄晚辈,一定要慎重地选择老师和交往的朋友;对待老师和朋友,应当诚心诚意。

【述评】为人师表的人对学子的影响和感染力很大,必须慎重选择那些德高望重、学识丰富的人;交朋友也应该选择那些在学业上、思想品德上能帮助自己提高的人。至于自己对待师友,则一定要诚心诚意,推诚相见,不应当有任何虚伪的表现。

青出于蓝而胜于蓝,冰生于水而寒于水。

【注释】青:靛青。蓝:蓼蓝之类的草,可作蓝色颜料的原料。

【解说】靛青这种颜料是从蓼蓝等草中提炼出来的,但比蓼蓝等的颜色更深。冰是在水受寒后结成的,却比水更寒冷。

【述评】这两句话意在比喻学生往往胜过老师,或者后人超过前人。学生本来是跟着老师学习的,但其道德修养和学识能力,比老师强;后人本是踏着前人的脚步前进的,而其功业远远超过前人。正像韩愈所说的:"弟子不必不如师,师不必贤于弟子"。重要的问题在于学习。

轻言动之人不可与深计,易喜怒之人不可与远谋。

【注释】深计:深远的计谋。远谋:长远的打算,远大的图谋。

【解说】不要同爱轻易发表议论和行动冒失的人讨论深远的计谋,也不要跟那些喜怒无常的人作长远的谋划和计议。

【述评】凡事预则立,不预则废。轻举妄动和喜怒无常的人,是不可能有深谋远虑的。没有周密计划和深谋远虑的人,无论做什么事,或者半途而废,或者达不到目的。因此,我们无论解决什么问题,都要注意不要同这两种人交往。

子弟不成人,富贵适以益其恶;
子弟能自立,贫贱益以固其节。

【注释】子弟:子与弟(对父、兄而言)。成人:德才兼备的人。益:增长,增加。自立:不依赖他人而靠自己独立生活并建功立业。

【解说】孩子们如不能成为有用之人,富贵正好助长他们的恶行。如果是有作为的人,贫贱的处境更可以坚定他们高尚的节操。

【述评】作父兄的应经常注意其子弟的品德修养和学业进步,不要过多地考虑他们的日后的生活。如果一个人的品行、学业，都为人所不齿，虽然富贵，正好助长他们为害社会；反之，学业、品德并进，虽然生活困苦，正好激励他们的节操。

持家之道

积善之家，必有馀庆。

【注释】积善：屡屡做好事而积累德行，行善积德。

【解说】行善积德的人家，一定有享不尽的福气和吉祥。

【述评】人常说："善有善报"。这种说法，如果剔除其唯心的"因果报应"观点，它实在包涵着深刻的哲理。人总是生活在社会中，一定要同邻里友好相处。推而广之，不但要同所有的人友好相处，而且要竭尽所能多做好事，必然会受到大家拥护、尊敬。以这样的态度持家，必然是家庭幸福、祥和；以这样的态度处人、处事，必然是邻里和睦。因此说，积善之家，必有馀庆。民间常用的一副对联也说："向阳门第春常在，积善人家庆有馀"。都是这个意思。

积恶之家,必有馀殃。

【注释】积恶:多行不善。馀殃:后祸。

【解说】屡屡做坏事而不做好事的人家,必然后患无穷。

【述评】不做好事的人家,由于做恶多端,必然被众人唾弃,永远得不到任何人的帮助。《汉书·董仲舒传》说:"积恶在身,犹火之销膏,而人不见也"。虽然干坏事不一定被人看得见,但总是会被人察觉的。人们一旦察觉这种做恶多端的人的种种劣迹,必将群起而攻之,积恶者便后患无穷了。

治家舍节俭,别无可经营。

【注释】舍:放弃。节俭:节约,节省。经营:本义为"经度营造",引申为"筹划营谋"。

【解说】治理家庭,如果放弃了节约的途径,那就没有什么可筹划营谋的了。

【述评】节俭是一种永恒的美德,我们应该牢牢记住,并且身体力行。在处理家庭生活时,尤其要节约。只有勤俭持家,才能保持正常的生活,避免因突发事件而遭受饥寒交迫。这里所说的节俭,是与浪费相对而言,并非指一毛不拔的吝啬行为,那种一毛不拔的吝啬行为是不可取的。

妻贤夫祸少,子孝父心宽。

【注释】贤:贤慧,指德行好。孝:对父母孝顺。

461

【解说】凡是德行好的妻子,其夫很少遭到祸患。凡是孝顺的子女,其双亲就觉得心情舒畅,而对子女的处人处事也感到放心。

【述评】夫妻组成家庭,必须互相帮助,互相爱护。妻子贤慧有德,必然会帮助丈夫处理好纷繁复杂的问题,而不会招惹是非。孝顺父母是子女的本分,也是应有的美德。只要不违背大道理,子女就要尽量满足父母的心愿。这样,父母的心情也就舒畅了。

在家敬父母,何须远烧香?

【注释】烧香:敬神礼佛之事。

【解说】只要能在家中孝敬父母,又何必到远处去烧香,求神拜佛,以求得到保佑呢?

【述评】这是告诫人们:要想孝敬父母,就应该做一些实实在在的事,远比求神拜佛、祈求菩萨保佑要好得多。有些子女肆意虐待,甚至凌辱自己的双亲,自知做了亏心事,便见神就拜,磕头烧香,求得神灵的庇护。这完全是舍本逐末。奉劝忤逆不孝的子女,不要干那些自欺欺人的行为。

家和贫也好,不义富如何?

【注释】和:谦和,和睦。义:事之宜,正义,指思想行为符合一定的标准。

【解说】家庭中的所有成员都能和睦相处,即使贫穷也不要紧,生活氛围仍然是和谐的。如果没有情谊,不讲信义,或者忘恩负义,虽然富贵又能怎样呢?

【述评】在家庭生活中,所有成员一定要和睦相处,要尊老爱幼,彼此亲密无间,一直处在温馨的气氛中。如此,尽管家境贫寒,也是非常欢乐的。反之,如果不仁不义,不讲道德的话,即使富贵无比,又有什么意思呢?

附录

黄金非为贵,安乐值钱多。

【注释】安乐:安详、快乐。

【解说】黄金并不是宝贝,只有生活得安宁、快乐,才是无价之宝。

【述评】人们往往把钱财视为宝贝,看得很重,这是庸俗的拜金主义的哲学观点。人如果被金钱所驱使,必将成为金钱的奴隶,甚至走上犯罪的道路。金钱一旦成为占有者的包袱,就会整天为金钱奔波忙碌而不得安生。实际上,真正最宝贵的是一生不为金钱所左右,而生活在快乐、安详、宁静、舒适的环境中,这是无法用金钱换得的。

治家严家必和,居乡恕乡必睦。

【注释】严:严格,严明。和:和谐:协调。恕:宽恕,原谅。睦:和睦,友好。

【解说】治理家庭严明，全家就能协调一致；与邻间交往能够相互谅解，全村的人就会友好相处。

【述评】操持家务要有严明的家规，严格的制度，如此，则兄弟、妯娌、姑嫂、婆媳之间，就能和衷共济，协调一致。在乡邻之间，能够相互体谅，不闹无原则的纠纷，不相互猜忌，则邻里之间定能和睦相处。

一子之母馀衣，三子之母忍饥。

【注释】馀衣：有多馀的衣服。忍饥：吃不饱，忍受饥饿。

【解说】只有一个孩子的母亲，就会有多馀的、穿不完的衣服；作为三个孩子的母亲，就感到粮食不够吃而要忍饥挨饿。

【述评】人口多，消费支出就高。这是极普通的道理，谁都明白。消费支出高，突出表现在衣、食两方面。因此，一定要认识节制生育的重要性。如不控制人口的增长，从国家来说，将制约国民经济的增长；从个人、家庭来说，很难摆脱贫困的羁绊。更不用说奔向小康、走向富裕了。

力学勿忘家世俭，堆金能使子孙愚。

【注释】家世：世系，家庭的历史。

【解说】努力学习，不要忘记世世代代的俭朴家风；家中堆满金银财宝，只会使子孙后代变得愚蠢。

【述评】勤俭持家，勤俭办一切事业，是我国人民的美德。我国历代有不少有名的学者，都是过着俭朴的生活。在青少年时代，俭朴可以激励人更加刻苦学习，而富贵之家的子孙过着奢侈的生活，只知道挥霍钱财，而不懂得学习上进，结果一代代变得愚蠢不堪。

心好家门生贵子，命好何须靠祖田。

【注释】贵子：有出息的儿子。祖田：即祖业，祖传的产业。

【解说】品德行为好的人家，必定会有有出息的子女。命运好的人家，又何必依靠祖宗遗留下的产业生活呢？

【述评】道德、行为好的人，必然能把自己的子女教育成为高尚的人，有出息的人，有益于人民的人。一个有出息的人会使家庭兴旺发达，没有必要依靠祖宗的遗产来生活。因为人只有自力更生，才能致富；依靠祖业，势将坐吃山空。

妻贤何愁家不富，子孝何须父向前。

【注释】贤：有才能，有德行。

【解说】一个人所娶妻子既贤慧，又有德行，且聪明能干，还愁什么家庭不富裕呢？如果子女都能孝顺双亲，又何必老父去拼死拼活为生活奔波呢？

【述评】人如果有一个贤内助，持家可以发家致富，治事可以发挥辅佐之力，教子可以抚育成器。如果儿女们都很孝顺，不仅是一个幸福美满的家庭，而且可减轻父母的操劳，使之颐养天年。所以，幸福的家庭，必然是夫妻和睦、子女孝顺的家庭。

家业有时为来往，还钱常记借钱时。

【注释】家业：家产。

【解说】一个人的家产再多，也不可能不和人来往；当偿还债务的时候，一定要记住借钱时的艰难，感激债权人的情谊。

【述评】一个人活在社会上，总得与人交往，万事不求人的想法实际上是不现实的。既要交往，在钱财方面必然有来有往，有借有还。当自己手头已宽裕、准备还钱的时候，不要忘记人家借钱给你时的情谊和自己当时为难时的处境。当然，对于高利贷的剥削，那就是另一回事了。

常将有日思无日，莫待无时思有时。

【注释】莫待：不要等待。

【解说】一个人在过着宽裕的生活时，要经常回想生活困难时的岁月。不要等到贫困的时候，才回想起富裕生活的时候。

【述评】这两句话在劝告人们：在日常生活中，要节约用度，不要挥霍浪费。当生活富裕的时候，要经常回想生活窘迫时候的艰苦岁月；千万不要等到生活贫困的时候，再去思念过去富裕时候的情景。

我见几家贫了富，几家富了又还贫。

【注释】贫了富，富了又还贫：贫与富不是永久不变的。

【解说】我曾看见几户人家本来很贫穷，后来变得富有了；也曾看见过几家已经富裕起来的，却又回还到贫困的生活中。

附录

【述评】这两句话是用第一人称的口气，叙述眼见的事实：有些人家由贫变富，也有些人家却由富裕回到贫穷。关键在于是否能勤俭持家，以及家庭成员是否有齐家治国的奋斗精神。一个人或一个家庭只要能勤劳并节约用度，就可以致富。反之，即使是富裕之家，如果没有上进之心，而只是好吃懒做，挥霍无度，也能变成穷光蛋。

人必自侮，然后人侮之；家必自毁，然后人毁之。

【注释】自侮：自招侮辱。自毁：自我毁谤，自我毁灭。

【解说】一个人必定是由于不自爱，然后才受到别人的侮辱；一个家庭必定是先由自家毁弃，然后才遭到别人的毁谤、毁弃。

【述评】一个人或一个家庭,首先由于不自爱、不自重,而后别人才敢侮辱、毁弃。推而言之,一个国家也是由于内部战乱,敌人才敢乘机而入。所以,一个人或一个家庭、一个国家,必须自爱、自重,才能立于不败之地。

克俭节用,实弘道之源;崇侈恣情,乃败德之本。

【注释】克:能够。弘,扩充,光大。崇:崇尚。恣:放纵。乃:就是。

【解说】能够不浪费而节约用度,实在是光大道义的根源;讲究奢侈,放纵情欲,就是败坏道德的根本。

【述评】勤俭节约不仅是持家之本,而且是治国之本。我们要本着勤俭办一切事业的精神,安排个人和家庭生活,也要在国家的各部门、各单位提倡和推广这一精神。那种讲究排场、放纵情欲的做法,只能腐蚀人们的灵魂,使人们的道德败坏。

嫁女择佳婿,毋索重聘;娶妇求淑女,勿计厚奁。

【注释】聘:男女双方定亲时,男方送给女方的财、物。淑女:美好贤慧的女子。厚奁:丰盛的嫁妆。

【解说】嫁闺女要选择好的女婿,不要向男方索取太多的财物;娶媳妇要挑选美好贤慧的女子,不要要求女方陪送丰盛的嫁妆。

【述评】对待儿女的婚姻大事,首先应该考虑的是对方的品德和才能,而不要过分看重对方的门第和财产。所谓"荣华富贵",只是过眼烟云,德才兼备的人才是最难寻觅的对象。为儿女操心者,应牢牢记住。

每一食,便念稼穑之艰难;每一衣,则思纺绩之辛苦。

【注释】稼穑:耕耘和收割庄稼,农事的总称。纺绩:指纺织生产。

【解说】每一次吃饭,就要想一想农业生产的艰辛和困难;每一次穿衣,都要思念纺织工作的辛勤劳苦。

【述评】粮食和衣服,都是劳动者用辛勤的汗水换来的,来之不易。要知道,爱惜粮食、衣物是一种美德,我们应该珍惜劳动者创造的财富,不要随意糟蹋。只有尊重别人的劳动,自己的劳动才会被人尊重。爱惜物资,一方面可以养成节约的良好习惯,另一方面也是在培养高尚的道德。

愚顿集 YUDUNJI

保健延年

黎明即起,洒扫庭除。

【注释】黎明:天将亮未亮的时刻。庭除:庭院、台阶,泛指庭院。

【解说】每天早晨,在天将亮未亮的时候就起床,起来后立即洒水、打扫庭院。

【述评】每天早晨要早起,不要睡懒觉。起床后,立即把庭院打扫干净,并保持全天的清洁。这样,养成早起的良好习惯,可以锻炼身体;洒扫庭除,可以保持清洁卫生。黎明即起,洒扫庭除,实在是一举两得的好习惯,我们应该养成这种好习惯,并坚持下去。

饮食约而精,园蔬愈珍馐。

【注释】约:简要;简单。园蔬:园中的蔬菜。愈:胜过。珍

470

馐:珍贵、美味的食物。

【解说】饮食要简单而精;蔬菜就其营养价值而论并不亚于任何珍贵食品。

【述评】饮食的目的,在于充饥,并保证身体有足够的营养,以维持生命。饮食如同其他事情一样,也应注意节约;但在烹调饮食时,做工要精细,讲究卫生。对于饮食的品种,不要挑挑拣拣,新鲜蔬菜富于营养,可以增强体质,胜过任何山珍海错,对防止疾病有很大作用。

吃药不忌嘴,跑断医生腿。

【注释】忌嘴:医生嘱咐病人禁忌某些食物的通称。跑断医生腿:医生不停地跑来给患者治病。

【解说】患者在服药的期间,如果不遵照医生的嘱咐禁食某些食物,医生来为患者诊治,即使跑断腿,病也不能痊愈。

【述评】人患病就要服用药物进行治疗,必须同医生配合,遵照医生的嘱咐,对于某些应该禁忌的食物,绝对不要进食,可使病体早日康复。如果不听医生劝告,更进而馋嘴贪食,医生跑断了腿,也不能使患者病情好转,甚至还要加重。

精神不运则愚,血脉不运则病。

【注释】精神:指人的意志、意识、思维活动。血脉:流通

血液的经络。运：运转，运动。

【解说】人的思维如果不运转，就会变得愚蠢，血脉不运转，就要患病。

【述评】"生命在于运动"，如果人体所有器官停止运动，哪还有什么生命呢？思维活动停止了，一切发明、创造自然也就没有了。血液循环是人有生命的标志之一。通则不痛，痛则不通，血液循环不畅，人必生病；循环停止，生命也就停止了。

小谨者不大立，饕食者不肥体。

【注释】小谨：慎于小事。饕（cí）食：吃饭挑拣食物。

【解说】谨小慎微的人，不可能成大事，立大功；挑拣食物的人，不可能使身体长得肥胖、壮实。

【述评】谨小慎微的人，缺少宏伟的气魄，遇事胆小如鼠，不敢担当大事，也就不可能完成大业。一个人吃饭不应该挑挑拣拣，因为人体需要的多种养分，分别藏于各种食物中，杂食可以得到各种营养成分，挑食则不可能取得多种养分。

无以所好害身，无以嗜欲妨生。

【注释】好（hào）：喜爱。嗜欲：泛指各种嗜好和欲望。

【解说】不要因为喜爱某种事物而戕害自己的身体，不要因为某种嗜好和欲望而妨害自己的生命。

【述评】喜爱和嗜好有正当的,也有不正当的,甚至是很坏的。通常人们所指的嗜好,大都不是善良的。如果沉湎于某种嗜好而不能自拔,就会伤害自己的身体。要节制自己的情欲,万万不可放纵。对于恶嗜好,更要下决心戒除,绝对不要让它戕害了自己的生命,更不能贻害子孙后代。

忧劳可以兴国,逸豫可以亡身。

【注释】忧劳:忧虑、劳苦。逸:安闲,逸乐。豫:欢乐,安适。

【解说】忧虑、劳苦,可以使国家兴旺;贪图安闲、欢乐,可以伤害甚至毁坏身体。

【述评】一个国家的人民都具有忧患意识,并都勤劳、艰苦奋斗,国家必然会兴旺发达。反之,人民群众普遍贪图享乐,不仅使国家日益衰落,就连每个人的身体也要被毁掉。总之,国家的盛衰存亡,个人身体强弱,在很大程度上,决定于全体人民是忧劳,还是逸豫。

与其服延年之药,不若守保身之方。

【注释】与其:比较连词。延年:延长寿命。

【解说】与其服用延年益寿的药物,不如采取保养身体的方法。

【述评】有病当然要服用药物治疗,但是,再好的药物

也只是治病，不能保证不生病。因此，要真正达到延年益寿的目的，必须在日常生活中做到：一、注意饮食卫生，二、经常活动，锻炼身体，三、约束自己的行为，不要放纵情欲。如此，身体自然会健康，精力充沛，于公于私，都大有裨益。

毋以床笫耗元阳，毋以饮食伤脾胃。

【注释】床笫：即床铺；笫：指床上的席子，引申为闺房之内或夫妻之间。元阳：元气和阳气，即生命的根源之气。脾胃：脾和胃都是人体的内脏，泛指身体。

【解说】不要为贪恋男女之间的欢乐而耗损自己的元阳之气，不要因为饮食不节制而伤害自己的身体。

【述评】要想保持健康的身体，除了日常进行体育锻炼外，更要注意克制情欲、节制饮食。免得因纵欲、贪食而损伤身体。

暴饮暴食易生病，定时定量保安宁。

【注释】暴饮暴食：饿极后急遽吞食、狂饮。定时定量：每餐有固定时间和固定数量。

【解说】在受到饥饿后，遇到食物就急遽吞咽以饱腹，狂饮以解渴，是容易生病的。每日三餐一定要有固定时间，并且食量也要固定，身体就会健康。

【述评】人体的许多疾病，往往是由饮食不合适而引起的。所谓"病从口入"是很有道理的。因此，我们要在饮食方面特别注意，一定要避免暴饮暴食，尽量做到定时定量，使消化系统能够承受得了。

鼻之所喜不可任也，口之所嗜不可随也。

【注释】任：放任，不加约束。随：听任，顺从。

【解说】自己所喜欢闻的气味，不能不加约束地去闻；自己爱吃的食物，不能不加限制地去吃。

【述评】五官互用，这句话就是借口鼻不可任随之理，告诫人们：七情六欲都要有所节制，不能放纵不羁。

慎风寒，节嗜欲，是从吾身上却病法；
省忧愁，戒烦恼，是从吾心上却病法。

【注释】风寒：受风吹和受寒冷，因风而寒冷。省：减少。却：免除。

【解说】注意不要受风寒，节制嗜好和欲望，是从身体上免除疾病的方法；去掉忧愁情绪，戒除烦恼，是从思想上免除疾病的方法。

【述评】对于疾病，应该防、治结合，防尤重于治。防止疾病，更要从身、心两方面进行。避免受风、受凉，节制嗜欲，是从生理上进行预防。心情舒畅，欢乐豁达，是从心理上进行预防的好方法。所以，要保持身体健康，一定要从身、心两方面进行。

后 记

　　收入本书的文章,全都是在我被调到山西人民出版社以后撰写的。

　　1979 年,我到山西人民出版社从事编辑工作,结合业务写了一些笔记式的文章,对某些书籍或文章作了一些评论,这些评论有些公开发表了,有些则登载在一些内部刊物上。

　　有些文章是受命而作,如《出版事业改革的中心是提高出版物的质量》一文,则是为参加出版工作者协会的年会而作;《编辑责任与责任编辑》一文,则是对山西省新闻出版局举办的编辑人员培训班的学员讲课时的讲稿。还有一些是参加全国《三国演义》学术会议时宣读的论文。再就是阅读史书时所作的一些笔记,评论,及一些随想杂感与回忆往事的文章。

收入本书中的文章都是作者的一孔之见，而且没有什么高深的理论，只不过是一些老生常谈。因此，随写随即塞入箱底，以免贻笑大方。某日，整理书斋，我翻出数十篇，择其中稍具参考价值者，结成一集，承蒙三晋出版社不弃，允予刊行。对此，作者深表谢忱。又，本书责任编辑任俊芳女士细心审阅，严格把关，纠正了一些不妥之处，并改正了许多错别字。这种严谨的工作作风，令我诚挚地、由衷地表示谢意。

本书所收文章的前后排列是随意的，与写作时间先后次序无关。因为每篇文章都是独立成篇，彼此之间没有任何联系，所以排列前后，就无关紧要了。

谨在付印之前，作如上说明。

笔者谨志

2012 年 3 月

后 记

477

图书在版编目（CIP）数据

愚顿集 / 郭平凡著.— 太原：三晋出版社，2012.5
ISBN 978 – 7 – 5457 – 0555 – 3

I. 愚… Ⅱ. ①郭… Ⅲ. ①出版工作—中国—文集 IV.
① G239.2–53

中国版本图书馆 CIP 数据核字 （2012）第 106388 号

愚顿集

著　　者：郭平凡
责任编辑：任俊芳
出 版 者：山西出版传媒集团·三晋出版社（原山西古籍出版社）
地　　址：太原市建设南路 21 号
邮　　编：030012
电　　话：0351-4922133 （发行中心）
　　　　　0351-4922085 （综合办）
E – mail：sj@sxpmg.com
网　　址：http://sjs.sxpmg.com
经 销 者：新华书店
承 印 者：太原市力成印刷有限公司
开　　本：890mm×1240mm　1/32
印　　张：15.25
字　　数：330 千字
版　　次：2012 年 7 月 第 1 版
印　　次：2012 年 7 月 第 1 次印刷
书　　号：ISBN 978-7-5457-0555-3
定　　价：45.00 元